江苏省高等学校重点专业建设项目经费资助

旅游管理专业顶岗实习教程

李海建 等 编著

合肥工业大学出版社

顶岗实习动员

教师考察苏州某实习酒店

专职教师在苏州凯宾斯基酒店挂职

常州维景酒店宴会厅岗位实习

酒店总机岗位实习

杭州宋城主题景区实习

苏州乐园环球影城实习

南京德高旅行社导游实习

天津航母主题公园实习

途牛旅游网售前客服岗位实习

学院领导和教师看望实习同学

无锡希尔顿逸林酒店看望实习同学

上海浦东香格里拉酒店看望实习同学

顶岗实习总结

《教程》编写组成员

前　言

　　在我国高等教育发展史上，旅游管理专业应该是最年轻的专业之一了，即便从 20 世纪 80 年代中期算起，至今也不过 30 来年的光景。30 多年来，她随着我国旅游业的诞生而产生，随着我国旅游业的发展而壮大。由此可见，这是一个典型的随着一个产业的发展而新兴的学科专业。

　　既然新，一切便没有老路可走，大家都在"摸着石头过河"，探索适合自己的发展道路，比如专业的划分、课程的设置、学时的比例、实习的安排等等。这期间，专业人士所经历的种种困惑、犹疑、徘徊、试探，大概只有自己最清楚吧？诚所谓"甘苦寸心知"啊。尤其是在专业实习这一探索道路上，出现了许多吃螃蟹的先行者，譬如有的院系首先搞起了模拟餐厅、模拟客房；有的院系与某一酒店进行深度合作；有的院校实力雄厚，自己投资千万元建起了可供实习的经营型酒店，自己花费百万元买来了旅游大巴供学生现场实习，真是"八仙过海，各显神通"，一时间旅游学界好不热闹。对于高校旅游管理专业是否需要进行顶岗实习，实行了顶岗实习的院系面对实习中出现的问题如何解决等，学界众说纷纭。热闹多年之后渐趋平静，现在的旅游管理专业的顶岗实习，一般都是在高星级的酒店和品牌旅行社，以及知名的 AAAA 级以上景区进行。

　　江苏师范大学的旅游管理专业诞生于 2002 年，至今已有 10 届 1300 多名学生毕业。在专业实习的道路上，我们也是经历了曲折的探索历程，从最初的统一安排，到后来的"自谋生路"，再到后来的全部统一管理，不敢说积累了丰富的实践经验，起码让我们自身学到了许多东西。在这一过程中，老师们兢兢业业地全身心投入，不计报酬不计时间，不计辛劳不计花费，只为把学生的专业实习这一重要的教学环节安排好，以便让学生通过实习来弥补自己在课堂上所欠缺的东西。好多年过去了，蓦然回首，我们感到最欣慰的是，一路上我们自己也留下了星光点点。

眼前这本《旅游管理专业顶岗实习教程》，就是我们十多年来在组织学生顶岗实习过程中的经验积累和教训提醒。书中内容从讨论顶岗实习的目的和意义开始，到对顶岗实习的全面考核结束，中间包含了酒店顶岗实习、旅行社顶岗实习、景区顶岗实习三大部分的内容。

就全国范围来看，旅游管理专业学生的企业顶岗实习千差万别，收获参差不齐，可以说还没有做到最好，而那些影响其达到理想效果的因素，值得我们去认真地关注和研究。这本《旅游管理专业顶岗实习教程》，就是我们旅游管理专业老师的经验总结。从 2005 年至今，我们有着太多的经验和教训。编写这样一本《教程》，目的便是总结经验，吸取教训，使将来的顶岗实习做得更好。只要这些经验与教训对兄弟院校的顶岗实习工作有一点借鉴意义，对将来的实习生有一些参考价值，我们的努力就没有白费。

在本书编写过程中，我们参阅了许多同行的相关论著，在此一并表示感谢。

本书是集体智慧的结晶，由李海建负责统筹和统稿，孙天胜参与了部分统稿工作。具体编写分工如下：

第一章：李海建；

第二章：高军、李海建；

第三章：张红霞、王欣、张俊洋；

第四章：颜丽丽、殷英梅；

第五章：陶玉国、李倩、庄同宁；

第六章：李海建。

在选题的拟定、计划的执行、经费的落实和出版的细节方面，学院领导均给予了充分的支持和协助。当然，对书中的错误及不当之处，我们也热切期盼同行指正。

孙天胜

2016 年 11 月

目　　录

第一章　绪　论

学习目标

通过本章学习，要求学生能够：

1. 了解顶岗实习的基本概念、目的与意义；

2. 了解顶岗实习的时间安排、实习基地选择；

3. 熟悉顶岗实习的主要内容；

4. 了解顶岗实习的组织与管理。

第一节　旅游管理专业顶岗实习的目的与意义

《中国旅游发展报告（2016）》指出，中国已拥有全球最大的国内旅游消费市场，是全球国际游客到访量最大的国家之一，成为全球规模最大的客源市场，对世界旅游经济的贡献日益增多。旅游业实现事业、产业共同发展，由一般性产业向战略性支柱产业转变，产业规模和实力迅速壮大，旅游综合功能优势日益凸显。2015 年，全国共接待国内游客 40 亿人次，比上年增长 10.2％，国内旅游收入 34200 亿元，比上年增长 22.4％；接待入境旅游者 1.33 亿人次，比上年增长 12.3％；大陆公民出境旅游 1.2 亿人次。依据世界旅游业理事会（WTTC）测算，中国旅游业对 GDP 的综合贡献达到了 10％，为三次产业间接带动的增加值占 GDP 比重呈逐年增长态势，对关联产业的拉动效应显著。旅游业是拉动消费、投资、进出口三驾马车的重要引擎，是推动中国供给侧改革的新增长点。2015 年，旅游业直接投资首次突破 10000 亿元，旅游业对建设生态文明和美丽中国起到了引领作用。

为满足旅游业快速增长的人才需求，中国旅游教育事业快速崛起，积极培养具有创新创业精神、实践操作能力的专业人才。截至 2014 年年底，全国开设旅游管理类本科专业的普通高等院校 565 所、高职高专院校 1068 所、中等职业学校 933 所；2014 年，旅游管理类普通高等院校招生 53386 人，高职高专旅游管理类招生 110835 人，中职旅游管理类招生 123000 人。旅游教育已成为我国学校教育的重要组成部分。

实习是高等学校教学环节的重要组成部分。在完成理论知识学习以后，学生需要到实践中去获得感性认识，掌握基本的操作技能与业务流程，培养发现问题、创造性解决问题的能力。因此，实习是培养合格专业人才的重要"链条"，培养学生综合能力的重要环节。高等学校旅游管理专业以四年制本科为主，培养适应现代旅游业发展需要，具备较高的现代管理理论素养和系统的旅游管理专业知识，具有人文素质、国际视野、创新意识、创业精神、实践能力和社会责任，能在各类旅游相关企事业单位以及教育和研究机构等从事经营、管理、策划、咨询、服务、教学和研究等工作的应用型、复合型人才。专业实习成为教学活动实施的重要环节，对提高教学质量、培养高素质人才具有重要意义。

旅游管理专业实习包括旅游企业见习、校内实训、顶岗实习和毕业实习等四种类型。安排旅游管理专业同学在适当的时间进行顶岗实习尤为重要，充分体现旅游管理专业较强的实践性。酒店、旅游景区、旅行社、会展公司等旅游企业的发展，专业人才是关键；旅游企业之间的竞争，表现为对旅游管理专业人才的竞争，旅游企业则在学生实习的过程中就开始物色、培养、选拔优秀的旅游管理人才，进行人才储备；高等学校通过实习实现理论教学与实践教学的良好结合，锻炼学生的实践技能和管理能力，可以提升就业竞争力，构建学生—企业—学校共赢模式。

一、基本概念

（一）什么叫顶岗实习

顶岗实习指学生在掌握专业基础理论知识，经过一定职业技能实训的基础上，选择专业对口企业，直接参与具体工作岗位的生产，综合运用所学专业知识和技能，独立承担工作岗位的一定任务，从而获得感性认识，掌握操作技能，学习岗位业务流程、技能技巧、岗位要求、企业文化、企业管理等知识，提升独立、创造性解决问题能力的过程。它是一种实践性教学方式。

顶岗实习与其他形式实习的区别在于其需要完全履行岗位职责，需要进行必要的前期学习与训练。学生在学校经过理论知识学习和一定技能实训以后，一般在三年级下学期或四年级安排顶岗实习。如果在缺乏必要的理论知识和技能训练的情况下，进入企业岗位实习，一方面学生会无所适从、手忙脚乱，进而厌恶实习；另一方面，会增加企业成本，影响企业生产。与此同时，学校应坚持专业对口原则，组织学生到与本专业紧密相关的企业进行顶岗实习，采取个性化、多样化等实习方式，以激发学生的实习兴趣，培养正确的专业认知和行业认同。

（二）旅游管理专业顶岗实习

旅游管理专业顶岗实习，是组织学生到酒店、旅游景区、旅行社、旅游规划公司、会展企业等旅游企业进行实习，使其独立履行某一工作岗位职责，其间由带队指导教师和旅游企业人力资源部门相关负责人共同管理的一种教学实习过程。学生顶岗实习期间，实习单位依照国家劳动合同、用工等相关法律法规，支付相应的实习津贴，并安排优秀的员工辅导实习生，建立师徒关系，发挥"传、帮、带"的作用，尽快使实习生熟悉企业环境、岗位业务流程与技能要求；学校安排实习指导教师全程跟进，及时了解学生在实习过程中遇到的各种问题，答疑解惑，进行心理辅导，帮助学生实现角色转换，引导学生正确处理各种人际关系，树立正确的实习观。

二、顶岗实习的目的

旅游管理专业具有较强的应用性，主要为酒店、旅行社、旅游景区及旅游行政管理部门培养专业操作技能熟练、适应面较广的专业管理人才。顶岗实习是旅游管理专业本科教学计划的重要组成部分，是学生熟悉旅游企业管理过程、丰富实践经验、掌握专业技能的重要途径。

（一）实习性质

顶岗实习为旅游管理专业的必修课程，着重培养和开发学生实践操作能力与工作技巧；基于各理论课程知识，结合参与旅游企业组织的各项实践工作，理论联系实际，使学生构建起完整的专业知识体系。

（二）实习目的

旅游管理专业学生深入旅游企业的一线岗位开展顶岗实习，旨在进一步培养学生的服务技能，强化服务意识，端正工作态度，提升职业素质，使其熟悉社会，增强对服务行业的认同感与责任感，积累行业管理经验，培养实际的经营管理能力，提高分析问题和解决问题的实际能力，为毕业后顺利走向工作岗位打下良好基础。

这里从学校、学生、企业三个角度分析旅游管理专业顶岗实习的目的。

1. 从学校层面出发，将学生培养为复合型、应用型人才

从学校层面出发，通过顶岗实习将学生培养成为具有旅游管理专业知识、创新意识和实践能力的应用型人才；安排指导教师以挂职的形式进入旅游企业，在指导学生实习的同时，承担一些旅游企业培训与管理工作，便于其深入了解旅游企业管理流程，提高实践能力；加强学校和企业之间的合作，了解旅游企业对人才规格的需求，修订旅游管理专业教学计划，不断提高办学水平。

2. 从学生角度出发，培养学生将理论应用于实践的操作能力

从学生角度出发，首先，顶岗实习使学生了解旅游业发展的实际情况，培养行业认同感，树立学习的信心，增强学习的动力和工作自豪感；其次，学生能够提高旅游管理服务技能、管理技巧、处理人际关系的能力、团队意识和创新精神，获得旅游企业工作经验和一定的人际关系资源，为就业打下基础；第三，学生能够更多地接触顾客与同事，充分了解顾客、管理人员和基层服务人员的想法，树立团结协作、遵守纪律的观念，精益求精、一丝不苟的工作态度，任劳任怨、爱岗奉献的敬业精神，以及服务无小事等行业精神；第四，从书本知识到实践活动再到理论升华三个层次的锻炼，加深了学生对基本理论知识的理解，实现了知识向能力和素质的转化，培养了学生终身学习的意识。

3. 从实习单位类型出发，提升职业素养

顶岗实习单位的类型，主要包括酒店、旅行社、旅游景区三大类。

酒店顶岗实习目的：掌握前厅、餐饮、客房等部门的岗位职责与操作技能，掌握前厅的接待、问询、预订、礼宾、叫醒、行李、通讯、顾客投诉等服务技能，掌握餐饮的预订、班前会、点餐、开餐、上菜、巡台等服务技能，掌握客房各项接待、保洁等服务技能，提高饭店服务意识、语言表达能力，学会灵活处理突发情况，形成独特的服务风格和艺术。

旅行社顶岗实习目的：了解旅行社组织结构和各部门职能，掌握组团、带团、讲解服务等操作技能，掌握旅游团、散客的接待计划、旅游产品采购、业务调度等业务流程，学习线路设计、旅游产品营销、旅游市场拓展等经营管理流程与方法，掌握旅游者的接待、问询、预订等工作技能，灵活处理游客投诉，提高导游服务能力、语言讲解能力和组织协调能力。

旅游景区顶岗实习目的：了解旅游景区部门设置和部门职责、景区日常运营与管理，掌握景区门票预订、旅游产品营销、宣传策划、讲解、旅游商品销售等业务流程与操作技能。

三、顶岗实习意义

旅游管理高等教育坚持理论教学与实践锻炼相结合的基本原则，在加强理论教学的同时，重视实习环节。依据目前旅游业发展的现实情况，顶岗实习有助于实现旅游管理专业的培养目标，实现学生、旅游企业、学校的社会价值。

（一）学生角度：提升综合素养

1. 加强理论与实践的联系

旅游管理专业是一门实践性较强的学科，理论与实践相结合是该专业的特点。旅游管理基础理论学习主要来源于高校课堂，专业课教师通过课堂讲授的方式传递知识；虽然校内实训提供了技能操作和模拟训练的机会，但该环境是提前设定的，不确定因素较少，仅能简单模拟旅游企业部分工作岗位。而通过在旅游企业顶岗实习，学生能够亲身体验旅游企业不同岗位的服务技能、业务流程，如饭店服务、导游服务、景区服务、旅游企业运营与管理等，在实践中综合运用、检验、巩固所学的理论知识，掌握旅游知识与服务技能，学以致用。

2. 提升职业素养，锻炼多种能力

旅游企业是服务人、陶冶人的社会大学。学生在旅游企业顶岗实习，在一线服务岗位上进行规范化的服务和训练，每天都要接触不同行业、不同性格、不同身份、不同要求的顾客。从入职之初的岗位培训，到师傅带领时的言传身教，再到独立服务时的手忙脚乱，最后变成成熟的职业人，无形之中，这一过程不仅使学生培养出始终把服务对象放在第一位的良好服务意识，锻炼出优质高效的对客服务技能，而且更重要的是培养出良好的职业行为习惯，如每天按时上班，检查自己的仪容仪表，服务以人为本，讲求分工基础上的协作，逐渐克服在校期间纪律松懈、作风懒散的毛病，养成遵守纪律和团队协作意识，学习主动性不断增强，提升勇于担当、积极主动、微笑服务等职业素养。

在旅游企业实习中接触不同部门的工作，学生们了解了旅游企业组织结构和环境，熟悉了岗位职责、业务流程、企业管理制度和企业文化，感受到各级管理者的管理风格，从自身的视角审视实习企业存在的管理问题，无形中积累了业务经验，锻炼了组织管理能力。

在对客服务、部门协作、岗位配合的工作环境中，学生们培养了勤恳上进、团结诚信、勇于钻研等优良品质，其中外语口语表达能力、人际交往能力、沟通协调能力、观察应变能力等综合能力不断提高，为其成为兼具扎实理论知识和较强实践能力的专业人才奠定坚实的基础。其中，人际交往能力尤为重要，在校园里，学生与同学、亲朋好友、老师沟通较多，人际关系较为简单；在顶岗实习期间，他们需要与顾客、同事、上级、相关部门人员等不同身份、不同阶层的人打交道。通过顶岗实习锻炼，学生们体会到人际关系的微妙，学会了掌握言行的分寸，提高了人际交往的能力。

3. 磨炼意志，心理成熟度提高

许多学生在家里是父母的心肝宝贝，自我定位高，充满了优越感，成才欲望强烈，同时正处于心理由不成熟走向成熟的关键发展阶段。部分学生对父母依赖性较强、独立性较差、社会经验较为缺乏，在处理学习、生活、社交、就业、爱情等问题时无所适从，呈现出不同程度的心理问题。

旅游企业服务工作以体力劳动为主，在旅游企业进行顶岗实习劳动强度较大，工作时间长，学生在岗要独立作业，要接受各项规章制度的约束，承受每天两班、三班轮换的压力。学生要为客人提供餐饮、讲解等服务，有时还要承受某些客人的无理刁难和老员工的欺辱捉弄，以及上司管理手段的欠科学，难免产生巨大的心理压力。个别同学受不了这种心理和身体的挫折当了逃兵，而更多的同学在严酷的环境中，靠自己的毅力坚持了下来。他们放下了孤傲清高的姿态，抛掉了以自我为中心的价值取向，融入了复杂的旅游企业环境，以自己的实际行动赢得了周围同事和上司的好评，逐渐养成坚强乐观的心态、吃苦耐劳的精神，锻炼出较强的抗压、抗委屈、抗挫折能力和适应环境的能力，增强了顾全大局的意识，看待问题更加客观，责任心增强，明白了很多做人的道理，感悟到很多生活的真谛，不断挑战自我、超越自我，心智不断走向成熟。

4. 增强团队合作意识和团队精神

未来的社会不再崇尚个人英雄主义，而是必须依靠团队整体竞争力，所以提高自己的社会竞争力，培养团队合作能力就显得格外重要。酒店、旅行社、旅游景区以及旅游行政管理部门，均需要员工具有良好的职业道德和团队合作精神。实习生到旅游企业实习，虽然面对的是独立的工作任务，但工作要想做好，前后环节的协调互助起着重要作用，如实习生刚到一个陌生的地方，工作环境和人际关系不能马上适应，以至于很认真地工作却会经常出错，此时同事的帮助往往可以扫除工作中的自卑感。通过实习，学生建立起良好的人际关系，树立起团队协作精神，感受到团队合作的巨大力量。

5. 提高学生就业竞争力

伴随着高校扩招，大学毕业生数量不断增加，就业压力日益彰显，旅游管理专业毕业生同样面临严峻的就业压力。如何找到一份满意的工作，在面试中脱颖而出？这就需要具备一定的核心竞争力。旅游管理专业学生通过在旅游企业顶岗实习，可以综合运用学到的知识，灵活处理各种各样的问题，培养独立思考问题、解决问题的能力，综合素质不断得到提高，并且积累了一定的工作经验，有效地提高学生未来的就业竞争力。通过顶岗实习，学生对旅游企业有了深入的了解，可以结合自己的择业兴趣和未来发展目标，选择适合自己的就业方向；同时，优秀实习生会被旅游企业直接录用为正式员工，实现直接就业，减少了择业成本，企业也节约了招聘成本。

（二）专业角度：提升办学能力

1. 实现理论与实践的紧密结合，完成实践教学环节

在高等学校旅游管理专业教学计划中，顶岗实习一般设计为 6～12 个月。这部分实践教学必须依托旅游企业实习基地才能完成。通过让学生参加旅游企业顶岗实习，培养旅游企业服务技能，实现理论学习和实践锻炼的紧密结合，学校可较好地完成旅游管理专业教学计划，实现教学目标，提高旅游管理专业学生质量。

2. 有效利用旅游企业资源，丰富教学资源

顶岗实习能够有效利用旅游企业的资源，深化校企合作。由于学校经费和场地等限制因素，实训条件比较薄弱，校内实训一般仅能提供最基本的前厅、餐厅、客房、导游、旅游规划等服务技能训练，缺乏综合性的实训基地。在短期内，学校也不可能投入较多资金改善实训条件，因此与旅游企业合作进行实践教学成为一种解决路径。旅游企业顶岗实习丰富了学校教学资源，降低了教学成本，拓展了教学空间，提供了较多的实践机会。

3. 加强师资队伍建设

安排专业教师进入实习基地，让他们以实习指导教师或挂职教师等身

份，参与旅游企业经营管理，有利于专业教师深入了解旅游企业最新业态和发展趋势，丰富课堂教学。学校邀请旅游企业中高层管理人员，走进学校课堂，举办专题讲座，介绍旅游企业实践管理经验、前沿业态、创新思维、企业文化等，聘请业界精英担任客座教授，加强旅游管理师资队伍建设。

4. 促进课程与专业建设，完善教学计划

旅游企业顶岗实习是检验高校旅游管理教学计划和课程设置科学性的有效途径。通过旅游企业顶岗实习，学校能够及时了解旅游行业发展动态、旅游企业人才需求特点，发现教学计划的不足，不断调整与完善旅游管理教学计划和课程体系，以便为旅游企业培养出优质的专业人才。

（三）高校角度：服务地方旅游经济

1. 培养旅游行业人才

旅游企业之间的竞争集中表现为对专业人才的争夺。许多旅游企业积极进入校园，同时开展实习和就业招聘，以吸引旅游管理毕业生到企业就业。旅游企业市场竞争的关键在于服务质量，人才是服务质量得以保障的关键所在。旅游管理顶岗实习为旅游企业选拔合适的人才提供机会。旅游管理学生在校期间接受过系统、正规的理论教学，具有扎实的专业基础知识、较高的外语水平和文化素质，具有较强的学习和接受能力、创新精神和团队合作意识，经过旅游企业顶岗实习，积累了管理经验，能够较快成为旅游企业的后备管理人才。这也有利于旅游企业整体服务质量的提高。

2. 提升旅游企业活力和整体素质

旅游管理专业实习生朝气蓬勃、充满活力、求知欲较强，在旅游企业中与老员工一起工作，有利于激发全体员工的工作热情，提升旅游企业活力，有利于提高员工整体素质。

第二节　旅游管理专业顶岗实习方案

按照旅游管理专业本科人才培养方案的要求，旅游管理顶岗实习作为教学的重要环节，在实习内容上应包括操作技能训练、管理实务和管理实践，涵盖旅游行业食、住、行、游、购、娱六大基本要素，以及商、养、学、闲、情、奇新六大要素。

一、顶岗实习时间安排

依据教育部旅游管理专业顶岗实习基本要求，结合旅游管理专业课程设置、就业需求等实际情况，一般安排为期 6 个月的顶岗实习。

具体实习时间依据各学校实际情况进行调整，一般在三年级下学期较为合适，也可以安排在四年级上学期或者三年级上学期，实现理论学习—实践学习—理论学习的良性循环。

二、实习基地遴选标准

旅游管理专业顶岗实习主要集中在酒店、旅游景区和旅行社等旅游企业，具体地点可结合就业需求、学校实际情况，在旅游业发达城市或本地合理安排。学校应选择行业内的品牌企业，或者具有良好的企业文化、一定的客源国际化水平，以及硬件设施和软件设施齐全、信誉度高的旅游企业，以保证实习质量。

为满足旅游管理专业实习的需要，学校应该构建校外实习基地库。校外实习基地库的信息主要由三种途径获得：一是制定专业教师联系实习基地奖励政策，鼓励每一位专业教师到旅游企业挂职锻炼，联系旅游企业作为实习基地；二是主动与学校联系的旅游企业；三是院系主动联系的旅游企业。学院组成旅游管理专业实习基地考察小组，对这些旅游企业的级别、规模、资质、所在城市、品牌、客源构成以及实习生管理、实习岗位、津贴、住宿、保险等方面进行初步筛选，然后委派专业教师实地考察，遴选出可以合作的旅游企业，组建实习基地库。

选择实习单位的原则如下：

（一）管理规范，档次较高

备选的实习单位应该是管理规范的企业，应具备企业品牌知名度较高，在业内具有一定的影响力，企业管理制度比较完善，运营规范、科学，企业经营活动成效显著等特点。同时，学校应选择级别较高的国际品牌旅游企业，如五星级酒店、AAAAA 级旅游景区、大型旅行社、知名会展公司等。

（二）客源充足稳定，国际化程度较高

要选择客源充足且稳定的实习基地，便于实习生在繁忙的实习过程中了解企业的经营管理状况，学习掌握服务技能，把理论知识运用到实际工作中去，锻炼能力。要注重旅游企业接待国际客人的比例，国际化程度较高的旅游企业，有利于提高实习生外语口语能力。

（三）规范化、人性化管理实习生

备选的旅游企业人力资源部应设立实习生招聘、培训和日常管理的岗位，有专人负责实习工作。企业应为实习生提供现场指导，解答学生在实习过程中遇到的各种问题，发挥"传、帮、带"作用，帮助实习生尽快融入企业，建立和谐的人际关系。由于实习生社会经验少，兼具学生和员工的双重身份，心理承受能力与正式员工存在差异，希望旅游企业管理层能对实习生给予更多的人文关怀，比如肯定工作成绩、包容其工作中的失误，而不仅仅是批评和惩罚。

（四）拥有较好的工作、生活环境

旅游企业应该为学生提供良好的实习环境，包括硬件环境和软件环境，依据学生条件和企业岗位情况，合理安排实习岗位，同时提供相应的实习津贴。旅游企业的生活设施应能满足实习生生活、学习与安全的需要，如水、电、餐饮和住宿等生活设施和安全条件。

（五）位于经济发达的城市

应选择位于北京、上海、杭州、南京等经济发达城市的旅游企业，因为经济发展水平可为旅游资源开发、旅游设施建设提供坚实基础。良好的经营环境、较高的国际化程度和城市开放度，一方面为旅游企业发展提供良好条件；另一方面也有利于拓宽实习生视野，为未来就业提供更多的机会。

三、实习类型

为促进旅游管理实习内容系统化，要将酒店单一实习渠道拓展为酒店、旅游景区、旅行社、旅游规划公司等多元化实习渠道，使学生对旅游景区经营管理、旅行社经营管理、酒店经营管理、旅游产品规划与开发、导游服务技能、会展公司经营与管理等有更深刻的体会，由理论到实践，再由实践上升到理论，形成一个良性的循环。

根据旅游行业的发展形势，顶岗实习内容主要包括：

（一）旅游酒店实习

现代酒店是一种复杂的综合性商业部门，包括前厅部、客房部、餐饮部等一线部门和人力资源部、财务部、营销公关部等后台部门，学生需要实习的内容十分丰富。学生应在掌握诸如前厅部、餐饮部、客房部、会务部等各岗位操作流程、服务标准和技能的基础上，了解酒店各部门的一般概况、经营管理流程以及酒店市场营销、产品创新与服务质量管理、人力资源开发与管理、成本控制与收益管理、大数据与酒店发展等知识，发现存在的问题，运用相关理论进行原因分析，提出相应的解决办法与策略等。

（二）旅游景区实习

通过旅游景区顶岗实习，学生应了解旅游景区的经营管理模式，熟悉各种旅游产品的特点及开发方向，掌握旅游景区与周边社区、利益相关部门协调发展路径，开展旅游景区内的节庆等公关活动，了解旅游景区产品开发的市场定位等内容，以达到全面培养学生分析、解决旅游景区的开发与管理等相关实际问题的能力的目的。

（三）旅行社实习

传统旅行社顶岗实习，主要涉及门市部、计调部、市场部、计划调度、产品设计和营销管理等部门，使学生掌握导游业务服务技能，了解旅行社机构设置、日常规范和程序、旅游计调与线路开发、市场营销、合同签署以及突发事件处理等。在线旅行社顶岗实习，可使学生了解在线旅行社运营模式、产品营销等业务，学习如何解答旅游者的问询，协助其处理旅途中遇到的问题等，全面提升学生在旅行社行业的就业能力。

四、顶岗实习组织与管理

旅游管理顶岗实习由院系依据教学计划统一安排。院系应成立旅游管理顶岗实习管理小组，明确各方职责，密切关注学生实习进程，及时解决实习过程中出现的各种问题，确保实习顺利进行。

（一）制订科学合理的实习计划

结合学校和企业实际情况，制订旅游管理专业学生实习计划，主要内容包括实习性质与目的、实习方式、实习内容、详细的实习时间表；成立实习管理小组，落实实习指导教师，明确实习考核要求与纪律等。

1. 选择"统一安排，集中实习"方式

"统一安排，集中实习"是指由学院统一安排旅游管理全体学生实习，是顶岗实习教学效果的重要保障。首先，学校筛选实习单位，与实习单位建立长期的合作关系；实习单位对实习生认可度较高，在岗位培训、岗位安排、日常生活等方面形成完善的管理体系，有利于保证实习质量。其次，集中实习易于营造良好的实习氛围。当学生遇到困难和挫折时，实习指导教师能够及时给予其解答与帮助；同学之间相互鼓励，有利于排忧解愁、化解矛盾，顺利度过实习适应期、身心疲劳期，确保实习顺利进行。再次，避免自主实习的各种不良现象，如单独实习安全无法保障，实习单位级别参差不齐，遇到困难容易中途放弃，部分同学存在走过场、混日子的现象，不利于培养职业伦理道德和提升自身素养。最后，在品牌旅游企业实习，便于学生在旅游企业集团系统内就业，拓展学生就业渠道。

2. 顶岗实习流程设计

第一，召开实习动员大会，明确实习原则、实习要求和实习考核方式。在实习基地前期调研的基础上，由实习指导教师向学生介绍各实习企业的工作环境、实习岗位、待遇、就业意向及今后发展空间等，或者有计划地安排实习企业进入学校进行宣讲；让学生结合自己的就业兴趣，填写实习意向表，了解学生大致实习意向；根据实习基地情况和学生意向情况，确定酒店、旅行社、旅游景区三类实习方向的人数比例。

第二，开展实习双选会，约请实习单位分批次到学校与意向学生进行双向交流，组织学生参加面试，确定各实习单位的实习生名单和实习岗

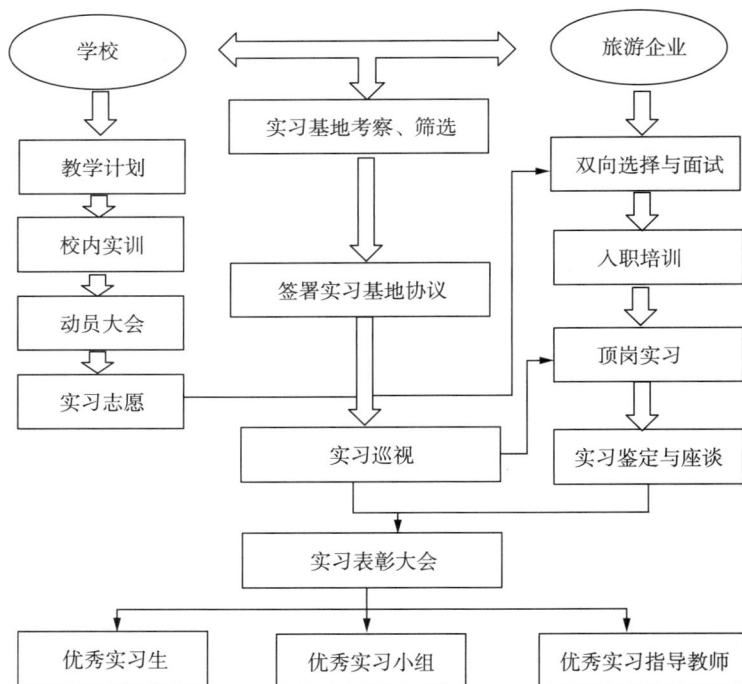

图 1-1　旅游管理专业顶岗实习流程

位。实习单位组织报名学生进行面试。对于学生而言，面试成功使其感到喜悦，更加珍惜本次实习机会；面试失败则使其感到有压力，须继续努力。对于企业来说，报名人数多的旅游企业具有较强吸引力，选择实习生的范围较大、实习生素质较高，这也促使报名人数少的实习单位调整工作思路，做好实习工作。该项工作的开展，有利于学校实现对实习基地的动态管理、优胜劣汰。

表 1-1　旅游管理专业实习意向表

姓　名		性　别		班　级		学　号	
政治面貌		身　高				移动电话	
英语水平		特长爱好				获何证书	
家庭地址							
实习单位意向							
实习方向 （景区、旅行社、饭店）		意向单位名称				意向岗位	
A		1.					
		2.					
		3.					
		4.					
B		1.					
		2.					
		3.					
		4.					
备注							

第三，签署实习协议。学院与实习单位就达成的意向签订正式实习协议，主要包括实习时间、实习津贴、保险、具体实习生名单与岗位等详尽事项。

第四，实习进点。顶岗实习指导教师带领实习生进驻各实习单位，办理进点手续；各实习点人力资源部门招聘经理、培训经理，做好实习学生的入职培训工作。

第五，开始顶岗实习。实习学生到相应岗位进行跟班单独顶岗实习，深入学习相关的操作技巧，积累管理经验。

第六，实习结束，归还相关物品，办理离点手续，签署实习鉴定表，撰写实习总结。

（二）建立相应的组织机构

旅游管理顶岗实习是旅游管理专业一项重要的教学工作。学院领导应给予高度重视，成立旅游管理顶岗实习领导小组，指定分管教学工作的副院长担任组长，通过制定一系列与实习相关的管理文件来监管相关实践环节；指定旅游系主任担任副组长，负责进行旅游管理人才培养方案的修订与完善，与旅游企业合作，建立多元化实习就业基地，以满足旅游专业发展的需要；原则上，每个实习单位安排一名专业教师为实习指导教师，负责执行学院的实习管理文件，落实教学部门对实习事项的有关具体要求，协调与实习单位的关系，组织和指导学生实习。

旅游管理顶岗实习单位人力资源部门应成立实习生招聘、培训、管理部门，具体负责实习生岗位培训、岗位安排、生活、学习等具体事务。

同时，分管学生工作的副书记与辅导员要全程参与实习工作，与实习单位积极互动，拓展就业渠道。

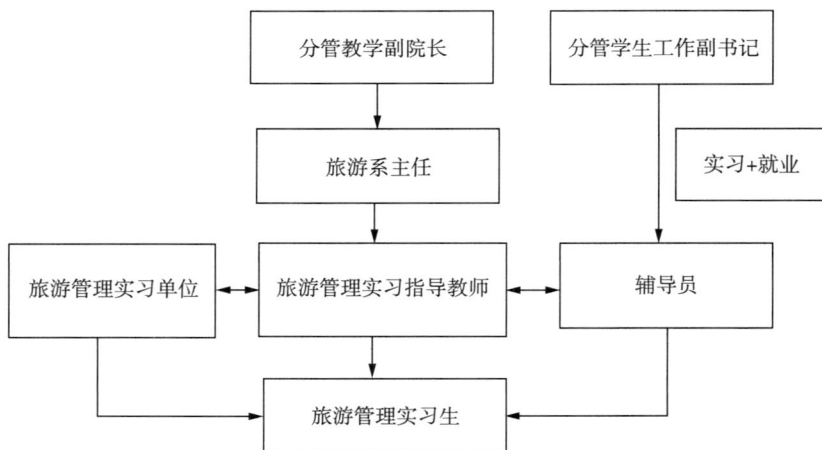

图 1-2　旅游管理专业顶岗实习组织结构

1. 学院、实习指导教师等工作职责

（1）实习领导小组工作职责

布置旅游管理顶岗实习工作，筛选实习基地，审核实习计划，巡视实习基地，处理问题决策，评比、表彰优秀实习生、优秀实习小组和优秀实习指导教师。若发生意外突发事件，学校和实习单位应在第一时间给予调查和处理，以事实为依据，按照合法、合理、合情的原则，保障学生的权益，使伤害或损失降到最低程度。

（2）旅游管理系主任工作职责

召开旅游管理顶岗实习动员大会，起草实习计划，联系实习基地，实习检查指导，实习情况协调沟通，汇报请示反馈，考核评定推荐，总结交流归档。同时，严格执行请假制度，关心同学身体健康。实习生对于重复、机械、简单的实习工作，易于产生身心疲劳，由于身体、思想、心情等原因的请假是不可避免的。为了维护实习的正常稳定进行，需要加强请假管理，实行实习单位和学校双向批准请假制度，办理书面请假手续。

（3）实习指导教师工作职责

实习指导教师负责学生实习的全程管理，了解学生的学习、心理、思想、安全等状况，及时解决各种问题。具体来说，实习指导老师要负责协调、沟通实习单位与学生实习的具体工作，指导学生规范实习，对学生在实习过程中遇到的问题予以协调解决，并定期召开会议，交流意见。指导教师应督促学生做好实习日志，并在实践中总结学习，认真做好每个学生的实习记录并给每个学生写好鉴定评语。

加强学生的思想教育与心理辅导。部分学生由于实习目标不清晰，角色转换不到位，或者难以适应高强度的实习工作，出现各种思想问题。要鼓励学生相互交流，相互鼓励；学生通过短信、电话直接与实习指导教师沟通，教师应给予耐心疏导，及时化解思想问题，提供心理援助。

实习指导教师要加强全体学生的安全实习、文明实习和责任心的教育，加强学生爱护实习设备和公共财产的教育，加强学生尊敬老师、勤学苦练、善于思考等方面的教育，让学生热爱专业，帮助他们培养良好的团队精神、沟通能力、时间观念，为尽快适应社会打下扎实基础。

2. 实习单位工作职责

旅游管理实习单位主要工作职责包括接待实习生进点，安排实习生和实习指导教师生活，安排实习培训和实习岗位，安排岗位指导教师，共同管理实习生，履行校、企、生三方协议，实习生考核鉴定，评定优秀实习生，召开实习总结大会，颁发实习证书。在学生学习了《员工手册》、安全消防知识以后，实习单位将其分派到各岗位开展培训，并使其尽快进入角色，适应旅游企业环境，与正式员工一样接受考勤、考核。实习单位对实习生宿舍的卫生、安全设施和文化生活等方面应予以重视，尽可能提供良好的环境氛围，让实习生能得到较好的休息和调整，使其保持较好的精神面貌和工作状态。

3. 实习生工作职责

旅游管理专业的实习生具有学生和企业员工的双重身份，应认真履行三方协议，遵守校企规章制度，虚心学习，认真完成实习任务，填写实习鉴定表，撰写实习日记与实习小结，整理上交实习材料。由于实习环境与学校环境存在较大差别，实习生应加强自我管理，学会与顾客、同事、领班、主管、经理沟通；妥善处理工作、生活中的问题，营造良好的人际关系，保持积极向上的精神面貌；培养职业道德，锻炼岗位技能，提高服务能力，顺利完成实习任务。

（三）加强实习过程管理

在实习过程中，大多数学生会经历初入职场适应期、心理与身体疲惫期、平稳期三个阶段。实习第一个月是职场适应期，由于第一次真正进入企业，学生们心中充满了期待和新鲜感，对于服务技能、业务流程、人际关系等需要不断学习与适应。适应期过去以后，便是日复一日简单、重复的工作，新鲜感、挑战性荡然无存，此时，学生们会感到身体上疲劳、心理上疲惫，并在第二个月中期到第三个月中期达到顶峰。此时，学生情绪处于最不稳定状态，若遇到不顺心的事，如挨批评、受委屈、待遇不合理等，便开始怀疑自己的价值，寻找各种理由逃避工作，甚至中断实习，严重时会导致群体事件发生，给学校、实习单位造成损失。当越过极限期以后，实习生不断调整工作状态与心态，能够坦然面对实习，正确地处理问题。

在实习过程中，指导教师应密切关注实习生的身心变化，及时了解问题，与实习单位密切合作，帮助实习同学克服各种困难，实现自我提升与成长。由学院领导带队，以实习领导小组成员为队员，定期到企业看望、鼓励和安慰实习生，指导学生实习，及时了解情况，遇到共性问题与企业协商解决，建立巡回检查制度。实习检查工作结束后，检查小组负责人应提交实习检查有关工作记录、工作总结以及影像资料等文档，交教务办公室保存。

旅游管理顶岗实习期间，实习学生除了要遵守国家法律、法规以及学院和实习单位的规章制度以外，务必加强自我约束、坚守实习岗位，做到以下几点：

第一，自觉维护学校和旅游管理专业的形象，顾全大局，杜绝一切有损院系声誉的不良言行。

第二，服从院系有关专业实习工作的安排，听从实习指导教师的指导。

第三，服从实习单位的工作安排，克服拈轻怕重的思想，主动自觉地接受实习锻炼，不得强行要求调换实习岗位。

第四，不以各种借口逃避实习或中断实习，未征得院系同意而中断实习者必须补充实习，否则无法获得实习成绩。

第五，实习期间不得随意请假。如遇特殊情况需请病假、事假者，须持有效证明按实习单位的有关规定履行请假手续，并汇报指导老师。凡请假时间达到实习时间三分之一者，不能获得相应学分。

第六，增强自我保护意识，防止一切危害人身、财产安全的事故发生。在外省市实习的学生业余时间外出应避免单独行动。

（四）做好实习工作总结

在实习结束前 15～20 天，学生要填写实习鉴定表，内容包括自我鉴定、实习单位部门鉴定、实习单位人力资源部门意见等。顶岗实习结束返校以后，每个实习生需要提交一份个人实习总结报告，要求依据自己的实习经历撰写，具有自己独特的见解与感受，鼓励发现旅游企业管理中的问题，对实习情况做全面、细致的总结。指导教师依据实习生在实习期间的表现，认真审阅每名实习生的实习总结报告、实习单位的成绩评定，综合评定实习成绩，撰写实习评语，从中发现问题，思考改进措施。

返校第一周，实习指导教师组织学生召开座谈会，交流经验与心得体会。在顶岗实习交流会上，教师应让学生畅谈自己对旅游企业管理流程、业务以及某一岗位的深入认识，对实习进行全面总结，不断积累实习经验、改进实习方式方法，提高实习质量。

学院负责召开实习总结会，对整个实习过程中实习生工作、学习和思想情况进行检查、回顾，表彰优秀实习生、优秀实习小组和优秀实习指导教师；选择优秀实习生代表、优秀实习小组代表、优秀实习指导教师代表在实习总结大会上汇报实习情况，交流经验与体会。

学院领导、各实习点指导教师、班主任共同商定，总结本次实习经验。实习指导教师需要撰写实习总结，梳理实习的准备、组织流程，分析实习过程中的主要收获和存在问题，评价本次实习质量，提出改进建议。

第二章　学生在顶岗实习前的准备

学习目标

通过本章学习，要求学生能够：

1. 了解顶岗实习的思想准备、技能准备；
2. 掌握顶岗实习面试技巧；
3. 了解顶岗实习进点后的具体工作。

第一节　入职前的准备

旅游管理专业学生的顶岗实习，是结合人才培养模式，培养具备良好职业素养和专业技能人才的有效途径。在校生在进行顶岗实习前，往往表现出兴奋、新奇的心情，但同时又带有一丝迷茫、焦虑，甚至恐惧。他们会向相关老师询问有关事项，会打听实习单位的情况和岗位要求。对旅游管理专业在校生而言，顶岗实习是一个新的转变，是他们走向社会的第一步，但在通常情况下，他们对困难的预计却显得稍有不足。这就需要学校和教师帮助学生做好实习前的准备工作；帮助学生正确认识实习过程中可能遇到的各种困难，未雨绸缪；帮助学生增强自信心。

一、思想准备

处于顶岗实习阶段的在校生往往会出现以下心理问题：由于角色模糊带来的心理冲突，由于理想与现实差距带来的失落感，由于适应能力差带来的挫败感，由于人际交往障碍带来的孤独感，以及由于职业生涯规划不明确带来的迷茫感。为此，要做好充分的思想准备。

（一）做好吃苦耐劳的思想准备

学生从教育的消费者转变为企业的劳动者，在企业快节奏的生活方式下容易出现不满情绪。企业的生活特点是劳动强度大，劳动时间长，加班频率高。有毕业的学生回想起大学生活感叹道："很怀念大学的时光，大学生活就像是天堂。"大学生活的舒适感与校园生活节奏有很大的关系。在大学里，学生有大量的课余时间可以自己安排，或娱乐或休息，即使上课也只是脑力劳动而已，没有承受太多的体力劳动。实习期间，学生除了休息时间基本上都在工作。学校的舒适和企业的辛苦形成了鲜明的对比。

（二）做好不计报酬的思想准备

实习期间，学生的薪资报酬相对较低。学生通常认为自己的劳动和所得不成比例，实习过程所从事的工作与自己专业不对口，企业管理者的态度比较强硬，企业加班频率高等等，因此对实习的抱怨油然而生。有的同学适应不了企业的生活，便以学校之前的承诺与现在的情况不一样、现在的实习岗位不适合自己等各种理由申请提前结束实习。事实表明，大多数学生在实习期间的心态是不稳定的。从学生个人角度讲，专业实习的目的不是拿薪水，而是接触与专业相关的企业生活，了解将来所从事职业的状况，熟练业务要求并努力提升自身专业素养。从企业的角度讲，专业顶岗实习生业务不熟，还要请技术人员进行培训，有时候还要指定老员工进行业务指导，因此顶岗实习生的待遇理应低于老员工。

（三）做好克服困难、提升自我的思想准备

顶岗实习期间，学生远离父母，远离熟悉的学校，将会面临很多意想不到的困难，如生活条件艰苦、人生地不熟等等。这是考验大家意志、锻炼技能的宝贵机会，是人生难得的宝贵经历。面对困难，在同一个实习学校、同一地区的同学要团结起来，坚定信心面对一切考验。

顶岗实习能促使同学们将理论与实践有机结合，全面提高自身就业能力。大家到旅游企业内顶岗，既能运用所学到的理论知识，分析解决实际问题，学到书本上、课堂里学不到的专业知识和技能，又能培养吃苦耐劳和团队合作精神。因此，要珍惜难得的机会，努力提高自身的专业实践技能和专业知识，提升自己的组织能力、解决问题的能力和社会实践的能力。

（四）做好快速适应新岗位的思想准备

要树立正确的择业观，对自己的前途制定一个中短期规划，如实习阶段我应该怎样做，一年内我要达到什么目标，以后几年规划是什么，自己的兴趣是什么，将来要进入哪一类型的单位工作。在选择实习企业之前，这些问题一定要想清楚。同时，要有安心工作、踏实肯干，以及吃苦耐劳、任劳任怨的思想。制定长远的职业规划，尽量让实习企业与就业企业的类型相一致，这样在实习期间得到的锻炼，就会成为毕业后就业的资本和前期积累。这样的实习决策才会与人生的职业规划紧密结合在一起。

实习过程中，要积极面对企业内部的岗位变化，这样才能更为全面地锻炼自己和全方位地提升自己的专业素养。当然，刚适应一个工作岗位，业务也熟练了，工作业绩也显著提上来了，绩效刚刚达到一般员工的水平，这时，突然被安排到另一个新的岗位，实习生就会产生焦虑或反感情绪。有时候，因对新岗位的业务不熟，实习生的工作业绩还会明显受到影响，实习收入也会在短期内明显下降。实习生一定要正确看待这一现象和问题。实习期间变换的岗位越多，实习生越能更好地了解实习企业，越能更全面地培养自己的专业素养，这也为毕业后从事该领域的工作，储备了更为全面的知识。

（五）做好自律自爱与自我保护的思想准备

学校为实习生遴选的都是正规企业。这些企业都有一套完整的管理制度。实习生应严格遵守实习单位的管理制度，就像在校读书期间遵守校规一样。要服从实习单位对顶岗实习的安排与管理，自觉遵守实习单位的规章制度，加强自律；要关爱身边的同学、同事，与实习单位的同事融洽相处，不做损人利己、有损学校声誉的事情。特别要有安全意识，注意自己的交通安全和自我防护能力，注意人身安全、财物安全等。闲暇时间外出，要结伴而行，远途离岗、与陌生人或不熟的人出去，一定要告诉身边的同事，交代清楚和谁去哪里、何时回来等信息，切记不可断绝一切联络后去陌生的地方见陌生的人。

二、技能准备

现代企业对员工道德品质等方面的要求较高。为此，学生必须坚持以德育为先，认真学习职业道德教育这门功课，平时还要在理论水平、实操能力、人际交往、应变能力、口头表达能力、实习技巧、知识水平等方面多下功夫，以便适应实习岗位。

实习前，要对大学期间开设的相关课程进行复习和梳理，进一步巩固理论知识。实习出发前，到图书馆借阅与实习企业和工作相关的实践案例类书籍，增强自己解决实际问题的能力。等实习企业类型确定之后，还可以通过网上论坛、博客等途径，进一步了解实习岗位的要求，提升专业技能。甚至可以提前联络实习点负责人，了解企业对于实习活动的安排，以便尽早掌握实习流程，及时弥补自身不足，从而在技能上尽快达到实习岗位的要求。

三、面试技巧

（一）充分准备自荐材料

自荐信、个人简历、证明材料、学校推荐意见等要齐全、完整，不能遗漏。这几种材料的侧重点各有不同：自荐信主要表明自己的态度；个人简历主要说明自己过去的经历；证明材料强调自己所取得的成绩；学校推荐意见则体现了组织对自己的认可。缺了任何一个方面，自荐材料都不够完整。由于用人单位对面试者的要求不尽相同，自荐材料也应根据不同实习企业的需要有所变化。例如，针对外资企业或中外合资企业的面试，可另准备一篇外文自荐信。另外，自荐材料的份数亦应准备充足。即使是同一个用人单位，应试者也应同时呈递多份自荐材料，使有关人员人手一份，这既表达了对各有关人员的尊重，又为他们商议是否录用提供了方便。

（二）务必守时

这是老生常谈，也是基本常识，但如此简单又必要的事依旧不是每位面试者都能做到的。迟到的借口大部分都是因为第一次来，对路况和位置不清楚。稍有心思的学生会在即将迟到时打个电话到公司说明缘由表示抱歉；"没心没肺"的那一类人依然拿迟到 10 分钟当家常便饭。无论你是有心思的还是"没心没肺"的，对于迟到的面试者只有一句话奉送：除非有重要理由，其他任何借口都不会被面试官接受，印象分从你不准时的那一刻起就直接降到负分。

（三）着装适宜

不管你要去应聘实习的这家公司有多前卫、氛围有多开放，身为一名尚未被录用的外人来说，面试着正装是仅次于"不要迟到"，排在第二位的基本礼仪。最普通的职业装也是最安全的面试装扮，所以即便你想要去的这家公司内部员工天天穿比基尼上班，你去面试时如无特别着装要求和说明，就应当怎么安全怎么来。

（四）真诚作答

虽然面试需要"秀"自己、尽力表现出最优秀的那一面，但这不意味着你应该去杜撰和编造。能面试你的人，以他所具备的行业经验和阅人无数的能力，察觉到那些小把戏不是一件难事。当然，在表明自己的优势、能力、期待在这个岗位上做出的成绩时，还是不能谦虚的。但是，如果面试官问到了你的短板，也要如实告诉对方。

（五）态度积极主动

自荐是面试者的主动行为，任何消极等待都是不可取的。自荐信、个人简历等自荐材料的呈交、寄送要尽量及时、及早进行；在了解到用人单位有用人需求时，更不能迟疑，否则就可能错失良机。为了让用人单位更全面了解自己的情况，面试者应事先准备好各种自荐材料，并主动呈交，主动向对方介绍；不要消极等待对方回音，而要主动询问，这样往往会给人一种"态度积极、求职心切、主动诚恳"的感觉。

（六）自我介绍重点突出

在介绍自己时，应重点突出自己的能力和学识，本人基本情况和家庭情况简单介绍即可。对于自己的专长、经验、能力、兴趣等，则可以详细介绍。为了取得对方的信任，有时还要举例说明，如大学期间获得的奖励、承担的社会工作或某些工作经验、社会阅历等。要突出自己的优势和闪光点，因为与众不同的东西可能就是你的魅力所在。平铺直叙、过分谦虚，有碍用人单位对面试者的全面了解和正确评价，而使面试者错过良好的机遇。

四、制订计划

没有目标，就会迷茫和困惑，就会受挫。人的职业生涯是一段很长的过程，因此要有长远的职业规划，急功近利是最不可取的。经营自己的人生不能好高骛远，不能急功近利，要脚踏实地、一步步发展壮大自己。

首先，实习生平时要主动积极参加学校组织的集体活动，如到养老院慰问老年人，到工厂、企业参观和开展研究性学习，到街头参加义务宣传等，这些实践活动都伴有人际交往沟通能力训练。此外，还可以参加学校团委组织的人际交往礼仪培训，以提高人际交往素养。

其次，实习前一年，各班主任尽快催促学生办好身份证，及早准备好求职简历和自荐信等外出面试实习所必需的证件和资料；督促学生做好面试前的礼仪和个人形象的准备工作，留有怪发或戴有首饰的学生一律不允许参加学校组织的企业面试招聘会。学校要围绕实习形势、职业生涯规划、职业健康与安全、求职简历和自荐信、面试中常见问题的应答（尤其是自我介绍）和笔试、实习单位的选择、实习情景剧表演等方面内容开展系列实习准备活动。

第二节　入职后的准备

一、办理进点手续

旅游企业顶岗实习的学生由学院统一派遣。带队实习指导教师负责与实习单位沟通，将实习生安全地送达实习单位，协调好学生实习的相关事宜，并督促旅游企业安排好学生吃、住等事项；并应将学生的情况如实向旅游实习单位做详细介绍，以便旅游企业管理部门安排学生的实习岗位，争取使学生有机会从单纯的"服务型"实习岗位轮换到"管理型"实习岗位。

（一）生活安排

到达实习单位以后，由人力资源招聘部负责人具体安排实习生住宿，保障实习生的人身和财物安全，以及上班乘车等事宜。

（二）领取卡牌，熟悉环境

实习生到实习企业人力资源招聘主管办公室报到，领取员工服装、胸牌，办理工资卡、员工卡等事宜，熟悉企业环境，如酒店环境则包括前厅部、餐饮部、员工餐厅、员工通道、更衣室、洗衣房等。

（三）入职培训

由人力资源培训部具体安排，第一，从企业层面，详细介绍实习企业的发展战略、管理规章制度与企业文化、经营发展现状，使实习生深入了解实习企业，培养认同感与归属感。第二，从部门层面，介绍任职部门情况、岗位的权利与责任，了解具体岗位的业务流程与技能要求，明确岗位职责。第三，从职业道德教育层面进行辅导，主要包括团队精神、人际沟通技巧和职业生涯等。第四，结合企业经营情况，选择经典案例，进行案例教学，提升突发事件的处理能力。第五，安排专业人士进行礼仪培训。

二、保持与指导教师沟通

在旅游企业实习过程中，学院与实习企业对实习生进行共同管理。加强学院与旅游企业之间、指导教师与学生之间的联系与沟通。学院、旅游企业、指导教师三方对实习生的指导、检查与反馈关系到实习的顺利进行。

在实习过程中，实习生应主动地通过各种方式与企业、指导教师进行联系与沟通，将实习中遇到的各种问题，如请假、换岗、人际关系、心理问题等与实习相关的信息及时、准确地反馈给企业和指导教师，从而得到实习指导教师具有针对性的指导，有利于提高实习管理效率。

实习期间，指导教师应与实习生、企业保持联系与沟通，或通过巡视方式收集实习信息，如实习进展情况、实习生的表现情况、实习生实习周记填写情况以及实习中存在的问题等，及时将信息反馈到企业和学院实习领导小组；实习指导教师及时将学院实习教学工作计划与调整等信息传递给实习生。

在实习期间，实习企业应密切关注每一个实习生，进行岗位培训、心理辅导、业务指导，给予更多的人文关怀；及时将实习生动态反馈给学院和实习指导教师，双方密切合作。学校与实习单位之间要保证信息渠道畅通，确保信息反馈及时、准确。学校将实习计划、实习内容、新的理论传递给旅游企业；同时，旅游企业也要将实习安排、实习管理、实习进展、实习生表现等信息反馈给学院和指导教师。旅游企业与学院实现双向信息互动与传递，确保实习顺利进行。

实习生、指导教师、学院与旅游实习企业之间联系方式多种多样，主要通过电话、短信、QQ、微信、电子邮件、网络、传真等方式，以及指导教师和学院实习领导小组走访实习点的方式。学院、教师和企业三方时刻关注实习生的工作生活情况，针对实习涉及的问题交换意见和建议，及时发现并解决在实习过程中出现的新问题。

三、认真撰写周记

在实习过程中，旅游管理专业实习生应撰写实习周记，以文字方式记录顶岗实习中所见所闻、所学所思，内容包括感想、收获、成功与不足、经验与教训、人际关系与沟通及对专业的理解等。在实习的不同阶段，实习生心理、身体、思想等方面都会存在波动与变化。顶岗实习周记是实习指导教师了解学生实习总体状况和学生实习经历的第一手资料。教师可依据不同的实习阶段，有针对性地进行实习指导。

表 2 - 1　实习周记

时间：　　年　月　日——　　年　月　日	第　　周
实习部门：	指导人员：
合作人员：	
本周实习内容、心得体会：	

第三章　酒店顶岗实习

学习目标

通过本章学习，要求学生能够：

1. 了解前厅部、餐饮部、客房部的主要业务流程及要求；

2. 掌握前厅部、餐饮部、客房部顶岗实习中的常见问题及解决方案；

3. 培养良好的职业习惯，提高酒店管理能力。

第一节　前厅部顶岗实习

前厅部是酒店的核心部门，被誉为酒店的"大脑"，是整个酒店的信息中心和协调中心。前厅部主要承担酒店的销售和接待服务，是顾客的第一印象区和最后印象区。前厅部一般包括客房预订、前台接待问讯、礼宾、电话总机、商务中心五大班组，为顾客提供全方位服务。前厅部的员工需要具备较高的专业素养、全面的业务知识，以及临场反应迅速的能力。

旅游管理专业学生进入酒店前厅部顶岗实习，需要熟练掌握前厅部的对客服务程序，熟练操作酒店的管理信息系统，能够快速准确地在班组间传递各类服务信息，并相互配合为顾客提供优质服务。

一、预订服务

客房预订是指宾客在入住酒店之前通过网络、电话等方式进行客房的预约。现代宾客大多习惯于出行之前预订酒店客房，以便做出行安排。客房预订服务已经成为酒店前厅部的重要服务项目，也是很多宾客与酒店的第一次接触，因此预订服务的质量会极大地影响顾客对酒店的第一印象。

同时，顾客进行客房预订的过程，也是预订员进行客房及其他酒店产品销售的重要机会。因此，预订员不仅要熟练掌握预订程序，还要具备良好的销售技巧。

（一）前台预订的服务程序

1. 预订前的准备工作

客房预订，特别是当面预订和电话预订，预订员均直接面对宾客进行预订服务。因此，在开始工作前，预订员必须做好充分的准备，以保证为订房客人提供快速、准确的服务。

（1）仪表仪容得体

预订员作为酒店的一线服务人员，酒店有严格的仪容仪表要求。因此，预订员在上岗前应按照酒店的要求：着装整齐，仪容仪表符合规范，遇到客人保持微笑，表情自然，举止得体、优雅。

（2）熟练掌握订房程序

熟练掌握订房程序是预订员对客服务的基础，包括熟悉订房流程、客房预订的计算机操作系统、酒店客房类型、不同类型客房的房价以及对应的房价政策、各类预订报表的用途及填写要求等。

客房预订的方式较多，包括散客当面订房、电话订房、网络订房、传真订房、团队订房等。每一种订房方式的对客服务程序都不尽相同，同时，不同类型的顾客可以享受的订房价格也差别较大。因此，预订员在上岗前必须经过严格的岗位培训，熟练地掌握各类订房方式的服务流程，包括计算机操作流程和报表的填写处理程序等，以提供优质、高效的客房预订服务。

（3）其他准备工作

其他准备工作包括迅速准确地掌握当日及未来一段时间内可预订的客房状况和交接班信息、整理工作环境和各种表格等。预订员上岗前必须对当日及未来一段时间内可预订客房的状况（包括客房数量、房型、价格、房间的基本状况等）做到了然于心。交接班信息传递不清晰或不准确，是前厅部服务失误的重要原因之一。预订员接班时应仔细查看上一个班次的预订情况，掌握本班次需要跟进和注意的问题，特别注意需要处理的等待类预订名录、不准确预订名单等事项。同时，保持工作区的干净、整洁、计算机系统正常运行、各类报表准确摆放等，也是预订员上岗前不可忽略的准备工作。

2. 预订的受理

客人订房的方式多种多样，每种订房方式都有各自的特点，其服务的程序与重点也不尽相同，因此预订员需要掌握每种预订方式的服务程序与注意事项。

（1）当面预订

当面口头订房多为宾客的代理人（朋友或者接待单位）提前到酒店为宾客预订客房。由于直接面对订房人，因此预订员应特别注重接待礼仪，通过与订房人的口头交流，快速、准确地了解宾客的订房要求，并适时发挥订房技巧，提供让订房人满意的预订服务。

① 问好，了解需求

按照接待要求，友好、亲切地向宾客问好、打招呼，主动询问宾客的姓名、订房要求，包括房型、房间数量、入住与离店时间、客人的特别要求等。

② 查看房态，进行预订协商

查看计算机系统，获取宾客订房时间段内酒店的房态状况，以确认是否可以接受宾客预订；告知宾客酒店的相关规定，与宾客进行细致沟通和协商，确认其是否接受预订。

③ 填写预订单

询问住店宾客的姓名、联系方式等个人信息，核对订房要求并填写预订单；主动询问客人的到店方式、明确的车次或航班号，推荐接机服务；在接待旺季，推荐宾客进行保证类预订。

④ 确认预订，提醒注意事项

与宾客进行预订信息核对，确认无误后请预订人签字确认。向客人说明酒店保留客房、取消预订的相关规定。

⑤ 道别并完成预订

礼貌地与宾客道别，对于宾客的选择表示感谢；完善预订单内容并输入计算机系统，将相关表格存档。

（2）电话预订

电话预订是客人常用的订房方式，受理电话预订前应检查电话是否通畅以及通话声音是否清晰。

① 接听电话，问好，了解需求

电话铃响三声内接听电话，并主动自报家门向宾客问好、询问客人的订房要求，包括房型、房间数量、入住与离店时间、客人的特别要求等，并做相应记录。

②　查看房态，填写预订单

请宾客稍等，查看计算机系统，获取宾客订房时间段内酒店的房态状况，并针对宾客需求进行客房介绍与推荐；与宾客进行细致沟通和协商，接受预订；询问宾客的相关信息，并确认预订信息，快速准确地填写预订单；主动推荐接机服务、保证类预订等，确认客人有无其他需求。

③　核对预订，提醒注意事项

与预订宾客逐项核对预订的主要信息，包括房型、房间数、到离店时间、联系方式、宾客的特别要求等；提醒宾客酒店保留客房、取消预订的相关规定。

④　道别并完成预订

礼貌地与宾客道别，对宾客的光临表示期待；完善预订单内容，并输入计算机系统，将相关表格存档。

（3）网络订房

网络订房由于方便、快捷、更加廉价等特点，成为近年来增长速度最快的订房方式。受理网络订房的第一要义是回复迅速、准确。

①　获取订房信息，受理预订并回复

获取网络订单后，迅速查看宾客的订房信息，并在计算机系统中核对房态，确认无误后通过规定方式向顾客发送确认短信或者邮件，进行预订确认与注意事项提醒。

②　录入信息并存档

打印顾客的网络订单，核对无误后，将预订信息录入计算机系统存档。

（4）传真订房

传真订房由于保存了宾客的传真订单，预订较为准确。一般团队客人或商务客人较多地使用传真订房。

①　电话协商订房要求，接收传真

团队或商务客人在用传真订房前，一般会通过电话与预订员沟通订房事宜。在此过程中，尤其要注意团队或商务客人可以享受的协议价、相关的优惠规定等。与预订员协商好订房细节，接收传真的订房信息，并承诺尽快回复。

②　确认预订并回复

核对宾客传真的预订信息，确认无误后按程序向宾客传真预订确认单。

③ 信息输入，并复印传真保存

将宾客的预订信息输入计算机系统，复印传真原件，进行相关记录，填写相关表单并存档。

（二）预订员顶岗实习常见问题及分析

1. 不熟悉预订程序，使服务质量下降或者预订出错

现代酒店一般都为顾客提供多种可选的订房方式，每种预订方式的接待程序都存在差异。熟练并准确地掌握每种预订方式的接待程序以及预订系统的使用，是顶岗实习生首先面临的一大挑战。实习企业可以通过完善的岗前培训、让有经验的老员工带实习生上岗等方式来帮助实习生逐渐适应预订工作。

【案例 3-1】

订房信息处理不慎导致重复开房

春节期间，客房出租率开始迅猛增长，大量旅行社将分散的客房订单以打包的形式发送至酒店，进行团队客房预订，但是很多客人并不是一个团队的。

1 月 25 日下午，某团的两位客人来前台办理入住手续，要求入住相邻的房间。前台员工为他们安排了两间紧挨着的房间 551、552。过了一会，该团队又来了一批客人取房卡。由于这一行客人办理入住的房间数目较多，且客人无法报出所有房间号，前台员工只能根据部分房号进行信息核对。根据客人提供的部分房号信息，前台员工检索出了团队中所有的房号。客人表示，还有两间 5 楼的房间房卡未取，前台看了一下系统，此团队中正好是 5 间房间，且都是同一个旅行社订的，有两间房恰好也在 5 楼。前台试探性地问了一下客人 5 楼的房号，客人随口报出了 551、552 两间房的房号。前台员工看房间已干净，便发放了 551、552 的房卡。5 分钟之后，前后两批 551 和 552 房间的客人来到大堂投诉。大堂副理了解了大致情况后，立即向客人致歉并进行了处理。

经调查，后一批客人所说的两间 5 楼的房间，并非是 551 和 552，而是 5 楼的另外两间房。可奇怪的是，这两批客人相互并不认识，却在一张预订单上，而且又是同一个旅行社以同一个预订人名义进行预订的。前台查看了另外两间 5 楼的房间，发现客人不在同一张预订单上，这就意味着，来取房卡的后一批客人名单跨了两张预订单，导致前台将两批客人混在了一起，引起重复入住（double check in）。受理业务的预订员小张是实习生，由于接待经验极少，并未意识到该散拼团预订的复杂性，未做任何标识，从而导致重复开房。

案例研讨：

① 预订员在接受旅行社的预订时存在什么过错？本次接待失误的主要原因有哪些？

② 预订员接受预订时应注意哪些问题？

案例解析：

① 该事件中，旅行社为图方便，以同一预订人名义预订数量较多的房间，并且将散客信息打包发送给酒店，这就让酒店误以为订单中的客人是一同入住的，而实际情况并不是这样。这是一个典型的散拼团预订。预订员处理这个预订不够仔细，从而导致后续接待出现了问题。对于这类散拼团预订，预订员在接受预订时，应与旅行社负责人仔细核对客人信息，并且详细询问订房人对排房的具体要求，进行记录和系统标注，以方便接待员快速、准确地为顾客办理入住登记手续。

② 接待员的疏忽与不谨慎，也是造成本次重复开房的主要原因之一。

③ 预订是酒店对客服务的首要环节，预订员记录的相关信息是后续其他部门对客服务的基础，因此必须确保信息准确无误与完备。对于预订岗位的实习生来说，除了熟练掌握各类客房预订的接待程序以外，还应该了解每类预订接待过程中容易出错或需要格外注意的细节与问题，以确保后续服务的准确性。

2. 接受预订后未进行信息核对以及预订确认

一般而言，为了提高预订的准确性和酒店的开房率，并做好接待准备，在客人到店前（尤其是在旅游旺季），预订人员要通过传真或电话等方式与客人进行多次核对（Reconfirming，即再确认），问清客人是否能够如期抵店？住宿人数、时间和要求等是否有变化？核对工作通常要进行 3 次，分别在客人预订抵店前一个月、前一周和前一天进行，具体操作是由预订部每天分 3 次核对下月同一天、下周同一天以及第二天到店的客人信息；主要以电话、传真等方式进行，以及时了解客人有无订房变更与取消订房等情况。

【案例 3 - 2】

王先生预订的房间没有了

9 月 25 日，王先生打电话到某酒店预订了 10 月 1 日至 10 月 4 日的标准间 3 天。预订员小李查阅了 10 月 1 日至 10 月 4 日的预订情况，表示酒店将给他预留3210房间至10月1日下午6：00。10月1日下午1：00，王先生来到前厅，看到公告牌上显示酒店标准间客满，还是不慌不忙地出示证件，要求办理入住手续，并说明自己办理了预订。接待员小何查阅了预订后抱歉地说："对不起，王先生，你没有预订啊？""怎么可能，我明明在9月25日预订了3210房间。""对不起，我已经查阅了，3210房间已经出租，入住的是一位黄先生，请您再回想一下，好吗？""不可能，我预订好的房间，你们也答应了，为什么不讲信誉？"接待员小何一听，赶紧又仔细核查预订记录。后来发现，原来实习预订员小李一时粗心，把"王"输入成"黄"。而在王先生到来之前正好有一位黄先生入住，小何认为这就是预订人，就把黄先生安排入住了3210房间。于是，小何抱歉地说："王先生，实在抱歉，本饭店标准间已经客满，请您和您的朋友入住4230号豪华间，8折优惠，虽价格高些，但还是物有所值。"王先生不同意，并且很生气，认为酒店有意欺骗他，立即向大堂副理投诉。

案例研讨：

预订员在接受宾客预订时应注意哪些事项？

案例解析：

① 客房预订一般包括受理、记录、信息输入、核对、确认等环节，在这一过程中，任何一个环节出现失误，都将影响对客服务质量。因此，预订员在受理预订的过程中一定要确保所有信息的准确性，并多次核对，在操作过程中必须避免诸如案例中预订员小李在工作上出现的差错。

② 预订的确认是保证预订的准确性与较高的到客率的基本环节，因此，预订员应在宾客到店前按照酒店规定程序与客人联系，进行预订确认。本案例中，如果预订员后期认真地与客人确认了预订信息，那么，其中的疏忽也就可以避免。

③ 预订过程涉及的重要信息较多，如：客人的姓名、抵/离店日期、客房类型、房间数等，甚至包括预订变更或预订取消等信息。这其中任何信息出现错误，都会影响接待宾客的服务质量，引来顾客的投诉。

3. 预订员的销售技巧不够完善

预订通常是宾客与酒店的第一次接触，因此，预订岗位是酒店对客营销的重要窗口。预订员不仅应熟练掌握预订服务的基本程序和操作规范，而且还应具备良好的销售技巧。而对于顶岗实习的预订员来说，掌握销售技巧并针对顾客进行完美的销售是他们在实习过程中需要攻克的一大难题。酒店需要重视案例培训与演练，锻炼实习生的预订与销售技巧，并通过以老带新的方式让实习生慢慢学习并掌握相关技能。

【案例 3 - 3】

巧妙推销豪华客房

某天，南京金陵饭店前厅部的预订员小王接到一位美国客人从上海打来的长途电话，想预订两间每天收费在 120 美元左右的标准双人客房，3 天以后入住。小王马上翻阅了一下订房记录表，回答客人说，由于 3 天以后饭店要接待一个大型国际会议的多名代表，标准间客房已经全部订满了。小王讲到这里并未就此把电话挂断，而是继续用关心的口吻说："您是否可以推迟两天来，要不然请您直接打电话与南京××饭店去联系询问如何？"美国客人说："我们对南京人地生疏，你们饭店比较有名气，还是希望你给想想办法。"小王暗自思量以后，感到应该尽量勿使客人失望，于是接着用商量的口气说："感谢您对我们饭店的信任，我们非常希望能够接待像您这样尊贵的客人，请不要着急，我很乐意为您效劳。我建议您和朋友准时前来南京，先住两天我们饭店内的豪华套房，每套每天也不过收费 280 美元，在套房内可以眺望紫金山的优美景色，室内有红木家具和古玩摆饰，提供的服务也是上乘的，相信你们住了以后会满意的。"小王讲到这里故意停顿一下，以便等等客人的回话，对方沉默了一会儿，似乎犹豫不决，于是小王开口说："我料想您并不会单纯计较房价的高低，而是在考虑这种套房是否物有所值，请问您什么时候乘哪班火车来南京？我们可以派车到车站接您，到店以后我一定陪您和您的朋友一行亲自去参观一下套房，再决定不迟。"美国客人听小王这么讲，倒有些感到情面难却了，最后终于答应先预订两天豪华套房后挂上了电话。

案例研讨：

如何提高预订员的销售能力？

案例解析：

前厅预订员平时的岗位促销，一方面要通过热情的服务来体现，另一方面则有赖于主动、积极的销售，这就要求预订员能把握客人的心理，并具有较强的语言表达能力。在上面的案例中，小王在促销时确已掌握所谓的"利益诱导原则"，使客人的注意力集中于他付钱租了房后能享受哪些服务，也就是将客人的思路引导到这个房间是否值得甚至物超所值。小王之所以能干，在于他不引导客人去考虑房价，而是用比较婉转的方式报价，以减少房价对客人的直接冲击力，避免使客人难以接受而陷于尴尬。小王的的建议中肯、合乎情理，并且让客人感觉自己受到了尊重。在这种情况下，客人反而很难加以否定回答"不"字，酒店也实现了积极主动促销的正面效果。可见，作为实习预订员，不断学习与练习对客销售的语言技巧、提高销售能力是非常重要，也是颇具挑战性的。

二、入住接待服务

（一）礼宾服务

前厅部礼宾服务的主要内容包括：接送机服务、宾客迎送、"金钥匙"服务等，是宾客住店期间主要的服务岗位之一，同时也是酒店服务的门面。

1. 接机服务的基本程序

（1）做好准备工作：包括掌握预抵店客人名单（ETA：Expected Arrival List），了解客人姓名、航班、到达时间、车辆要求及接待规格等，安排车辆，准备好接机牌等。

（2）迎接客人：到达机场或车站后，查询客人到港是否准时等；站立在显眼位置举牌等候，主动问好，介绍自己，代表酒店欢迎客人；接到宾客后，完成信息确认，帮客人提送行李，并引领客人前往接站车。

（3）引领客人回酒店：引导客人上车，协助行李装车，返回酒店。途中主动给客人介绍沿途风光和酒店概况，并通知前台客人即将到店。

2. 宾客迎接服务的基本程序

（1）客人抵达时，向客人主动问好，表示欢迎。主动协助客人清点和卸下行李，查看车内有无遗留物品。记下客人所乘出租车的车牌号。

（2）引领客人至总台。引领客人时，走在客人左前方两三步远处；拐弯时，注意停步、侧身，伸手示意"请这边走"；途中可视情况询问客人姓名、有无预订等。

（3）将客人介绍给接待员，站立在客人侧后方放下行李，耐心等待客人办理入住登记手续。

（4）客人登记完毕，主动接过房卡，引领客人前往客房。进电梯时，遵循客人"先上先下"原则。到房间，在行李放下、敲门、通报、无人应答后，开门取电，然后请客人进入房间。客人进入房间后，给客人介绍房内设施，拉开窗帘，需要时给客人挂好衣帽。

（5）询问客人有无其他需要，向客人道别，预祝客人住店愉快，返回大堂，填写"宾客入住行李记录"。

3. "金钥匙"服务的基本程序

"金钥匙"是高星级酒店为了全面满足住店客人的各类特殊要求而专

门设置的服务岗位，其服务理念是"尽管不是无所不能，但一定要做到竭尽所能"。"金钥匙"服务已经成为高星级酒店优质服务的标志。"金钥匙"服务岗位最常见的服务项目包括：行李服务、快递服务、安排钟点医务服务、托婴服务、沙龙约会、旅游线路安排、推荐特色餐馆、导游、导购等，努力对客人做到有求必应。"金钥匙"岗位提供相关服务的基本程序参见相关岗位服务要求。

4. 礼宾员顶岗实习常见问题及分析

（1）刻板工作，缺乏主观能动性

【案例 3-4】

雨中的感动

那是 5 月份的一天，绵绵细雨将炎热的气温降低了不少，酒店有不少会议，因此过往车辆比较多。小王在大堂忙碌地指引着车辆，这时，从酒店入口方向开过来一辆商务车。"来，往前开。"小王迅速地将车指引到大堂门口。小王礼貌地对客人说："先生，您好！请问您是用餐还是开会？"客人说："我是来参加会议的。""先生，请把车辆停放在停车场。"当客人把车停到有效区域时，小王看到雨还在下，但是客人并没有带雨具，雨水已淋在客人的身上。小王皱了一下眉头，迅速地走上前去："先生，请在车上稍等一下，我拿把伞送您到大堂。""谢谢你，小伙子。"小王在征得领班同意后，从礼宾部借来雨伞，为客人撑起了伞，就这样在聊天过程中，把客人送到了大堂内。客人露出了感激的目光。

案例研讨：

如何通过礼宾员的主动服务提高宾客满意度？

案例解析：

案例中的小王是一位非常灵活、主动服务意识非常强的礼宾员，在对客服务过程中与顾客交流自如、善于发现顾客的潜在需求并设计其服务，做到了在客人开口之前为客人提供超前服务，因此赢得了宾客的好评。礼宾员的工作看似简单、枯燥，但其实是酒店的第一道安全岗位和到店宾客的第一印象区，因此，礼宾员在岗期间，需要做到眼勤、嘴勤、手勤、腿勤，善于观察客人的潜在需求，多问、多打招呼、多走动，细心耐心地为客人提供相关服务，同时保障酒店前台的安全。实习生在初到礼宾员岗位时，由于接待程序不熟悉以及面客经验不够丰富，多表现得过于拘谨、刻板，工作中缺乏主观能动性，从而影响对客服务质量。

（2）接待经验不足，应变能力较差

【案例 3-5】

客人的车被挡住了

晚上 8 点左右，实习礼宾员小朱正在当班，他的同事小王帮客人送行李进大堂了。就在小朱与一位问路客人交谈时，一辆黑色奥迪车停在了酒店门口的一个停车位前面，车里的客人相继离开不知所踪。然而，就在这时，被挡住的车的车主从大堂出来要把车开出来，看见车被挡住后，请小朱帮忙把奥迪车移开，但是奥迪车内空无一人。小朱并不知道奥迪车主在哪里，也不知道该如何是好。被挡车的客人非常着急，小朱只好找来同事小王，小王立即联系保安部监控室，查询到奥迪车主，然后到酒店的大堂找到了车主，把车挪开，并向被挡车的顾客致歉，从而解决了问题。

案例研讨：

礼宾员的工作职责是什么？

案例解析：

① 案例中小朱作为实习礼宾员，接待经验明显不足。晚上当值只有两位礼宾员，同事去送行李了，小朱必须保障酒店门前交通畅通与安全，即使与宾客交谈，也应密切关注酒店门口的动态。当顾客的车被挡住后，小朱显得不知所措，只能找来同事帮忙解决问题，耽误了顾客的出行时间。

② 礼宾员作为前厅部重要的面客岗位，工作任务繁多，涉及安保、行李委托代办等事项。而实习生初到礼宾岗，由于经验不足出现顾此失彼的现象较为常见，酒店只能通过不断的培训总结来帮助实习生适应工作。实习生应该多做经验总结，并虚心向老员工学习以提高自身接待能力。

（二）前台登记入住服务

登记入住是宾客住店的重要接待环节，也是很多宾客第一次面对面地与酒店员工接触，因此要求接待员做好充分的准备工作，为宾客提供高效、准确的登记入住服务。

1. 前台登记入住服务的基本程序

（1）做好登记入住前的准备工作：核对预订名单，检查房态，提前给有预订的客人预分排房，并通知相关部门准备好待售房间，准备入住资料，如入住登记单、房卡等。

（2）宾客前来，主动迎宾，对宾客的到来表示欢迎，并询问客人是否有预订。

（3）有预订的客人，问清客人姓名，查找客人预订单并核对。

（4）没有预订的客人，询问客人入住要求后，向客人进行客房介绍、推销和协商。

（5）请客人出示有效证件，填写入住登记表，分配房间。

（6）制作钥匙、填写房卡，请客人签字，告知贵重物品寄存及退房时间等事宜。

（7）道别，将入住信息通知相关部门，录入信息并建立客史档案。

2. 接待员顶岗实习常见问题及分析

（1）接待程序不够熟练，操作不规范

【案例 3-6】

客人的东西丢了

小张是某快捷酒店的前台实习接待员，对业务不太熟练。2月23日下午 4 时 30 分左右，小张单独在前台值班，这时 212 房间的顾客刘女士来到前台找到小张说，她房间的洗漱用品不见了，想让小张查查看。小张立即答应并在询问相关信息后进行了查询，但是由于对接待系统不是很熟练，查询了七八分钟，没有查到任何信息。刘女士在一旁等得着急了，开始不耐烦，询问小张怎么样了，查到没有？小张只能向客人道歉，并且承诺找领班来处理。此后，她转身离开了总台，到后台找到了领班，向她叙述了事情的原委并和领班一起查询事情原因。经过询问发现是客房服务员整理房间时，看到刘女士的洗漱用品所剩不多，以为刘女士不要了，因此直接跟一次性用品一起丢弃了。等领班和小张弄清楚事情原委回到前台，已经是 15 分钟之后了。领班代表对客人表达歉意，并且将事情原委向刘女士陈述，但是刘女士听完后勃然大怒。

案例研讨：

① 前台员工能否擅自离岗？案例中哪些做法是不符合规范的？

② 前台接待员日常工作中的注意事项有哪些？

案例解析：

① 前台是酒店的门面，也是酒店的直接对客服务中心和安全中心。酒店的前台 24 小时不能出现空岗的状况，否则会为酒店带来安全隐患。案例中，小张在独自值班时离岗，并没有请求任何同事帮忙顶岗，这种做法是非常不正确的，也是不符合规范的。小张在离开总台前，应首先寻找同事在总台顶

岗并安慰客人，然后再去跟领班汇报情况；或者自己坚守岗位，请求其他同事代为寻找领导到前台处理问题，小张则可以留在前台给予客人安慰。而领班在听取小张的介绍后，没有第一时间让小张回到原岗位，也是不尽职的表现。领班应该在听完汇报后，让小张回到前台对顾客予以安慰，然后再去弄清楚事情原委，并做出及时处理。

② 客房服务员在未征询顾客意见的状况下，主观臆断将顾客的随身物品随意丢弃，这种行为是极不正确与不规范的，应加强培训与教育。

③ 前台接待作为直接面客的服务岗位之一，对于员工的主观能动性和灵活性要求比较高。因此，对于顶岗实习生而言，首先需要具备较强的语言能力和服务主动性，以及应变能力；除此之外，完善的岗前培训和较长时间的面客锻炼也是不可或缺的。

（2）应变能力较差

【案例 3 - 7】

王先生要享受合同价

某公司与酒店签订了较优惠的合同价。5 月 28 日，声称自己是该公司员工的王先生来到前台办理入住手续。实习生小杨在询问了王先生有关客房的要求并查看房态后，确认王先生可以入住，于是跟王先生协商房价问题。王先生告诉小杨他是协议客户，客房按协议价即可。小杨按流程让王先生提供协议公司的工作证或其他证明文件，结果王先生表示他没有带公司的介绍信，工作证也忘记带了，也无法报出公司的协议号。小杨感觉很为难，只能跟王先生说明，他不能享受该公司合同价。王先生不同意，也非常不高兴，开始在前台大声嚷嚷，表明要投诉小杨。最后，前台经理出面与王先生协商，让王先生先按当日酒店优惠价入住，待收到公司订房传真或有能证明是公司员工身份的证件后，再更改房价。王先生入住后，总台立即与公司取得联系，公司于第二天向酒店传真了公司订房合同和有关王先生是该公司员工的情况说明。酒店也将王先生的房费由优惠价调整为合同价，并通知王先生。

案例研讨：

如何处理协议价订房？

案例解析：

① 协议价是酒店为长期合作的协议单位提供的优惠价格，因此接待员在

为协议单位办理入住手续时，一定要认真核对公司订房传真、能证明客人为该公司员工或该公司客户的有效证明（酒店协议规定的证明文件）。对没有订房传真或有效身份证明的客人，应做好解释工作，要热情待客，注意语言的艺术性，不要简单或生硬地回绝客人，要争取客人的理解，避免产生投诉。本案例中，前台经理先让客人按门市优惠价入住，然后积极与公司取得联系，待第二天确认身份后更改房价，这既使客人入住满意，也保护了酒店的利益和信誉，是常用的接待处理方法。案例中，实习接待员小王由于接待经验不足，灵活性较差，从而造成顾客不满。

② 前台接待岗位需要面对形形色色的客人，处理各类突发问题，因此，要求接待员有着非常强的应变能力和语言能力，而这恰恰是多数实习生所欠缺的。酒店前厅部应该通过完善的培训以及工作总结来慢慢培养实习生的应变能力，进而提高服务质量。

三、住店服务

（一）问讯服务

酒店住店宾客多为异地游客，在陌生城市入住酒店期间经常会碰到需要咨询、询问的问题，问讯服务因此成为酒店前厅部的基本服务项目之一。一般而言，问讯服务主要由前台问讯处、总机话务员或者礼宾员提供。问讯处主要为住店及相关宾客提供住宿相关问讯服务，总机话务员主要为住店宾客或其他人员提供电话问讯服务，礼宾员则主要为宾客推荐特色餐馆、旅游线路、商场等。

1. 问讯服务的基本程序

（1）主动向宾客问好，并询问客人的需求（如果是电话问讯服务，则在接听电话后首先向顾客问好，自报家门）。

（2）获知客人的问讯要求后，快速准确地回答客人的问题；或者请客人稍等，查询后准确、清晰地为客人解答。

（3）询问客人是否还有其他需要，然后与客人道别。

2. 问讯员顶岗实习常见问题及分析

【案例 3-8】

不能透露房号

一天，两位客人来到前台问讯处表明：他们是住店客人王先生的朋友，要查询王先生住在哪个房间。问讯员小何立即根据访客提供的信息查询，发现王先生住在 508 房间；小何先请访客到大堂吧休息，然后立即拨打了 508 房间的电话，但是电话一直无人接听。小何到大堂吧礼貌地告诉来访宾客，王先生不在客房，按照酒店规定不能告知房号，并建议客人在大堂等待或者拨打王先生手机号码进行联系，且告知酒店也可以代办留言服务。访客听完后虽然不满意，但是在问讯员耐心解释后，还是给王先生留了便条，托小何转交王先生。王先生回到酒店后，小何亲自将留言条转交给他，并且向他解释了事情的经过。王先生当即表示理解，并向小何表达了感谢。

案例研讨：

能否告诉来访客人宾客的房号？

案例解析：

案例中，问讯员小何的做法非常谨慎，也非常正确。问讯员日常接待的宾客问讯一般主要涉及三方面：酒店相关服务场所的营业时间、地点、收费等，酒店外部的相关问题以及住店客人的信息等。问讯员在回答宾客的前两类问讯时，应积极迅速地给予准确的回答；当无法准确回答时，可以查询后再回答宾客，一定要保证信息的准确性。而当访客询问住店客人信息时，一定要谨慎按照酒店规定操作，在未征得宾客本人同意的情况下，不能随意将住客信息透露给访客；同时，也要注意语言的艺术性，避免引起访客与顾客不满。作为问讯岗的实习生，首先应该熟练掌握各类问讯的服务程序、技巧与注意事项，同时积极锻炼对客服务的语言技巧等。

（二）叫醒服务

叫醒服务是酒店前厅部总机班组为住店客人提供的一项基本服务。叫醒服务如果发生失误，一般会引起较为严重的后果，因此应采取多种措施避免叫醒失误。

1. 叫醒服务的基本程序

（1）铃响 3 声内接听电话。

（2）聆听客人要求并记录：叫醒日期、房号、时间等，复述确认后，输入计算机，同时记录话务员工号、收到申请的时间等。

（3）服务完毕后，等客人挂断后再挂电话。

（4）夜班话务员把叫醒记录按时间顺序整理记录在交接班本上，注明相关信息并签字。

（5）话务员按客人要求时间准时提供叫醒服务，向客人问好，并提醒叫醒时间已到；叫醒时，可顺便告诉客人当天天气情况，挂电话之前祝客人一天愉快。

（6）5分钟后，实施第二次叫醒服务。

2. 总机话务员顶岗实习常见问题及分析

（1）未严格执行叫醒服务流程，导致叫醒失误

【案例3-9】

刘先生没被叫醒

一天早晨9点，北京某饭店大堂刘副理接到住在506房间的客人于先生的投诉电话："你们饭店怎么搞的，我要求叫醒服务，可到了时间，你们却不叫醒我，耽误了我乘飞机……"不等刘副理回答，对方就"啪嗒"一声挂了电话，听得出来，客人非常气愤。刘副理意识到问题的严重性，立即到总机房查询叫醒记录，记录上显示早晨6：30给506房间打过电话。于是，刘副理又电话询问值夜班已经下班的话务员小李，小李回忆后描述：早晨6：30确实向506房打过电话以提供叫醒，当时506房间一直占线，小李接着为其他房间提供人工叫醒后，又拨打了506的电话，还是占线。当时已经是6：40，小李认为506房间的客人已经醒了，于是便继续为其他房间提供叫醒服务。刘副理在弄清楚事情原委后，立即到506房间向于先生道歉，并在商讨后重新为于先生预订了机票，才获得了客人的原谅。

案例研讨：

叫醒服务流程是什么？

案例解析：

案例中，顾客房间电话一直占线导致话务员叫醒服务不成功，而话务员小李又自认为顾客接完电话已经醒了，所以未进行再次叫醒，导致客人延误了航班，从而给酒店带来了利益损失。为顾客提供叫醒服务时，一般而言，如果顾客不接电话或者电话一直打不通，话务员应根据叫醒流程通知客房服务中心值班员工到楼层去敲门，为顾客提供人工叫醒服务；不能主观臆断顾客已经睡醒而不再提供叫醒服务。作为实习话务员，应该严格执行叫醒服务的流程，并且在出现突发状况后，按照酒店规定的应急处理程序进行操作，以保证为顾客提供准确无误的叫醒服务。

（2）相关信息记录不准确，导致叫醒失误

【案例 3－10】

905 房间与 915 房间

某晚 11：25 左右，春秋国旅的导游打电话到总机，要求为团队设置第二天早晨 6：30 的叫醒服务。当班的实习生小张刚好准备下班，因此急急忙忙与导游确认了所有房号后，在计算机里做了叫醒设置，但是不小心将 905 设置成 915 房间。结果，第二天早晨，905 和 915 房间的客人先后到总台投诉。

案例研讨：

① 小张的叫醒服务存在什么过错？

② 话务员接待叫醒服务时应注意哪些问题？

案例解析：

① 案例中，实习生小张的疏忽与匆忙所导致的叫醒失误，最后带来了两位顾客的投诉。酒店叫醒无小事，特别是遇到大型团队需要叫醒服务时。总机话务员在接到叫醒预订后，应与顾客认真核对房间号、所需日期、时间以及是否需要二次叫醒等；然后，在计算机系统里把团队房号报表打出来，逐步核对并在系统中设置；设置结束后进行检查，并做好相应的登记工作，确保无误以后方可下班。而夜班人员还应该根据记录本对第二天早晨和上午的所有叫醒设置再次进行核对，确保叫醒服务不出现任何差错。

② 叫醒服务是总机话务员为住店宾客提供的基本服务之一，虽然服务操作较为简单，但不容出现任何差错。作为实习话务员，首先应该熟练掌握叫醒服务的接受与操作流程；而后要注意操作的细心与谨慎，从而确保为客人提供准确无误的叫醒服务；同时，如果需要提供人工叫醒，应该注意语言的艺术性以及贴心服务，如提醒客人天气变化以及合适的祝福语等。

四、离店服务

（一）离店结账服务

离店结账服务一般由总台收银员为顾客提供，一般为宾客与酒店的最后一次服务接触。宾客多在办理完结账手续后，继续自己的行程。因此，离店结账服务的基本要求是快速与准确，给宾客留下美好的回忆。

1. 离店结账服务的基本程序

（1）主动问候宾客，问清客人姓名、房号等，找出账单，并重复客人的姓名，以防拿错；同时，收回客人房卡；如客人暂时不交钥匙，提醒楼层服务员收回钥匙。

（2）通知客房服务员快速查房，检查客人房间物品有无丢失、损坏情况，以及有无客人遗留物品。

（3）委婉询问客人有无最新消费，如长途话费、早餐费、小酒吧等，在电脑上查阅，以免漏账。

（4）打出客人消费账单，请客人检查并签字。

（5）给客人结账，在账单上打下"paid"印记，账单清零，将收据与发票交给客人。

（6）检查是否有客人邮件、留言、传真等。

（7）向客人表示感谢，祝旅途愉快。

（8）将客人的登记表盖上时间戳交接待处，以更改房态，储存相关信息。

（9）建立客史档案。

2. 收银员顶岗实习常见问题及分析

（1）风险意识不强，为酒店带来财务损失

【案例 3－11】

客人恶意逃账

8 月 20 日下午，酒店财务查账时发现 8 月 18 日入住酒店、19 日退房的童女士一行共 6 间客房，却只结了 5 间房间的房费。

前台领班调查发现，童女士一行是通过"大众点评网"网络途径订房的，付款途径特殊：客人在"大众点评网"上选择出行日期、天数、房型、数量等，最后在线付款，然后"大众点评网"会向客人手机上发送一条带有验证券号的短信。但这并不算订房成功，客人还需要把券号提供给酒店的预订部，也就是说客人需要向酒店预订部致电并提供"大众点评网"的验证券号；预订部收到券号后再根据相关信息把客人所需的客房预订做进 Opera 系统，最后预订部会留一个"Reservation Alerts（大众点评待验证券号）"来提示前台工作人员验证后办理入住。前台早班人员会根据预订部同事留的大众点评待验证券号对从"大众点评网"预订过来的客人进行券号验证。前台接待会对当天、明天、后天的券号进行验证，并对验证过的预订做出相应的标识，以确保不因漏验造成酒店损失。童女士一行 8 月 18 日入住，一共 6 个房间，向预订部提供了 6 个券号，预订部照常做了预订，前台收银员按例一一验证，但其中一个券号在验证过程中系统显示"该券号在 7 月 31 日已验"，由于其他 5 个券号都没有问题，这名收银员当时没有继续深究此事。事后查明，就是因为预订部和前台把关不严才造成了客人提供一个已失效的券号蒙混过关、恶意逃账。童女士一行恶意逃账事情发生后，前台领班拨打办理入住时预留童女士的手机号码，接连几次均是无人接听，恶意逃账，昭然若揭。最后，酒店通过向中国银行提供客人相关的入住、消费证明，委托银行托收，才挽回了酒店的损失。

案例研讨：

收银员如何避免宾客逃账事件？

案例解析：

① 案例中，由于收银员的疏忽，在券号没有验证成功的情况下，帮助客人办理了入住手续；事后又没有及时跟进，从而造成了客人逃账成功。网络订房等多途径订房方式方便了宾客，但是需要酒店的相关服务人员格外细心与谨慎，在收集客人券号、做预订、验证券号、办理入住等环节中稍有不慎就有可能出现漏账、逃账等事件。

② 收银员岗位是酒店非常重要的一线财务安全岗位。收银岗的实习生首先应该细心、谨慎，除了掌握各类收银的操作规程外，还应具有较强的财务风险意识，对假币付款、信用卡过期、恶意逃账等意外情况较为敏感，同时能及时采取措施阻止这类问题的发生。

（2）疏忽大意，应变能力不足

【案例 3-12】

忘了退押金

8月12日，一位客人来到某酒店的前厅收银处，声称他8月8日曾在酒店住宿，当时由于走得匆忙，忘了退押金，今天特意带着押金条来取回押金。明白客人的来意之后，收银员请客人坐在大堂稍等片刻，并要了客人的身份证及押金单，接着开始查找电脑里的客史档案、楼层的住宿登记。经过核查最后确定这位客人8月8日确实入住过酒店，收银员随即打电话给当值的两位接待员，询问她们是否有8月9日没结的账单。当确认没有时，收银员又与财务处联系，要求帮忙查账单。查询的结果是：账款已退，顾客已签名，但由于收银员的一时疏忽，忘了收回押金单。而此时客人已经开始在大堂撒野，要求必须退还押金。前台接待员和收银员不知如何是好。最后，前厅经理带着客人一起到财务处核实，并义正词严地与顾客交涉，顾客最后才悻悻地离开了大堂。

案例研讨：

收银员提供结账退房服务时应注意什么？

案例解析：

① 本案例中，收银员未按照收银流程收回押金条，是造成后来事件的主要原因。收银员在正常的服务工作中，必须严格执行服务规范，做到细心、谨慎。酒店应在制度与工作规范中严加管理，堵住审单程序上的漏洞。

② 酒店面向的顾客形形色色，作为实习收银员，首先应严格执行收银的操作规程，以规避可能出现的财务风险；同时，应具有较强的应变能力，在面对各种突发问题时，能及时有效地解决。

（二）离店行李服务

离店行李服务一般由行李员或者门童为宾客提供。离店行李服务的基本程序如下：

（1）接到电话，主动问好，并记录客人的房号与时间要求；主动询问客人是否需要叫车服务，按照客人要求准时去房间收取行李。

（2）核对行李，并帮助客人搬运行李；引导客人下楼，主动询问住店感受以及结账与否。

（3）客人结账时，可先将客人行李放上车或站在客人侧后方等候；等客人结账后，引领客人上车，与客人道别，返回填写散客离店行李搬运记录。

第二节　餐饮部顶岗实习

餐饮部（Food&Beverage Department）是饭店组织机构中的重要部门，承担着向客人提供餐饮服务、满足餐饮需求的任务。同时，作为集生产、加工、销售服务于一身的饭店内唯一生产实物产品的部门，餐饮部又具有管理环节多、分工细、管理运作难度大的特点。

餐饮产品从总体上讲由三个部分组成，即餐饮环境、餐饮实物（菜肴、酒水、点心）和餐饮服务。随着人们生活水平的提高，消费者在满足物质需求的同时，越来越注重精神、心理方面的享受。从这个意义上讲，与其说宾客在消费一份"餐食"，不如说是在消费"环境、技艺和服务"。美国旅游饭店业的先驱斯塔特勒（E. M. Starter）曾经说过："饭店从根本上讲，只销售一样东西，那就是服务（services）。"饭店的目标应是提供最佳服务，想方设法满足宾客需要，给宾客带去舒适和便利。

餐饮部工作人员，特别是餐厅工作人员，每天与宾客直接接触，他们的一言一行、一举一动都会在宾客的心目中产生深刻的印象。宾客可以根据餐饮部为他们提供的食品饮料的种类、质量和数量，服务态度及方式，来判断一个酒店服务质量的优劣和管理水平的高低。同样的规模档次，同样的菜肴质量，不同的服务就会带来不同的结果，服务质量直接影响到酒店餐饮业的生存和发展。

与前厅部的"短暂服务"、客房部的"隐服务"相比较，餐饮部员工提供的服务更直接、与宾客的接触更深、时间更长、环节更复杂。从就餐前的预订、引领、点菜、点酒，到就餐中的上菜、斟酒、分菜、换碟，再到就餐后的结账、送别等，服务人员的仪容仪表、行为举止、言语谈吐、服务技能以及处理问题的能力，都会给宾客留下深刻的印象，宾客也会据此来判断一个饭店服务质量的优劣和管理水平的高低。

鉴于餐饮部及餐饮服务在饭店整体中的重要性，参加餐饮部顶岗实习的初入职场的实习生，不仅要通过顶岗实习了解餐饮的服务程序和技巧，了解餐饮部经营管理过程，在实践中找到理论知识与实践操作的结合点，更要学会为人处世，学会调整心态，学会如何处理好与同事之间的人际关系，学会如何与顾客打交道，提高服务意识，培养服务精神，感受服务乐趣，积累服务经验，为自己日后成长成才打下良好的基础。

一、餐饮服务程序及要求

餐饮服务工作是非常烦琐而具体的，实习生应该把握其主要程序，做到按部就班，有条不紊，既方便餐饮管理者分配工作，又便于服务员形成程序概念，并能提供迅速有效的操作和服务。

餐饮服务的整个程序大致可分为：餐前准备、开餐服务、就餐服务、餐后服务等几个环节。

（一）餐前准备环节

在餐厅开门营业前，服务员有许多工作要做：首先要接受任务分配，了解自己的服务区域；然后检查服务工作台和服务区域，熟悉菜单及当日的特选菜，了解重点宾客和特别注意事项等。充分的餐前准备工作是优良服务、有效经营的重要保证，因此是不可忽视的重要一环。

1. 任务分配

通常在餐厅里要将所有台子按一定的规律划分成几个服务区域。为了方便起见，餐厅经理常常要制定一个餐桌编号，将一组编号的餐桌固定为一个区域，然后按区域分配给各服务员；服务员便将餐桌号码用在点菜单和客人账单上，以方便上菜和结账。由于不同的服务区域就座客人的数量不同、到餐具柜和厨房的距离不同、座位受欢迎程度也不尽相同，因此，餐厅经理常常以轮流的方式给服务员分配不同的值台区域，以尽量达到公平合理。

服务区域的分配方法因餐厅而异，通常是两个服务员为一组，一人负责前台，一人当助手，这样始终保持前台服务区域内至少有一人值台，不会出现"真空"现象。服务员与客人的比例根据服务的要求和餐厅水准的不同而不同，很难有一个固定的标准。一个经验丰富的服务员能够照料、接待更多的客人，服务质量也高；新来的服务员和见习服务员一般应先担任助手或被分配到接待量较轻的区域，以便在为少量的客人服务中积累经验。

任务分配一般是在服务员签到后自行从告示栏上了解，餐厅经理有时也做特别的交代。

服务员接到分配给自己的任务后，要了解本区域的台子是否有客人已经预订、客人是否有特别要求；放留座卡；了解本区域内是否有重要宾客，并严格按餐厅经理的吩咐做准备。

做后台服务工作的服务员通常相对固定，如餐具室、洗涤间等处的服务员应按规定的程序在规定的时间内完成准备工作。

服务员助手应协助服务员做好准备工作。

2. 餐厅准备

有些餐厅规定前一班结束工作前要为下一班铺好餐台，有些餐厅则要求接班的服务员负责铺台。无论怎样，准备工作都要按下列步骤进行：

（1）准备餐桌

服务员开餐前的第一个任务就是检查其值台的区域、场地。有时客人会将几张台子拼在一起，移动桌子原定的位置，所以服务员首先需将餐桌定位，同时检查桌子的稳固性。

其次，要为已预订席位的客人安排好足够座位的餐桌。

在摆放餐具前，要用在清洁剂和温水溶液里浸泡过的抹布擦洗餐桌，要检查座位，扫掉面包屑，清除污垢。

（2）准备台布

要选择合适的台布尺寸，台布平时的摆放亦应按照规格大小分开存放。台布的花色通常有白色、黄色、粉红色、红色和红白格子等，以白色最为普遍。一般来说，一个餐厅只选用一种样式的台布。台布又分为圆桌台布和方桌台布。台布的大小根据桌子的尺寸定做，方桌台布以每边下垂约40厘米为宜，台布的边正好接触到椅子的座位。

为了使台布的外观更加平整、挺括、饱满，同时又可减弱餐具和台子碰撞的响声，现在流行的做法是在台面上加一个橡皮的垫子或者垫布，然后再铺上台布。

铺大圆桌的台布时，人站在桌子的一侧将台布抖开，使台布的股缝居中，四角下垂部分相等且正好盖住桌子的四脚即可。周围餐桌有客人在就餐而需翻台时，不可大幅度地抖动台布，此时应该两人合作铺大圆桌台布。

小方桌的台布铺起来比较容易，只要将台布放在桌子中间，打开台布，盖住桌面就行了。这种方法也可用在客人在场时更换弄脏的台布。

当餐桌上有调味品、烛台和烟缸等而又必须更换台布时，应先将这些物品移到一端，卷起脏台布，再将物品移到已卷起台布的桌面上，便可收掉脏台布。此时，要注意将台上的面包屑等卷在台布里，以免撒落在座位或地板上。

（3）准备餐具

桌垫和台布等铺好后，服务员就可以开始摆台了。所谓摆台是指给每一席位摆上一副餐具，西餐餐具由碟子、餐刀、餐叉、餐巾和玻璃杯等组成，中餐餐具则由骨盆、搁碟、筷子（包在筷套里）、筷架、调羹和餐巾等组成。餐具的具体摆法取决于酒店采用何种服务方式和要上什么样的饭菜。

摆台时，要用干净的托盘端出瓷器、玻璃杯、餐叉和餐巾等。不要图省事而用手捧或拿洗涤筐当托盘使用，这是不合规范的。

在摆台时，拿餐具也有一定的讲究，瓷器要拿其边沿，玻璃杯要拿其底部和杯脚，刀、叉、勺要拿其把柄。摆台时还要对餐具进行检查，把破损的或不干净的餐具挑出来，退回洗涤间。使用破损的餐具既影响餐厅的水准，又不安全，更重要的是不卫生。

有的餐厅规定玻璃杯在营业前应当倒扣在台上，但要注意玻璃杯只能倒扣在干净的台布或垫子上，以保持杯口的卫生。同时，在开始营业时，要将所有杯子正过来，否则给人以餐厅仍未准备好的印象。

摆好餐台后，必须仔细检查一次，以确保所有的桌上用品都是干净、齐全的，并是按照规范摆放的。检查蜡烛是否已换上整的，灯具是否处于正常的使用状态，中餐的转盘是否运转正常、是否清洁光亮，公筷、公勺是否妨碍转盘运转等等。如果备有火柴应将正面朝上摆在烟缸上。帐篷式菜单或当日特选菜单应统一摆放。花瓶须勤换水，确保无枯叶败花并摆放整齐。要做到台面布置整齐划一。

（4）准备餐具柜

一个餐厅至少要有一个餐具柜，许多餐厅往往是一个服务区域配一个餐具柜。餐厅餐具柜用于储藏服务设备，应放在靠近服务区的地方。它可以避免服务员频繁地来往于厨房和餐厅之间取餐具、台料等用品。收台时，值台服务员亦可将收回的脏餐具放在托盘里暂时搁在餐具柜台上，由助手负责送到洗涤间。

服务员在开始营业前要负责将各种餐具、调料和服务用品领来贮存在本区域的餐具柜中，不同餐厅所配备的餐具贮存柜的物品是不一样的，通常包括：

① 咖啡壶、茶壶及加热器；

② 冰壶和冰块夹；

③ 干净的烟缸和火柴；

④ 叠好的干净餐巾、各种台布等；

⑤ 各种刀、叉、匙、瓷器、银器、玻璃杯、饮料杯、杯垫等；

⑥ 点菜本和圆珠笔；

⑦ 盐瓶、胡椒盅、色拉油瓶和其他调料瓶；

⑧ 各种固体饮料、柠檬茶等；

⑨ 黄油、糖、奶油、柠檬切片等；

⑩ 儿童的桌垫、菜谱、围嘴和餐具；

⑪ 特种菜的餐具和用品，如柠檬压汁器等；

⑫ 清洁的菜单、账夹和服务托盘。

中餐厅的服务餐具柜中，除了摆台用的各种中餐具外，还应备有中餐的调料，如酱油、醋、胡椒和盐；备有中餐的服务用品，如：小毛巾、分羹匙；备有茶叶和茶具。

餐厅里的餐具柜就在客人的眼皮底下，容易被客人看得一清二楚，所以服务员必须养成保持餐具柜整齐清洁的习惯。要随时清理，服务员助手则应负责不停地将脏的餐具用托盘收回洗涤间。餐具柜内部的摆放亦应分类，存放整齐，以避免翻找餐具造成噪音。在餐具柜前操作必须保持轻声，以免影响客人。

3. 熟悉菜单

菜单是一个饭店的招牌，它往往能体现出饭店的特色、档次和服务水平。服务人员对本店的菜单是否熟悉，直接影响着服务质量与经营效果。首先，熟悉菜单可以方便推销。其次，对菜单的了解有助于服务员向客人提供建议，当顾客置身于异国他乡，对当地菜色所知无几时，常常乐于从服务员那里得到帮助，这时菜单就将发挥作用。同时，对菜单进行了解还会帮助服务员回答客人提出的各种问题，对客人的特殊需求提出选择的建议。

（1）熟悉菜单的变化

服务员在正式接待客人前必须熟悉当天的菜单。它可以帮助服务员增进其与客人之间的感情，并为餐厅树立良好的形象。即使是固定菜单也会定期变化，而且餐厅还常常提供当日特选和季节菜单，因此，服务员更应不断地加以了解。菜单的变化一是为了使菜色多样化，二是由原料或菜的季节性以及成本变化所致。

（2）熟悉菜单的种类

餐厅服务员应当熟悉本服务单位的各种菜单。最为普遍的菜单是早餐菜单、午餐菜单和晚餐菜单。也有餐厅将午晚菜单合二为一的。午餐菜单和晚餐菜单的区别是午餐菜单中包括三明治和量小的主菜，而晚餐菜单中则备有量大的主菜，还包括各种配菜，如各色蔬菜等。中餐的午、晚餐菜单通常是一样的。

除了这些正规的菜单外，还有儿童菜单、特选菜单（立式）、甜品单和酒水单。

通常，菜单上还标有点菜价格和套菜价格，供客人选择，套菜一般包括汤、面包、色拉和主菜。中餐一般也是荤素搭配，有汤有饭。餐厅经理和领班通常还负责根据客人的要求为客人临时配套菜。

（3）熟悉菜单的内容

根据客人的饮食习惯和就餐次序，西餐菜单通常按下列顺序排列：冷热头盆、色拉、汤、鱼和海鲜、主菜（牛排类）、蔬菜、甜品、饮料。头盆有冷热之分，又叫开胃品类，包括蔬菜、果子汁、水果和海味等，主要包括牛排、家禽、肉食和特色菜。中餐的菜单分类排列，一般包括厨师特选、冷盘、汤、河鲜、海鲜、牛肉、猪肉、鸡、鸭、野味、蔬菜、点心等。

　　菜单因餐厅的水准和管理者的经营思想不同而有很大差异，有些以提供特制精美菜肴见长，有些以廉价家庭菜色为主，有些以品种繁多、选材广泛称雄，有些则以品种限量来削减成本，凡此种种，不一而足。

　　当天的特色菜可以附加在菜单上，也可以用立式菜单放在台面上，有时还可以在餐厅的门口用广告形式陈列。一种特色菜可能是原料过剩的品种，也可能是时令菜或是厨师的拿手菜。如果它是剩余原料菜或时令菜时，通常是比较便宜的，但应尽量避免以剩余原料做特色菜。

　　一流的服务员还应当熟悉菜单上每一品种的原料和配料，要虚心向厨师学习，处处留心，日积月累，了解菜肴的口味，以利于推销和回答。

　　（4）熟悉烹调方法

　　当客人向你询问某一道菜的烹制方法和制作过程时，掌握下列烹调常识对提供服务是很有帮助的。

　　① 烘——在烘炉中，用干燥的、持续不断的热量制作。

　　② 煮——在100℃的沸水中制作，水泡会不断上升到水面，并随之分解，特点是汤菜各半，汤宽汁浓，口味清鲜。

　　③ 焖——将经过炸、煎、炒或水煮的原料，加入酱油、糖等调味汁，用旺火烧开后再用小火长时间加热。焖的特点是：制品的形态完整，不碎不裂、汁浓味厚。

　　④ 炸——在灼热的食油中炸煎制作，有的用少量食油微煎，也有的在量大的热油中深炸。

　　⑤ 烤——将经过脆渍或加工成半熟制品的原料，放入以柴、煤炭或煤气为燃料的烤炉或红外线烤炉中，利用辐射热能直接把原料烤熟。

　　⑥ 烩——将加工成片、丝、条的多种原料一起用旺火制成半汤半菜的菜肴。

　　⑦ 汆——沸水下拌，一滚即成。

　　⑧ 爆——将脆性原料放入中等油量的油锅中，用旺火高油温快速加热。

　　⑨ 蒸——在有压力或没有压力的蒸汽锅里制作。

　　⑩ 炖——在能淹没食物的足够水中慢火炖制。

　　⑪ 煨——在水将沸未沸的条件下用文火慢慢地煨煮。

　　（5）熟悉烹制时间

　　烹制时间是指做好菜单上某一道菜，并将其装盘所需要的时间。菜肴的烹制时间取决于厨房的设备、厨师的工作效率、积压订单的多少和菜肴本身的烹制方法所需花费的时间。掌握某种菜肴所需的烹制时间，可以帮助服务员在不同的情况下恰当地给客人推荐菜肴，例如对于赶时间的客人，服务员应为他推荐烹制时间短的菜肴等等。要掌握烹制时间就要向厨师请教，平时注意观察和积累。

（6）熟悉菜肴的配料

无论是中餐还是西餐，许多菜都需要一定的调味品、为色香味而配的汁料以及和主菜相配的配菜。根据约定俗成的步骤，服务员要知道哪些调料需在上菜前上台，哪些则应在上菜后服务，并做到调味品的盛器要干净。有时，常用的配料用品可以保存在餐厅的餐具柜里，如经常要用的色拉汁盛器等。

【小知识】

常用菜肴配料

鱼菜配"V"形柠檬片

鱼和海鲜类配鞑靼调味汁（汁中含有凿碎的鸡蛋黄、碎酸菜、橄榄油、干葱粒等）

汉堡包配番茄酱和泡菜

牛排配牛肉酱汁

热狗配芥末酱汁

土豆薄煎饼配苹果酱

薄煎饼配糖酱、蜂蜜

色拉配调味汁（3种以上供选择）

面包配黄油

烤面包配黄油、果酱

咖啡配牛奶和糖

茶配柠檬切片和糖

烤鸭配薄饼、葱和甜酱、番茄酱

需要用手指帮助食用的菜肴，如螃蟹、龙虾等要配净手盅，在净手盅里倒入五成温水，放入少许柠檬片、菊花瓣等。

4. 餐前短会

在服务员已基本完成各项准备工作、餐厅即将开门营业前，餐厅经理或领班负责主持召开短时间的餐前会，其作用在于：

（1）检查所有服务人员的仪表仪容，指甲、鞋袜等。

（2）使员工在意识上进入工作状态。

（3）再次强调当天营业的注意事项，如头发、制服、名牌、营业气氛等；提醒重要客人的接待工作以及已知的特殊客人的接待要求等。

餐前短会结束后，值台服务员、引座员、收款员等前台服务人员迅速进入工作岗位，准备开门营业。

（二）开餐服务环节

开餐服务是餐厅对客服务工作的开始，也是餐厅服务工作的重要一环，包括迎接客人、安排客人就座接受点菜、把点菜单送入厨房以及从厨房出菜。其中，回答客人询问、向客人推荐菜肴等，也是开餐服务的重要内容。

1. 引领入座

安排客人就座的工作通常由餐厅经理、专职引座员负责。建立这种引座制度，一来会使客人感觉受到欢迎，对餐厅留下美好的印象；二来也使得餐厅有能力控制客人的流动量，使餐厅处于有效的控制之下。即使在客人可以自己挑选餐位的餐厅，问候和引座也是很重要的。

在安排客人就座时，要掌握餐厅里的客流量，要避免将两批客人同时安排在一个服务区域内，要尽量分散安排，这样既可以避免某一服务区域的服务员负担过重，同时也会使客人得到更好、更迅速的服务。

在就餐高峰期，常常会出现客人必须排队等候的状况，引座员要注意根据客人到达和登记的先后次序去安排他们入座用餐，不可有歧视或厚此薄彼的行为；对已经预订的客人应在他们的预约时间里优先照顾。

2. 接受点菜

在客人入座并有时间看了菜单之后，要招呼他们，如果是由引座员或领班安排入座的客人，去招呼的服务员要先向客人问候，说"早上好/晚上好！""请问要喝点什么，鸡尾酒吗？"然后介绍几种鸡尾酒或餐前酒。如果客人不点餐前酒，则问客人："我可以接受您的点菜吗？"

在一批客人中，当主人为他（她）邀请的客人点菜时，服务员应从左边先去招呼这位主人；如果主人是请其客人各自点菜的话，则从他（她）右边的那个客人开始，或者从其中的一位女宾开始，有时也可以从已经准备好的那位客人开始。

当服务员正在服务时，可能又有新的客人被领到其服务区域，这时应先去招呼一下这批新到的客人，告诉他们很快就会去照料他们。这样，客人们将会赞赏你对他们的关注，从而不会觉得受到冷遇。

招呼客人不仅要热情有礼、面带微笑、态度诚恳，还要灵活机动，做到恰到好处。

在接受客人点菜时，要端正地站在客人的左边，手拿点菜记录本，并备好一支圆珠笔或一支削好的铅笔，填写点菜单时千万不要图省劲而将点菜记录本放在餐桌上去写。点菜单要书写得清楚、规范。服务员在记录完客人点的菜以后，为了避免差错，应向客人重复一遍所点的菜肴，以便得到确认，尤其是客人在用不合常规的方法点菜时更应如此。

点菜完毕后，要记住收回每位客人的菜单。

3. 回答询问

作为餐厅服务员，在与客人接触的过程中，往往会被问及许多涉及餐厅食品和饮料、有关本饭店或者当地旅游、文化历史方面的问题，服务员只有通过不断的学习、观察和培训，才能保证给予客人准确的回答。

能圆满地回答客人的问询，有助于和客人建立良好的关系，有利于客人对餐厅留下好的印象，并有助于推销菜肴、饮料。服务员应当了解的情况包括：本餐厅及饭店其他餐厅的营业时间、电话号码、菜肴特色；本餐厅菜单的各种菜肴知识、制作方法、名菜名点；有关传统菜肴的历史趣闻；当地的历史文化和风景名胜等。

当服务员碰到难题不能马上回答时，应主动代客查询，不要胡乱作答。

菜单和特选菜单发生变化，酒店应安排专门的时间进行培训，不应让服务员带着疑问去服务。

4. 推荐菜肴

恰到好处地推荐菜肴是一项专业技巧。成功的推荐既可以使客人满意，又能为餐厅增加收入。

推荐要掌握适当的时机，例如在进餐前要推荐鸡尾酒，吃主菜建议配色拉，根据主菜推荐适当的酒水饮料，主菜后推荐甜品和餐后酒。尤其是陈列在小推车的海鲜台、色拉台和甜品台上的食品，令人垂涎，容易引起客人的食欲，有利于促销。这些食品可以推到客人的桌边展示，以供客人选择。

推荐食品时不能让客人感到你是在为餐厅利润推销，应当使客人感到服务员是站在他们的立场上，为他们提供服务。这时语言的技巧就非常重要，要学习和掌握沟通技巧。

对比较计较账单金额的客人，应建议便宜的特色菜；对搞喜庆活动的客人，要加强酒水的销售；对儿童则应建议小份额的菜肴或儿童菜单；对节食的客人则更应投其所好地提供建议。

推荐时应多用建设性的语言，不要问客人："请问要鸡尾酒吗？""喜欢甜品吗？"这样问话的结果很可能就是"不用了"。而当你问："吃牛排来一瓶红葡萄酒，怎么样？"或"您喜欢香草冰淇淋还是草莓冰淇淋？"得到的结果将大不一样。

当客人问服务员"今天有什么好菜"时，要用更具体的建议回答，如果你说"今天的菜都不错"，将毫无帮助，同时也不礼貌。

推荐的艺术还反映在能恰当地使用诱人的描述性语言去勾起客人的食欲，例如："我建议你们先来一点冷冻的新鲜苏格兰虾开胃小菜，好吗？"或者说"尝一尝我们的火烧樱桃欢乐佳节菜，怎么样？"这样的推荐更能引起客人的食欲和好奇心。

5. 传送点菜单进厨房

服务员在开好点菜单后，将第一联送到厨房，交给厨师长，由厨师长分配给厨师烹制。也有的厨房里有一个能转动的轮盘，挂着一个个夹子，服务员按先后顺序将菜单依次夹在轮盘上，厨师亦按先后顺序准备菜肴。如果有计时器，在订单进入厨房后，先打上进入厨房的时间，然后交给厨师长，以便于检查控制。

服务员在递交订单时，应当注意：遵守秩序，有特殊情况应与厨师长商量，不得偷偷向前挪动次序，订单上的特殊要求应与厨师长解释清楚。要与厨师紧密合作，发扬团队精神，但不得长时间地借故在厨房停留或与厨师聊天。

（三）就餐服务环节

就餐服务即台面服务，是指把客人点的食品、饮料送到餐桌上，并在整个进餐过程中照料客人。就餐服务是餐饮服务中时间最长、环节最复杂的服务过程。良好的就餐服务包括用有效的服务方法上菜上食品，即将正确的服务技巧和彬彬有礼的服务结合在一起，能最大限度地使顾客满意。

1. 出菜服务

为避免发生事故，很多厨房分设进出两扇门，服务员在出菜时应遵守规则。出菜时，要注意核对菜肴食品，不要拿错其他客人的菜；菜品要摆得令人喜爱，点缀要美观；将菜盘平衡地摆到托盘上，端送到餐厅。行走时，要注意保持平衡，留心周围情况，以免发生意外。

2. 上菜时机与台面服务

（1）掌握上菜时机

在接受客人点菜之后，服务员应根据情况掌握上菜的时间，掌握好服务的节奏。服务员在客人与厨房之间可以起到联系人的作用。一旦失去这个联系，就可能出现厨师一股脑儿将所有的菜都做好，或者上菜不接下菜等种种不正常的情况，影响服务的质量。服务员在接受一份完整的菜单后，必须根据情况决定是把点菜单立即送入厨房，还是暂缓一会儿，当客人正慢慢地品尝鸡尾酒和冷菜时，点菜单可以略迟一些送去。

另外，服务员要了解主菜的烹制时间，并根据其所需时间的长短送交点菜单和通知厨师做菜。服务员还要根据厨房的忙闲程度决定何时送点菜单，忙时提前送单，闲时迟些送单，这是常识。

要正确掌握上菜时机，就要在实践中学习和总结经验，做到既不让客人等菜，又不会出得太快而使客人感到有催促之意。

（2）台面服务

客人用餐过程中，服务员要勤巡视、勤斟酒、勤换烟缸，做好恰当的台面服务。要细心观察客人的表情及示意动作，做到"眼到、心到、口到"，主动服务。服务时，态度要和蔼，语言要亲切，动作要敏捷。

服务员必须经常在客人餐台旁巡视，适时为客人进行上菜、分菜服务。

及时为客人更换餐盘，注意把握撤换餐盘的时机：①上翅、羹或汤类菜肴之前，应先上一套小汤碗。待客人吃完后，送上毛巾，收回汤碗，换上干净餐盘。②吃完带骨的食物之后应更换餐盘。③吃完芡汁多的食物之后应更换餐盘。④上甜菜、甜品之前应更换餐盘。⑤上水果之前，应换上干净餐盘和水果刀叉。⑥残渣骨刺较多或有其他脏物的餐盘要随时更换。⑦若客人失手将餐具跌落在地，要立即更换。

3. 特殊情况处理

服务员必须学会灵活处理客人在用餐过程中出现的各种问题。餐厅服务员的任务是要使成千上万个来餐厅就餐的客人吃得满意，而要做到这一点是不容易的。在餐厅里，服务员会遇到各种各样的客人，会碰到形形色色的事情；而处理每一种情况，无论如何都要从诚恳的态度出发，用所掌握的为客人服务的最好方法去照应他们。这时，服务员所做的每一点努力，都会得到客人的赞赏。

（1）对年幼客人的接待

对小客人要耐心、愉快地照应，并且帮助其父母使得小客人坐得舒适。要端一张儿童坐的椅子来，并且尽量不要把他安排在过道一边的座位上。要把糖缸、奶瓶等易碎的物品移到小孩够不着的地方。

如果备有儿童菜单，应让小孩的父母为他点菜。不要把小客人用的玻璃杯斟得太满，不要用高脚玻璃器皿，最好用较短小的甜食餐具。尽可能地为小客人提供围兜儿、新的坐垫和餐厅送的小礼品，这会使其父母们更开心。

（2）对醉酒客人的处理

值班的餐厅经理先要确定该客人是否确已喝醉，然后决定是否继续为其提供含酒精的饮料。如果客人确已喝醉，经理应该礼貌地告诉客人不可以再向他提供含酒精的饮料，同时安排客人到不打扰其他客人的席位上，或者安排在隔开的餐室内。如果客人呕吐或带来其他麻烦，服务员要有耐心，迅速清除污物，不要抱怨。

如果该客人住在本酒店，而没有人搀扶又不能够回房间时，应通知保卫部门陪同客人回去。如果该客人不住在本旅馆，也应交由保卫部门陪同他离开。

事故及处理结果应记录在工作日记上。

（3）对客人投诉的处理

餐厅的经理总是努力使客人的投诉控制在最低限度内，通常餐厅服务越好，客人的投诉也就越少。然而，一旦客人确有抱怨，应当将其作为对餐厅服务管理的反馈，用来改进今后对客人的服务。服务员应在服务工作和客人的投诉中吸取经验。有些投诉是可以事先采取措施避免的，如当客人所点的菜在厨房被延误时，要主动向客人打声招呼，表示他点的菜没有被忘记；又如客人提出需要某种附加配料和服务，而这是另外加收费用的，服务员也应当事先讲清楚。如此等等，要机灵礼貌，防患于未然。

处理客人投诉的程序如下：

① 认真倾听客人的全部意见。②简要地重复客人的意见并表示理解。③诚恳地赞同客人提的某些意见，如"你把这个问题提出来是正确的"，这就使你和客人站在了一边，取得了他的信任，并和他一起分析问题。④及时处理客人的意见，做出纠正，对待顾客要设身处地地为其着想。若非你权力范围内所能处理的问题，应迅速向上级反映。⑤感谢客人向你反映问题以引起管理部门的注意。⑥记录投诉和处理经过，可作为案例用于培训。

4. 安全与卫生

（1）安全

在就餐服务环节，特别要注意创造一个井井有条、安全方便的工作环境，避免操作事故，是餐厅服务员的责任之一。安全操作既保护客人，也保护服务员自己。

安全注意事项包括：在餐桌之间的过道上行走时，应从其他工作人员的右边走过去；在端托盘超越其他员工时，应小声提醒对方留心；推门前要特别小心，以免撞在他人身上；为了防止滑倒，服务员应穿矮跟的橡胶底鞋；食品或饮料撒泼到地上后，要立即清除掉，如来不及清除，应先在此放一把椅子，提醒他人以免滑倒；托盘上菜肴时，如遇客人正准备起身或做其他动作或谈兴正浓时，应轻声招呼"对不起"，以免被客人碰翻托盘；装托盘要合理，不要过满，高的、后用的物品放在靠身体里档，矮的、先用的物品放在外档，壶嘴和把柄要放在托盘的边沿之内。

（2）卫生

餐厅服务员要面对面地为客人服务，在操作中保持个人的清洁卫生和操作卫生是十分重要的。它既会直接影响客人的健康，也会关系到餐厅的声誉。

下列规则是操作中必须遵守的：为了避免头发掉落到食品中或拖碰到食品，餐厅服务员不宜留长发，女服务员可戴发网，男服务员也要擦些护发油，保持头发整齐；保持工作服、围裙和指甲始终都是干净的，以免把有害的细菌传入食品，也避免影响客人的胃口；去洗手间后要洗手，收拾完用过的盘子和接触现金后，也必须洗手；服务时，要拿盘子的边沿、玻璃杯底部和餐具的把柄，手指不可按触食品；用消过毒的抹布擦餐桌和服务台，不可把餐巾、小毛巾当抹布用；掉落地面的餐具必须重新更换；在餐厅里，不要用手摸头、挖鼻、挖耳和搔痒等，打喷嚏时，要用手巾纸或手帕捂口。

（四）餐后服务环节

餐后服务系指宾客用餐结束后，由饭店餐饮部门为其提供的有关服务。这些服务一般指协助宾客结账、引领客人离开餐厅、重新整理桌面等。

1. 结账与收款

客人可以到账台付款，也可以由服务员为客人结账。餐厅结账的方式一般有现付、签单和使用信用卡等。结账的程序分别有：

（1）现付

当客人要求结账时，服务员迅速到账台取来客人的账单，并将其放在账夹或小托盘里送交客人。客人对账单有疑问时，要负责耐心解释，客人付了现金后，服务员将其送到账台，由收款员收账找零，并加盖"付讫"章。服务员再将找零和给客人的发票回呈客人，并向客人致谢，欢迎再次光临。

（2）签单

如果是住店客人，通常是用签单的形式一次性结账付款。在这种情况下，当客人示意结账时，服务员迅速到账台取来账单，放在账夹里交给客人。客人签单时，一般应出示房卡或钥匙，服务员也应核对钥匙上的房号是否与客人所签一致。一般餐厅不会给签单客人开具发票，而是前台一次性收款后才给客人。客人签完单后，服务员应向客人致谢，欢迎再次光临，然后迅速将签过的账单送交账台。

（3）使用信用卡

有些餐厅接受客人用信用卡的方式付账，服务员首先要了解本餐厅所接受的信用卡种类。在客人示意付账时，服务员迅速取来账单放在账夹内，交给客人，然后将账单和信用卡一道送交账台，由收款员复印或印压，并请客人在校样单上签字。最后，服务员向客人致谢，欢迎再次光临。

接受付款的形式还很多，如使用支票等。结账工作要求准确、迅速、彬彬有礼。

账单一般一式两份，收款员应依号码先后顺序使用，不得遗失。

2. 重新整理台面及其他结束工作

客人用餐完毕离开餐厅时，餐厅经理或引座员应主动向客人道谢，欢迎客人再次光临。

全部客人都已离开餐厅后，各值台区域的服务员进行收台清扫工作：按照规定重新布置台面，摆齐桌椅，清扫地面。擦净调料盛器和花瓶等，将转盘用清洁剂擦洗抹净。将服务柜台收拾整齐，补充必备品，归还借用的服务用品。

引座员整理客人意见，填写餐厅记录簿。

经理检查收尾工作，召集餐后会，简短总结，和接班者办交接手续，交代遗留问题。

二、餐饮服务操作技能

餐饮服务是餐饮部门的工作人员为就餐宾客提供食品、饮料等一系列有形产品并帮助客人用餐的一系列行为的总称。餐饮服务人员只有具备丰富的服务知识和娴熟的服务技能，才能将精美可口的佳肴和尽善尽美的服务有机结合起来，让客人在物质和精神上获得满足，以达到餐饮服务的最佳效果。因此，餐饮部顶岗实习人员必须熟练掌握托盘、餐巾折花、中西餐摆台、斟酒、上菜与分菜等餐厅操作技能。

（一）托盘

托盘是餐厅运送各种东西的基本工具，各种陶瓷器皿、银器、食物等，无不用托盘运送。

正确有效地使用托盘，将减少搬运次数，减轻服务员的劳动强度，提高服务质量和工作效率，不仅体现出了餐厅服务工作的规范化，也显示出服务人员的文明礼仪。

托盘操作时，要求讲究卫生、稳重安全、托平走稳、汤汁不洒、菜形不变。

1. 托盘的种类及用途

托盘有大、中、小等几种规格，以满足不同的运送需要，其形状通常有圆形或长方形两种，用金属或经过加工的木头制成。近年来非常流行用化工合成的防滑托盘（国产、进口均有）。小型的圆托盘通常用来运送饮料和餐桌上的小器皿，大长方形和中长方形的托盘一般用于托运菜点、酒水和盘碟等较重的物品。运送东西时，应该选择与所负载的东西大小相称的托盘。

如果所使用的托盘不是防滑托盘，则应用一块湿的托盘巾或者一块湿的餐巾垫在托盘上，以起到防滑作用，这是使用过程中必不可少的一道程序。

2. 托盘的使用方法

托盘使用方法按其重量分为轻托和重托两种。

（1）轻托

轻托就是托送比较轻的物品或用于上菜、斟酒操作，一般重量在5公斤左右。轻托一般在客人面前操作，因此熟练程度、优雅程度及准确程度就显得十分重要。轻托还是评价服务人员服务水平高低的标志之一。

这种托法多使用中、小型托盘，其操作方法如下：

① 理盘。根据所托的物品选择好托盘，洗净擦干，在盘内垫上洁净的垫布，垫布要用清水打湿拧干，铺平拉齐，这样既整洁美观又可避免盘内物品滑动。

② 装盘。根据物品的形状、体积和使用先后次序合理安排，以安全稳妥、便于运送、便于取用为原则。托盘的主要技巧是把托盘拿平，并在托运过程中随时保持托盘的平衡。为了使托盘保持平衡，托盘上各种物件的摆法便有了许多讲究。

盘内的物品要摆放整齐，横竖成行。在几种物品同装时，一般是重物、高物放在托盘的里档，轻物、低物放在外档；先上桌的物品在上、在前；后上桌的物品在下、在后。盘内物品的重量分布要得当，这样装盘安全稳妥，便于运送和使用。

③ 起托。轻托一般用左手，方法是左手向上弯曲，小臂垂直于左胸前，肘部离腰部约 15 厘米，掌心向上，五指分开，以大拇指端到手掌的掌根部位和其余四指托住盘底，手掌自然形成凹形，掌心不与盘底接触，平托于胸前，略低于胸部。

起托时左脚朝前，把左手和左肘抬到与托盘同样的平面上，如果有必要，可屈膝和腰，用右手把托盘放到左手和左肘上，使托盘最外面的边放在左手肘上，而托盘其余部分仍留在原来所在的平面上；伸平左手和左肘，把整个托盘放在手肘上；用右手调整托盘上各种物件的位置，确保托盘安全平衡。

端托盘要严格按照操作规范的要求去做，即使是端轻的、小的托盘，也要郑重其事地对待。用大拇指按住盘边、以另外四指托盘底的做法，是对工作的轻视和对宾客不礼貌的举动，是不符合端托盘的操作规范的。

④ 行走。行走时要头正肩平，上身挺直，目视前方，脚步轻快，动作敏捷，精力集中，步伐稳健。配合步伐，托盘在胸前自然摆动，以菜汁、酒水不外溢为限。

⑤ 落托。落托时，先将体态调整到站立姿态，左脚向前一步，上身前倾，使左手与台面处于同一平面，用右手协助将托盘向前轻推，使托盘置于桌面上，左脚收回一步，保持身体的站立姿态。

（2）重托

重托是托载较重的菜品、酒和盘碟的方法，重托的重量一般在 10 公斤左右。重托的盘子常与菜肴接触，易沾油腻，使用前要仔细检查和擦洗。

重托的操作方法和要求：用双手将盘子的边移至柜台外，用右手拿住托盘的一头，左手伸开五指托住盘底，掌握好重心后，用右手协助左手向上托起，同时左手向上弯曲臂肘，向右后方旋转 18°，擎托于肩外上方，做到盘底不搁肩、盘前不靠嘴、盘后不靠发，右手或自然摆动，或扶托盘的前内角，并随时准备排阻他人的碰撞。

重托要求上身挺直、两肩平行，行走时步履轻快，肩不倾斜，身不摇晃，遇障碍物时让而不停。起托、后转、行走、放盘时要掌握重心，保持平稳。动作表情要显得轻松自然。重托时，装载要力所能及，不要在托起后随意地增加或减少盘内的物品。放托盘时，要弯膝但不能弯腰。

目前，饭店一般不用重托盘，多用小型手推车解决递送重物问题，这样既安全又省力。虽然如此，重托仍应作为服务员的基本技能加以练习，以备应用。

（二）餐巾折花

餐巾又称口布，是宴会酒席中必备的保洁用品，也是台面摆设的艺术装饰品。它既能起到保洁作用，防止菜肴、汤汁、酒水溅落后玷污客人衣服，又能起到美化席面、渲染气氛的作用，同时还可以标注宾主席位，便于入座。

1. 餐巾折花的种类

餐巾折花的种类繁多，按折叠方法与摆设工具可分为杯花、盘花、环花。

① 杯花：一般需要插入杯中先成造型，取出杯子即散开，常用于各种宴席。

② 盘花：盘花造型完整，成型后不会自行散开，可放于盘中或其他盛器及桌面上，常用于西餐或茶楼等，作为台面摆设，中餐摆台也较为常见。

③ 环花：将餐巾平整卷好或折叠成造型，通过一个餐巾环将餐巾固定，通常放置在装饰盘或餐盘上，特点是简洁、雅致。

按折花的造型，大致可分为以下三大类：

① 植物类：根据植物花形折制的有梅花、迎春花、桃花、玉兰花、茶花、月季花、牡丹花、凤仙花、荷花、鸡冠花、兰花、水仙花等四季花卉，确有"百花齐放，群芳争艳"之势。按植物的叶、茎、果实等形状造型的，有荷叶、树桩、竹笋、姜芽、仙人球、卷心菜、玉米、寿桃等品种。千姿百态的植物，是创制折花的无穷源泉。植物类折花变化多、造型

美，是餐巾折花品种的一个大类。

②动物类：有孔雀、凤凰、鸽子、鸳鸯、春燕、画眉、天鹅、大鹏、仙鹤、企鹅、海鸥等禽鸟；有长颈鹿、大象、白兔、松鼠等走兽；有蝴蝶、金鱼、对虾、青蛙等常见动物。动物造型有的塑其整体，有的取其特征（如大象的鼻子、兔子的长耳等），形态生动、活泼可爱，也是餐巾折花中的重要一类。

③实物造型：模仿日常生活中各种实物而折成的餐巾花，如花篮、宫灯、折扇、帽子、领带、披肩等等。这一类折花目前种类还不太多。

近年来，很多餐厅都用彩色餐巾纸折成各种餐巾纸花，这种纸花一次使用后即可丢弃，不像布制餐巾那样使用后需回收洗熨。从发展趋势看，它有可能逐步取代布制餐巾。这也可算餐巾折花的一个新秀。

2. 餐巾折花的基本手法

（1）折叠

将餐巾一折为二、二折为四或者折成三角形、长方形等形状。折叠的要求是：要熟悉基本造型，叠时要看准折缝线和角度一次折成，避免反复，否则餐巾上就会留下一条条折痕，使餐巾不挺括，影响美观。

（2）推折

推折就是将餐巾叠面折成褶裥的形状，使花型层次丰富、紧凑、美观。推折时，两个大拇指相对成一线，指面向外。再用两手中指按住餐巾，并控制好下一个褶裥的距离，拇指、食指的指面握紧餐巾向前推折至中指处。用食指将褶裥挡住，中指腾出去控制下一个褶裥的距离。3个手指互相配合，要求褶裥均匀整齐，距离相等，每裥的高低、大小、宽度根据花型的不同需要而定。

推折，可分为直线推折和斜线推折两种方法：折两头一样大小的折，用直线推折；折成一头大一头小的折、半圆形或弧形的折，则可用斜线推折。

（3）卷

卷的方法可以分为直卷和螺旋卷两种。直卷时，餐巾两头一定要卷平。如采用螺旋卷可先将餐巾折成三角形，餐巾边要参差不齐。不管是直卷还是螺旋卷，餐巾都要卷紧，不然就会在后面的折花中出现软折。

（4）翻拉

翻拉大都用于折花鸟。操作时，一手拿餐巾，一手将下垂的餐巾翻起一只角，拉成花卉或鸟的头颈、翅膀、尾巴等。翻拉花卉的叶子时，要注意对称的叶子大小一致、距离相等。拉鸟的翅膀、尾巴或头颈时，一定要拉挺，不要软折。

（5）捏

捏的方法主要用于做鸟头。操作时，先将鸟的颈部拉好，然后用一只手的大拇指、食指、小指 3 个指头，捏出鸟颈的顶端，食指向下，将餐巾一角的顶端的夹角向里压下，大拇指和中指将压下的角提出尖嘴。

上述 5 种是最基本的手法，掌握了这些基本手法后，经常模仿、练习和创新，就能折出多种多样、美观大方的餐巾花。

（三）摆台

所谓摆台，就是服务人员根据就餐人数和规格，为就餐宾客摆放餐桌椅，确定席位，摆放餐具用品，布置台面，美化席面的服务作业。要求做到配套齐全，整洁有序，放置适当，方便就餐，给人以美观艺术的视觉印象。摆台技术是餐厅服务员必须掌握的一项基本技能，也是宴会设计的重要内容。摆设出一席好的台面，能为客人就餐增添舒适高雅的气氛，给客人带来赏心悦目的感受，给宴会增添喜庆隆重的气氛，同时也方便服务员的席间服务操作。各地区、各饭店的摆台方式大体相同，但有些饭店也会根据实际就餐情况规范自己的摆台方式，最终目的都是方便客人就餐和服务员服务。

摆台可分为中餐摆台和西餐摆台两大类，又可分为宴会摆台和零点摆台。根据用餐形式的不同，摆台时所用餐具的数量也不一样，并且各饭店均有本饭店独特的摆台方式，所以不可能完全统一。此处仅介绍中餐宴会摆台和西餐宴会摆台。

1. 中餐宴会摆台

（1）合理布局台型

宴会餐桌的设计布局是根据主办人的要求、餐厅的形状、餐厅内陈设的特点来进行的。其设计布局的目的是合理利用宴会厅的场地，表现出主办人的用意，体现宴会的规格标准，方便服务员为宴会提供服务。

① 中餐宴会一般都用圆桌。餐厅服务人员要根据宴会通知单告知的桌数、人数，选择好大小一致、颜色一致的圆桌、座椅，然后根据餐厅的面积和形状进行布局、设计台型。

② 布局时要把主宾入座与退席所经过的主要通道留得比一般通道宽敞一些，以方便宾客出入活动和服务。

③ 布局时要尽量利用日光或灯光，力求桌面光线明亮、柔和。

④ 台形布局一般次序是：中心第一、先右后左、近高远低。

中心第一是指布局时要突出主桌，主桌放在上首中心，要突出其设备和装饰，主桌的台布、餐椅、餐具的规格应高于其他餐桌，主桌的花坛也要特别鲜艳突出。

先右后左是按国际惯例来说的，即主人的右席的地位大于主人的左席。

近高远低是就被邀请客人的身份而言，身份高的离主桌近，身份低的离主桌远。

⑤ 有主席台设施的宴会厅，台上要布置会标，以表明宴会的性质；没有主席台的宴会厅，也要在主桌后面用花坛画屏或大型盆景等布置一个重点装饰面。

⑥ 主桌要专设服务桌，其余各桌酌情设服务点。服务桌摆放的距离要适当，便于操作，一般放在餐厅四周。

（2）席位安排

① 确定主人位置。所谓主人，就是宴会主办人，规模在一桌以上的宴会，各桌主人位置的确定有两种方法：第一种是各桌的主人位置相同，同朝一个方向；第二种是第一桌主人与其他各桌的主人位置相对，即其他各桌的主人面对第一桌的主人，见图 3-1。

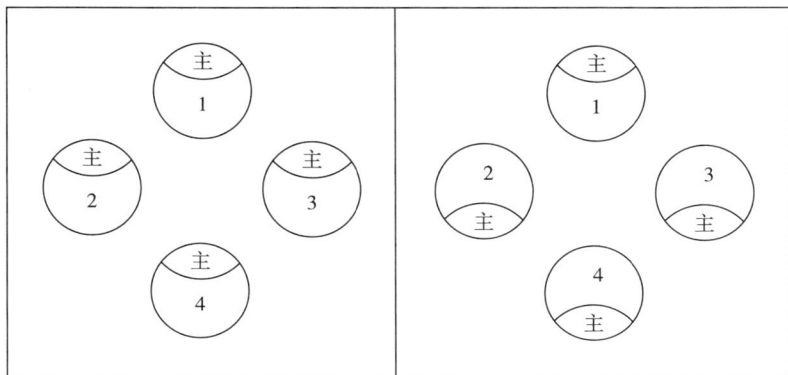

图 3-1　主人席位安排图

② 宾客的座次安排。正式的宴会一般均安排座次，有的只安排部分宾客的座次，其他人员可自由入座。大型宴会事先将宾客座次打印在请束上，使宾客心中有数。

席位卡一般是印好的长方形卡片，字迹要清楚、整齐，一般中方宴请则将中文写在上方，外文写在下方；若外方宴请则将外文写在上方，中文写在下方。中餐宴会圆桌席位安排的顺序见图 3-2。

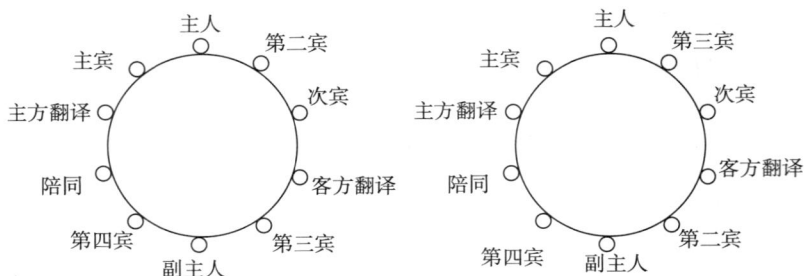

图 3-2　中餐宴会圆桌席位安排图

（3）桌面摆放

① 准备桌面所需餐具、用品

餐具准备主要依据参宴人数、桌数、标准菜单等。

个人席位：土司盘、筷子及筷套、筷架、调味碟、调羹、餐巾、白酒杯、啤酒杯、葡萄酒杯、口汤碗。

公用餐具及其服务用具：公筷、公勺及公筷餐架、牙签盅、烟缸、花瓶、台布、台号、小毛巾、火柴、托盘、起盖扳手、口汤碗、土司盘等。

② 铺台布、放转台、椅子定位

操作前要洗净双手，检查台椅是否完好稳妥。按要求铺台布，围上桌裙；台布铺好后，再放转台，要求转台的圆心与圆桌中心、台中心三点相重合；再将椅子定位。

③ 摆餐具

摆土司盘定位：将餐具摆放在垫有布巾的托盘内，然后左手托盘从主人位处开始，按顺时针方向依次用右手摆放土司盘定位，要求盘边距离桌边为 1 厘米处，盘与盘之间距离相等，盘中店徽等图案要对正。

摆筷子架、筷子：将筷子架摆在土司盘的右上方，再将带筷套的筷子摆放在筷子架上。要求筷子的后端距桌边 1 厘米，距土司盘 1 厘米，筷套的图案要向上。

摆搁碟或口汤碗、调羹：将搁碟或口汤碗放在土司盘的左前方，距餐盘 1 厘米，然后将调羹摆在搁碟或口汤碗上，调羹把朝左。

摆酒具：中餐宴会一般使用 3 种杯子，即水杯、葡萄酒杯、白酒杯。先将葡萄酒杯摆在土司盘的正前方，白酒杯摆在葡萄酒杯的右侧，与葡萄酒杯的距离约为 1 厘米。将折叠好的餐巾花插放在水杯中，将杯摆在葡萄酒杯的左侧，距葡萄酒杯约 1 厘米。3 个杯子要横向成一直线。

摆公用餐具：在正、副主人酒具的前方，各横放一双垫有筷子架的筷子。用来夹菜的一端向左，手持的一端向右。

摆牙签：摆牙签有两种方法，一种是用牙签桶，将其摆在主人位上公用餐具的左侧；另一种方法是把袋装牙签摆放在每位宾客餐具旁边，袋装牙签一般都印有本店标志，要注意摆放方向。

摆烟缸、火柴：烟缸分别摆在正副主人的右边，位置在两个土司盘之间，或者摆放在公筷的右边；火柴摆在烟缸上，正面向上。

摆放菜单、台号：在通常情况下，10人餐台放2份菜单，距桌边1厘米。摆4份菜单时，除正、副主人旁边各放一份外，另两份放于正副主人之间位置居中的宾客旁边。菜单也可以竖立摆放在水杯旁边。高档宴会，菜单也可每人一份。台号牌放在花瓶左边或右边，并朝向大门入口处。

检查摆台、放上花瓶：全部餐具摆好后，再次整理，检查台面，调正椅子，最后放上花瓶，以示结束。

2. 西餐宴会摆台

西餐与中餐因就餐方式不同，摆台也不同。

（1）西餐宴会台型安排

西餐宴会一般使用长台，餐台是可以拼接的。台子的大小和台型的排法，可根据宴会的人数、宴会厅的形状和大小、服务的组织、客人的要求来进行。台型要做到尺寸对称、出入方便、图案新颖。椅子之间的距离不得少于20厘米，餐台两边的椅子应对称摆放。除了长条桌和圆桌外，常见的餐桌排列有下列几种台形：

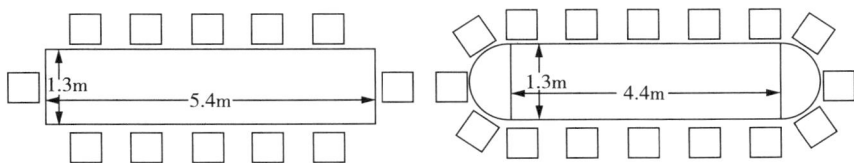

图 3 - 3　　"一"字形桌样

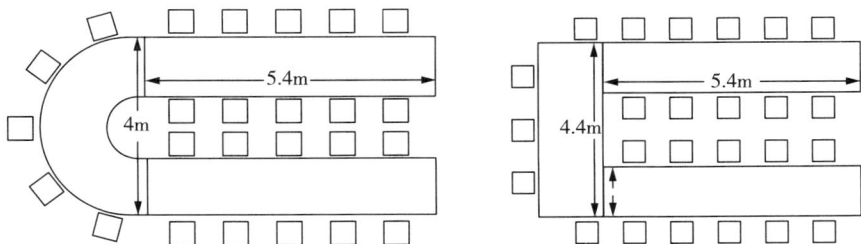

图 3 - 4　　"U"字形桌样

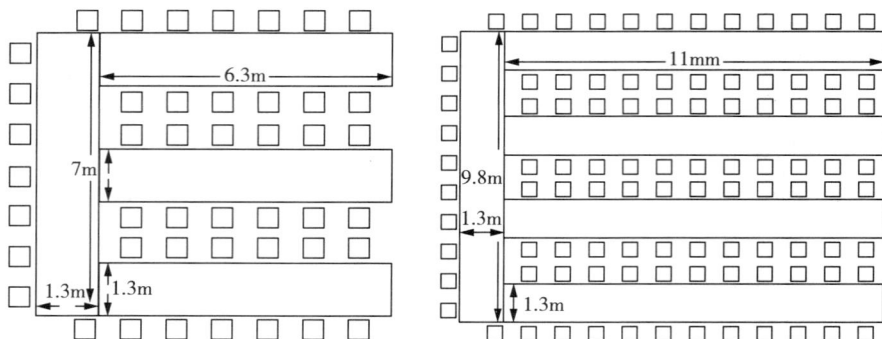

图 3-5　"E"形、"M"形桌样

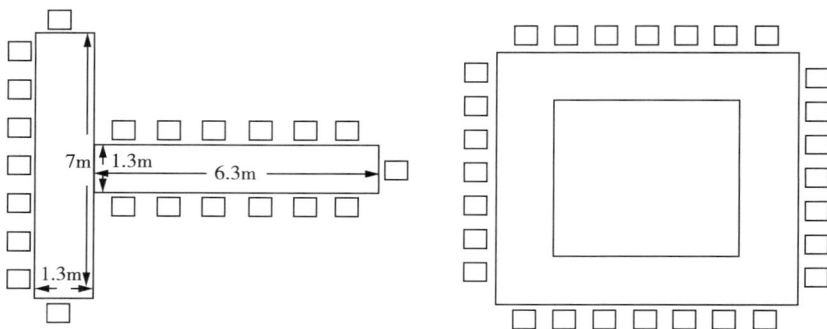

图 3-6　"T"形、"回"形桌样

（2）西餐宴会座次安排

说到排座次，有些人以为无非是按职位高低来排。职位高的坐中间，职位低的坐旁边。其实，这只说对了一部分，座次安排还需考虑宴会的性质、人数、男女宾客以及英式还是法式等。

如果是家庭式、朋友式宴会，在餐厅或家中都可举办，参加的人相互之间比较熟悉，气氛活跃，宴会不拘形式，在安排席位时要求不是很严格，只有主客之分，没有职务之分，大家都一样。为了便于席上交谈，只需考虑以下几点：①男女宾客穿插落座。②同姓夫妇穿插落座。这样安排为的是便于交谈、扩大交际。家庭式、朋友式宴会可以采用以下形式安排座次，见图 3-7。

如果属于外交、贸易等方面的国与国之间、社会团体之间举行的工作性宴会，双方都有重要人物参加，气氛较之朋友式、家庭式宴会相对要正规、严肃得多，安排座次时，还需考虑到：①参加宴会的双方各有几位首脑人物。如果各有两位，第一主宾要坐在第一主人的右侧，第二主宾坐在第二主人右侧，次要人物由中间向两侧依次排开。②双方首要人物是否带夫人。法式坐法，主宾夫人坐在第一主人右侧，主宾坐在第一主人夫人右侧，见图 3-8。如是英式坐法，主人夫妇各坐两端。主宾夫人坐在主人右侧第一位。主宾坐在主人夫人右侧第一位。其他人员男女穿插，依次坐在中间，见图 3-9。③如双方各自带有译员，主人翻译坐在客人左侧，客人翻译坐在主人左侧。④主客要穿插落座。当双方人数不等时，应尽量做到在主要位置上主客穿插，其他位置不必在意。

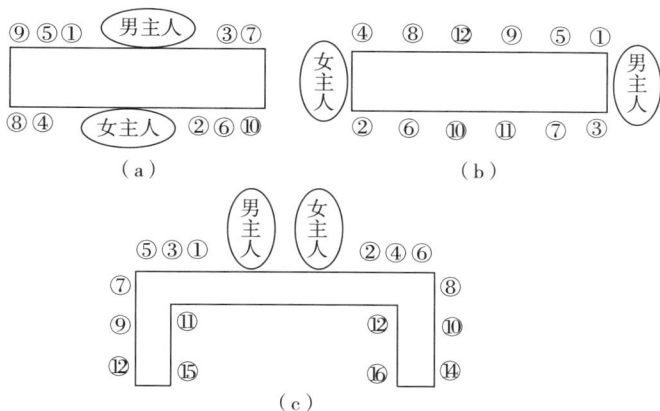

图 3-7　家庭式、朋友式宴会座次安排图

15	11	7	主宾夫人	第一主人	5	9	13
14	10	6	第一主人夫人	主宾	8	12	16

图 3-8　西餐宴会法式座次安排图

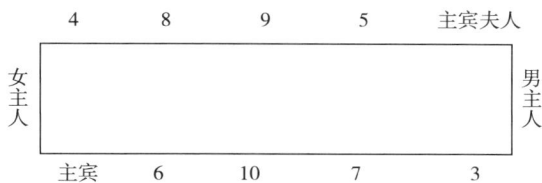

图 3-9　西餐宴会英式座次安排图

（3）桌面餐具用品摆放

摆台时应按照一底盘、二餐盘、三酒水杯、四调料用具、五艺术摆设的程序进行，尽量将此次宴会使用的全部刀叉都摆在餐台上。

① 铺台布。由于使用长台，铺台布工作一般由 2～4 名服务员共同完成，做到台布正面朝上，中心线对正，两侧下垂部分均匀、美观、整齐。

② 摆餐盘。垫上餐巾，从主人位置开始按顺时针方向用右手在每个席位正中摆放餐盘。

③ 摆刀叉。从餐盘的右侧由左向右依次摆放主菜刀、鱼刀、汤勺、开胃品餐刀，然后再从餐盘的左侧从右向左依次摆放主菜叉、鱼叉、开胃品叉。

④ 摆甜品刀叉。在餐盘的正前方横放甜品叉、甜品勺。甜品叉在下，叉齿朝右。甜品勺在上，勺头朝左。

⑤ 摆面包盘、黄油刀。紧靠开胃菜叉的左侧摆面包盘，在面包盘靠右侧 1/3 处摆放黄油刀，刀刃向右。

⑥ 摆酒杯。冰水杯、红葡萄酒杯、白葡萄酒杯在餐盘右前侧依次摆放成斜直线，与桌边线成 45°角。

⑦ 叠餐巾花。将叠好的盘花摆在餐盘正中，注意把不同式样、不同高度的餐巾花搭配摆放。

⑧ 摆放用具。盐瓶、胡椒瓶、牙签桶按 4 人一套的标准摆在餐台中线位置上。鲜花高度不能妨碍宾客视线，菜单每桌不少于 2 份，摆放好席位卡。

（四）斟酒

在餐厅里，无论是中西餐便饭还是较高级的中餐酒席、宴会以及西餐宴会，常常由服务员斟酒。因此，服务员掌握一般的斟酒方法和有关知识，对做好服务工作是十分必要的。

1. 酒水准备

各种酒席、宴会预定的酒品应事先备齐，在高级宴会场合，应根据宴会的规格、标准同接待单位协商而定。

服务员要了解各种酒品的最佳饮用温度，并采取升温或降温的方法使酒品温度适合饮用。

（1）冰镇（降温）

白葡萄酒、玫瑰露酒、香槟酒、汽水和果蔬汁，在斟倒前应冰镇。冰镇的方法有冰箱冰镇和冰桶冰镇两种。啤酒和软饮料的最佳饮用温度为

4℃～8℃，白葡萄酒的最佳饮用温度为 8℃～12℃，香槟酒和有汽葡萄酒饮用温度为 4℃～8℃。

（2）温酒（升温）

温酒的方法有水烫和烧煮两种。水烫即是将需要温热的酒倒入烫酒壶，再在烫酒槽内倒入开水加温；烧煮则是将需要加热的饮料直接倒入容器烧煮升温。黄酒和清酒的最佳饮用温度为 60℃，红葡萄酒、中国白酒、白兰地和大部分利口酒等饮用温度为 18℃左右。

2. 示酒

示酒是斟酒服务的第一个程序，它标志着服务操作的开始。

示酒的方法是：服务员站在宾客右侧；左手托瓶底，右手扶瓶颈；酒标朝向点酒宾客；报酒品名称，让宾客辨认商标、品种；待宾客确认酒品后，当众开瓶。如客人点要的是葡萄酒，应首先请主人品尝，以确保酒品的质量符合要求。

3. 准备酒杯

餐桌上晶莹剔透、干净美观的酒杯不仅能增加用餐气氛，而且还具有良好的促销作用。所以，服务员要了解什么样的酒应配以什么样的酒杯、酒杯的清洁卫生标准以及操作方法。

如啤酒杯的容量大、杯壁厚，这样可较好地保持它冰镇过的效果。葡萄酒杯做成郁金香花型，是考虑到当酒斟至杯中面积最大处时，可使酒与空气保持充分接触，让酒的香醇味道更好地挥发。烈性酒杯容量较小，玲珑精致，使人感到杯中酒的名贵与纯正。各种专用酒杯会使客人感到这家餐厅的专门化程度，或感到这是专为我而准备的，从而产生良好的消费心理和情绪。当然，酒杯的专门化程度与餐厅的档次应当相符。

无论用什么样的酒杯，清洁卫生都是首要的。服务员摆台前应仔细检查每一只杯子，擦拭酒杯时先把杯子在开水的蒸汽里熏一下，然后用干净布巾裹住杯子，里外擦拭，直至光亮无暇为止。

4. 开瓶

酒瓶的封口常见的有瓶盖和瓶塞两种，开瓶指开启瓶盖或瓶塞的方法与注意事项。开瓶前要认真检查瓶体有无裂痕，酒液是否正常，并再次核对所开酒水是否为宾客所点酒水。

（1）使用正确的开瓶器具

开瓶器具有两大类型，一类是专门开起瓶塞用的酒钻，另一类是开瓶盖用的启盖扳手。酒钻的螺旋部分要长（有的软木塞长达 8～9cm），头部要尖，切不可带刃以免割破瓶塞。

（2）开瓶时动作要轻，要尽量减少瓶体的晃动。一般将瓶放在桌上开启，动作要准确、敏捷、果断。对软木塞，万一软木有断裂危险，可将酒瓶倒置，用内部酒液的压力顶住木塞，然后再旋转酒钻。

（3）开启瓶塞以后，要用干净的布巾仔细擦拭瓶口，检查瓶中酒是否有质量问题，检查的方法是以嗅辨瓶塞插入瓶中的那部分为主。

（4）开瓶后的封皮、木塞、盖子等杂物，不要直接放在桌子上，可以放在小盘子里，操作完毕一起带走，不要留在宾客的餐桌上。

（5）开香槟酒的方法：香槟酒的瓶塞大部分压进瓶口，上有一段帽形物露出瓶外，并用铁丝绕扎固定。开瓶时，在瓶上盖一块餐巾，双手在餐巾下操作，具体方法是左手斜拿酒瓶，大拇指紧压塞顶，用右手扭开铁丝，然后握住塞子的帽形物，轻轻转动上拔，靠瓶内的压力和手拔的力量把瓶塞顶出来。操作时，应尽量避免瓶塞拔出时发出声音，尽量避免晃动，以防酒液溢出。

5. 斟酒

服务员斟酒时，要站在客人的身后右侧，面向客人用右手斟酒，左手托盘，注意身体不要紧贴客人。若徒手斟酒，左手应拿一块干净餐巾放在身后，斟完酒后可擦去瓶口的酒水。斟酒时应先向客人打招呼或示意客人选用酒水。

斟酒时，瓶口不可搭在酒杯口上，以相距2厘米为宜，以防止将杯口碰破或将酒杯碰倒。但也不要将瓶拿得过高，过高则酒水容易溅出杯外。一次斟酒的量，以倒至杯的七到八成为宜，不得过满。含气泡较多的啤酒、香槟酒，斟酒时速度宜慢，并应沿杯壁缓缓倒入，以免泡沫溢出杯外。

满瓶酒和半瓶酒，其出口的速度不同，瓶内酒越少，其流出的速度越快，反之则慢，要掌握好酒瓶的倾斜度。斟酒完毕，应顺势转动酒瓶四分之一圈，以免瓶口的酒滴在台布上。手握酒瓶时要求握住酒瓶中部，不要挡住商标，商标应朝向宾客，便于宾客看到，同时应向宾客说明酒水特点。

凡使用冰桶的酒，从冰桶取出时，应以一块餐巾包住瓶身，以免瓶外水滴弄脏台布或客人衣服；凡使用酒篮的酒，瓶颈下应衬垫一块布巾或纸。

斟倒香槟酒时，应将酒瓶用餐巾包好，先向杯中斟倒1/3的酒液，待泡沫退去后，再往杯中续斟，以八成满为宜。

捧斟的方法是一手握瓶，一手将酒杯捧在手中，站在宾客的右侧，再向杯内斟酒，然后将斟满的酒杯放在宾客的右手处。捧斟适用于非冰镇处理的酒。

6. 斟酒顺序

在一般场合，服务员可先为一桌的长者斟酒，对于一对夫妇，应先为女士斟。

西餐宴会或正式场合，斟酒顺序应从第一主宾开始，先斟女主宾，后斟男主宾，然后为主人斟酒，再为其他宾客斟酒。第一主宾一般位于主人的右手第一个座位。

中餐宴会斟酒顺序一般在宴会开始前 10 分钟左右将烈性酒和葡萄酒斟好，斟酒时先斟主宾，后斟主人，然后按顺时针方向依次绕桌进行。

在宾主祝酒讲话时，服务员应停止一切活动，端正静立在僻静位置上，不可抓耳挠腮或交头接耳，并要注意宾客杯中的酒水，当杯中酒水少于三分之一时，就应及时斟添，使其经常保持八成满。要特别照顾好主宾和主人，宾主讲话结束时，服务员要及时送上他们的酒杯，供其祝酒。宾主离位给来宾祝酒时，服务员应托着烈性酒和甜酒，跟随主人身后，以及时给主人或来宾续斟。

三、餐饮部实习常见问题及分析

餐饮部门顶岗实习是旅游管理专业及酒店管理专业教学中必不可少的环节。让学生在真实服务环境中实现做中学、学中做，以此实现酒店服务专业人才培养目标，提高学生职业素养，也是加强校企合作，确保学生、学校和企业三赢的有效途径。

实习生在餐饮部实习的内容较多、工作量大。从餐前的准备工作、迎宾、餐中的服务，到客人用餐结束、送客，以及之后的收台工作，每个程序和步骤都有其需要注意的内容和技巧。另外，由于接触到的客人较多，实习生也会潜移默化地学到更多与人交往的技能技巧，帮助他们更好地处理好人际关系。餐厅的工作量较大，但也因此可以积累很多宝贵的经验。在这样的工作平台上，实习生有较多的机会参与酒店很多重要的宴请活动和 VIP 客人的接待，也可以学到一些更为规范标准的服务程序和礼仪，如酒店的媒体推介会、酒店五星级复合评定、重要客人的宴请和接待等。

下面主要以案例的形式分析学生在餐饮部顶岗实习中普遍存在的问题，并提出相应的分析思路和解决对策。

（一）沟通交际能力不高

语言是沟通和交流的工具。餐厅服务员、迎宾员、预订员等工种与客人频繁接触，掌握运用得当的服务用语，是提供优质服务的保障。餐厅的服务用语，是员工为客人服务、传递信息和情感、增进友谊的桥梁，也是饭店与宾客相互了解的媒介。服务人员在接待客人的过程中，要注意使用规范的礼貌用语。特别是接待外宾时，更要准确弄懂宾客的真实意思，否则会导致相互间的误解。

【案例 3 - 13】

您 要 饭 吗？

某日，一行 30 余人的台湾团在中餐厅用餐，服务员发现一位 70 多岁的老先生在餐桌旁一言不发，碗碟全是空空的。她轻步走上前去问："先生，您要饭吗？"老先生摇了摇头。服务员又问："请问先生，您完了吗？"此时，老先生冷笑起来："小姐，我今年已经 70 多岁了，自食其力，这辈子还没落到要饭的地步，怎么会还要饭呢？我的身体一向硬朗，一下子不会完的。"该服务员听后，立刻向老先生表示了歉意。

案例研讨：

使用服务用语应注意哪些问题？

案例解析：

语言表达能力是指服务员在服务中运用言语、表情进行交流和传递信息的能力，是饭店服务员应当具备的重要素质。它直接标志着一个饭店的服务水平和员工素质水平。

语言表达中要注意选词，用语要符合语言规范。本案例中餐厅服务员要为客人添饭不能问"您要饭吗"，询问客人是否用餐完毕不能问"您完了吗"，这是犯忌讳的。客人点菜时征询客人"需要酒水吗"，这种问法的结果是：要与不要各占 50%。如果稍稍注意调整一下使用的词语："您需要什么酒水？"那么结果无论是酒还是水，顾客一般会选择其一，总是会有所消费的。

有效的语言表达能引起宾客发自内心的好感，增强宾客的信任，激起宾客的消费兴趣，给宾客以亲切感，可起到争取宾客的心理效应。

【案例 3 - 14】

小狗去哪儿了？

风和日丽，景色宜人，一位正在德国旅行的英国太太带着一条很漂亮的小狗走进一家餐馆吃饭。由于语言不通，她对服务员指了指自己的嘴，又指指小狗的肚子。服务员拉走了小狗，放了几盘点心在她面前，又打手势让她等一会。她似懂非懂地点点头。过了一会，菜上来了，太太吃得很满意。临走，她打手势要回小狗，服务员却指着她的肚子，脸上还浮现困惑不解的表情。英国太太恍然大悟，原来心爱的小狗已经成了自己的盘中美食。她气愤极了，与服务员争执起来，懂英语的经理赶来问道：“太太，不是您要求我们代做狗肉的吗？”

案例研讨：

（1）面对外国客人，怎样交流才能最有效地理解他们的要求？

（2）碰到误解客人意思的情况，该如何解决？

案例解析：

上述案例实在是语言不通带来的麻烦，心爱的小狗居然成了自己的盘中餐。随着国际交往的增加，我们有越来越多的机会和外国客人接触，特别是服务业，作为国际交往的窗口，碰到语言障碍的情况更是频繁。这就要求我们尽快掌握英语这一门国际通用的语言，更好地为客人服务。但是从案例中，我们看到服务员实在太武断，还没有真正弄懂客人的意思，就自以为是地把小狗拿去做菜了。在有语言障碍的情况下，服务员更应该小心谨慎地切实弄懂客人的意愿，以免造成不可挽回的严重后果。

【案例 3 - 15】

今天没有这道菜

某日，中餐厅来了几位衣着时髦的客人，服务员将他们引至餐厅就座。某一位客人便开了口：“我要点四川毛血旺，你们一定要将味道调得浓些，样子摆漂亮些。”同时转身对同伴说，“这道菜很好吃，今天你们一定要尝尝。”菜点完后，服务员拿菜单去了厨房，再次上来时，便礼貌地对客人说：“先生，对不起，今天没有这道菜，给您换一道菜可以吗？”客人一听勃然大怒道：“你为什么不事先告诉我？让我们无故等了这么久，早说就去另一家餐厅了。”发完了脾气，客人仍然觉得在朋友面前丢了面子，于是拂袖而去。

案例研讨：

（1）在本案例中，服务员犯了哪些错误？

（2）客人点了缺货的菜肴或酒水，服务员应如何作答？

案例解析：

案例中的服务员犯了两个错误，一是在班前未了解厨房备货、菜式情况，致使客人点这道菜时未即时指出无货；二是在语言上用词不当，未朝有利于事物发展的方向做出解释。如果知道无货，可换个方式向客人说明，比如："先生，您真有眼光，您点的这道菜是我们的特色菜，今天点到这道菜的人特别多，已经售完了，您能不能换道其他菜尝尝？某某菜也是我们这里的特色菜，您不妨试试。"这时，客人会想酒店生意真不错，看来英雄所见略同，自己很有品位，能够吃到这里的特色菜，这样在朋友面前也有面子，很自然地接受服务员推荐的其他特色菜。

（二）服务意识不到位

态度决定一切。工作态度端正与否，是衡量餐厅服务员基本素质的主要标准。"客人坐着我站着，客人吃着我看着，客人玩着我干着"，这是餐厅服务行业特有的服务特性，只有认识到这一点，才能端正工作态度，更好地为客人服务。

服务意识要强。想客人之所想，急客人之所急，把工作做在客人开口之前，树立主动服务的意识。如发现客人的挎包背带断了，主动拿到店外帮客人缝补。像这些可做可不做的事，如果你帮客人做了，说明你已具有了很强的"一切为了客人"的服务意识。做服务，首先就要培养自己的意识，否则你便看不到一些问题；有了为客人着想的意识，你才能站在客人的角度去想问题，你才能给客人提供意外的惊喜。

【案例 3 - 16】

尴尬的麻辣豆腐

那天，小王和几个朋友去一家饭店吃饭，进至大厅，发现座无虚席。只好向女服务员打听有没有雅座，她也不说话，扭头便走。小王只好和朋友跟在后面。走了很久，终于在二楼找到一个空房间，客人坐了下来，准备点菜，谁知这时服务员大声说："这里最低消费 600 元。"客人觉得很意外。一个客人说："麻辣豆腐多少钱一份？""六块。""来一百盘吧。"女服务员愣了一会走了。不一会儿，经理走了进来，笑嘻嘻地说："各位随意，多少钱都行，没有限制，哈哈。"

案例研讨：

（1）你觉得在服务中应该保持什么样的服务态度？

（2）怎么创造一个令顾客舒心的环境？

案例解析：

本案例中，女服务员的服务态度很差。第一，当顾客走进饭店时，她不仅没有热情地接待，而且在顾客提出服务要求时，也只是很机械地将他们带到雅座。顾客原本良好的心情马上会受到影响，给他们造成了相当差的印象。在餐饮消费中，顾客往往并不仅仅关心菜肴，更重要的是希望得到精神享受。舒心的环境、服务员热情周到的服务、良好的氛围都是非常重要的。第二，女服务员还比较无礼地向顾客提出最低消费的问题。虽然现在许多饭店实行这一制度，但这个问题在餐饮消费中还是比较敏感的。女服务员应当在适当的时机，向顾客说明这一问题，使他们明明白白消费，但话语应尽量委婉和气，使他们开开心心享受。时机和分寸掌握不好，都会引起顾客的反感。从案例中就可以看出，这群顾客已经相当不悦，用一种讽刺的方式向服务员提出抗议，以至于后来经理亲自出面才得以化解矛盾。

【案例 3 - 17】

午间客人已预订

有一天，几位食客到一家餐厅用餐，席间无意对服务员说了句："菜做得不错，晚上还来。"原本只是一句客气话，但因为偶然的原因，晚上几位客人又去了这家餐厅。人满为患的餐厅只有一张桌子空着，上面有告示：十分抱歉，午间客人已定。午间的服务员见到客人，热情地把他们往空桌边指引。原来，这张桌子是专门为他们预留的。几位客人大为感动，而这家餐厅的美誉度也就被传开了。

案例研讨：

（1）如果案例中的顾客当晚没来，你如何评价这位服务员？

（2）怎样在服务中留意客人的消费信息？

案例解析：

了解客人预定信息，并非一定要客人正式通知。在服务过程中留心顾客的言行就会得到相应的信息。这也是一种主动服务的表现，能给顾客留下深刻的印象，有利于企业形象与美誉度的传扬，当然也要注意遵循预定程序。

（三）投诉处理失当

餐厅的经理总是努力要使客人的投诉控制在最低限度内，通常餐厅服务越好，客人的投诉也就越少。然而，一旦客人确有抱怨，餐厅经理应当将其作为对餐厅服务管理的反馈，用来改进今后的服务。服务员应在服务工作和客人的投诉中吸取教训。有些投诉是可以事先采取措施避免的，如当客人所点的菜在厨房被延误时，要主动与客人打声招呼，表示他点的菜没有被忘记，又如客人提出需要某种附加配料和服务，而这些是另外加收费用的，应当事先讲清楚。如此等等，要机灵礼貌，防患于未然。

【案例 3-18】

18 条小毛巾

某晚，王先生与夫人邀请了一位好友到某烤鸭连锁公司在华东某市的一家分店小聚。3 人久未谋面，谈兴很浓，且烤鸭口味甚好，整个用餐过程十分愉快。酒足饭饱，王先生连账单也没看就痛快地付了款——200 多元。

次日，王夫人在收拾待洗衣物时从王先生的上衣口袋发现了昨晚的账单，她不经意地看了一下。突然，她发现一个问题，账单上似乎列有一个非酒菜类的消费项目：小毛巾，36 元，单价 2 元。"这就是说，我们三个人一顿饭用了 18 条小毛巾！"她对王先生提出了疑问。"怎么可能！"王先生十分生气，"这家店还是家小有名气的企业呢，怎么会如此犯错！得找个机会跟他们说说。"

两天后，王先生到一家业务单位办事路过那家烤鸭店，就顺便走了进去，当时是下午 3 点左右，餐厅营业早已结束，只有三三两两的服务生在休息聊天。王先生进来时也没人理会他。他径直走到收银台对其中一位领班模样的人说："我是前几天在你们这儿吃饭的客人。你们好像把账单给弄错了。这是账单，自己看看吧。"他随手将账单递过去。领班模样的人接过账单，也没说什么，径自看起了账单。过了一会儿，她似乎发现了错误，遂对王先生说："这件事得让我们经理来处理，你在这等一下。"话毕就走了。周围的服务生们照旧聊天，没有任何人前来招呼一下王先生。他站在收银台边感到十分尴尬。

过了将近一刻钟，才有一位餐厅主管打扮的人（并不像是经理）满脸堆着笑走到王先生面前，请王先生坐下，并吩咐服务生上茶。她没有自我介绍，也没有问王先生姓名，径直说："实在对不起，先生，我们把您的账单给弄错了，小毛巾的数量不对，多收了您的钱。"然后，她就解释了一番，说是那天营业太忙，收银员又是新手，等等。最后，她掏出 30 元钱递给王先生说："这是多收的 30 元钱，请您收下。"她还解释了一下，"您总共有 3 位客人，每人只可能用一条小毛巾，而我们却收了您 18 条的钱，我们应退还给您多收的 15 条的钱。"

话毕，她就露出了大功告成并要结束谈话的表情。此时的王先生觉得心里有一种说不出的滋味，也无心再与她理论下去，遂拂袖而去。自此，王先生不再来此店，虽然他本人很喜欢这里烤鸭的味道。

案例研讨：

（1）该餐厅在处理投诉时犯了哪些错误？

（2）发生错误时，如何针对客人心理进行补救？

案例解析：

烤鸭店在这次投诉的处理中出现了三大失误。第一，没有对顾客的投诉做出迅速的反应，顾客进店投诉遇到的"第一个人"并未立即向顾客表示对问题的重视。案例中的领班接过账单没有做出任何表示，而径直看起了账单，之后也不置可否，只是说要请示上级。主管也是姗姗来迟，让顾客等了一刻钟。第二，接待顾客投诉缺乏起码的礼数。顾客进来后竟无人理睬，请示上级的时间里竟让顾客很尴尬地站了许久。这都属火上浇油、增添顾客不满之举。第三，也是最主要的失误，烤鸭店提供了一种极不妥当的补救性服务，仅仅将多收的钱退还顾客了事。究其原因，这是对顾客投诉原因、投诉成本的不理解。本案例中，顾客投诉并不完全是为了经济赔偿，而是认为受到了"欺骗"，需要更多的心理上的补偿。烤鸭店仅退赔多收款（退赔款倒是算得很仔细、准确），不仅没有给顾客以心理上的安慰，而且给顾客这么一种感觉："你不就是想拿回多收的 30 块钱吗？退给你就是了。"顾客似乎是为了 30 元钱而"专程"前来索取。顾客前来投诉，本身就存在"投诉成本"：时间、交通费用和心理的不平衡。烤鸭店不考虑这一切，自然不能弥补顾客的"投诉成本"，从而失去了顾客，影响了"口碑"。

【案例 3 - 19】

A 饭店的投诉处理与失败

某日，丁先生与赵小姐去 A 饭店的自助餐厅用餐。席间，赵小姐从自助餐台上取了份干果，待拿回座位准备食用时，发现干果里夹杂着一只被晒干了的苍蝇，顿时，食欲全无。于是，丁先生找来了服务员投诉。服务员面对此状，表示无能为力。丁先生认为既然服务员无法解决，就应该由餐厅主管出面解决，便要求服务员请餐厅主管出面。15 分钟后，一位自称是主管的女士走到丁先生的餐桌前，未等丁先生开口，这位主管就命令服务员迅速撤走干果。面对此状，丁先生和赵小姐感到不满，要求该餐厅主管解释情况并对投诉做出答复。主管说："干果是餐厅从食品市场进的货，苍蝇应该是食品市场的责任，餐厅也没办法，希望大家都讲些道理。"丁先生听此答复，愈加愤慨，当即表示不能接受这样的处理结果。于是，主管做出了"退让"，表示客人在用完餐后，所有餐费可打8.8折，并为客人送上一盘没有对外供应的高级水果。为了息事宁人，丁先生和赵小姐虽然并不满意，但仍接受了这样的处理结果。5分钟后，服务员送上了所谓的高级水果——一小盘并不新鲜的提子。丁先生和赵小姐没有再提出异议。待用完餐后，丁先生要求结账，但令人惊讶的是账单上的价格并未按主管所说的打8.8折。丁先生问服务员为何不兑现承诺，服务员冷冷地回答客人说："不知道有什么承诺，也没有听说过要打什么折，一盘提子没有算钱已经很客气了！"当再一次问起主管时，服务员回答不知去向。丁先生只能照价买单，但餐厅留给丁先生和赵小姐的印象不言而喻。

案例研讨：

(1) 餐厅的服务员和主管犯了哪些错误？

(2) 面对客人投诉，你认为怎样处理比较恰当？

案例解析：

丁先生和赵小姐遇到了一种在餐厅中经常可见的问题：食品中有异物。而对此类问题的处理，该餐厅则犯了四大错误。首先是推卸过错。主管将责任归于供应商，殊不知餐厅应对所出售之货品负全责。这种推卸责任的做法与态度反而增加了顾客的反感。其次是反应迟滞。投诉发生15分钟后才有管理人员前来处理。再次是言过其实。将补偿性服务（所谓水果拼盘和折扣）过于夸大而不能兑现。最后为回避逃道。待到履行承诺时，管理人员却不知去向（许多餐厅的管理人员经常使用此法）。殊不知，这等于向顾客声明：请不要再来本餐厅。所以，这是一个完全失败的投诉处理，足以反映出该餐馆服务意识的薄弱。

【案例 3-20】

当投诉牵涉两个部门

某日中午，一批来自某单位的客人到餐厅用餐。餐后客人提出该单位在餐厅还有约两万元的内存，要求签单。经财务部查阅，发现客人所报金额及签单人姓名均与原始记录不符。为维护签单人权益，财务部便通知餐厅收银称，该单位并无内存，但宾客坚持称确有内存，一定要签单。餐饮部与客人协调，提出先将本次的餐费结清，由账台出具收条，待有确切证明能够签单，再退还此款，在内存中结算餐费。客人当时表示同意。

过了两天，该单位存款当事人与饭店联系，说明上次的餐费确实可以签单，饭店立刻退还了钱款。而此时宾客以餐厅工作有疏漏为由提出投诉，并要求餐费给予折扣。餐饮部与财务部共同向客人解释了缘由，再三说明这也是维护该单位内存安全以及保密性而执行的一项工作制度，对于此事给宾客造成的不便表示歉意，并给予该单位用餐 8.8 折优惠。财务部也表示将尽快改进工作方法，避免类似的误会发生。最终，宾客满意而归。

事后，两部门共同针对此投诉进行了分析。财务部提出了一项改进办法，向各内存单位签单人发放临时卡片，其他客人消费时只需出示此卡同样签单有效，这样能够使工作做得更圆满一些。餐饮部也表示，将增强两部门之间的协调与合作，促使服务更完美。

案例研讨：

（1）为什么说本案例中两个部门表现较好？

（2）当投诉涉及两个部门时，应该怎样处理？

案例解析：

这是一个较好的服务案例。餐饮部和财务部均体现了积极主动的服务意识和合作精神。在事件发生过程中，财务部在宾客提供的资料与记录不相符时，严格执行专人签章有效制度，是正确的。餐饮部则积极配合，向宾客做好解释工作，并采取了宾客能够接受的较灵活的措施缓解了一时矛盾。

当发生宾客投诉时，两部门并没有互相推诿，而是主动开展工作，不但协力处理好宾客的善后事宜，使宾客满意而归，还从中积累经验，提出了具体可行的改进措施，努力使今后的服务工作做得更好。

（四）餐前准备不足

正所谓"好的开始是成功的一半"，充分的餐前准备工作是良好的餐厅服务、高效流畅的餐厅营运工作的重要保证。餐前准备工作不仅能够为服务员后续的服务工作奠定好的基础，而且也能很好地分担服务员在餐中服务过程中的压力。所以，餐厅服务员要搞好餐前准备工作，餐厅领班、前厅部长等管理人员则要做好餐前准备工作的检查——餐厅的所有工作人员都应当在迎接第一位客人的到来之前，做好餐厅的餐前准备工作。

餐前准备工作包含众多细节，而这些细节工作在繁忙的餐前准备过程中，又是很容易被忽视的。不论是餐厅的环境卫生、台面整理、备用餐具，还是餐厅的灯光、温度等，每个餐前准备工作的细节，都会影响餐厅服务的质量水平，并且会对餐厅的高效顺畅营运产生直接的影响。所以，我们餐厅服务员在做餐前准备工作时，不仅要严格按照相关的流程来执行工作标准，更应在每日的工作中，不断发现餐前准备工作的细节，并一丝不苟地做好它们。

【案例 3-21】

<h2 style="text-align:center">杯 子 不 够</h2>

江苏某大型餐馆的李副总接到电话，39 号包厢 2 号桌的客人投诉：在用餐期间无茶水。稍后，李副总通知餐厅主管，10 分钟后他赶到现场，发现 2 号桌仍然有部分客人无茶水。他询问服务员，服务员解释说没有杯子，杯子不够故没有泡齐，只给喊着要茶水的客人将茶水泡了。

案例研讨：

（1）餐具准备的数量和品种如何确定？

（2）如果你是服务员遇到类似的问题，如何处理？

案例解析：

备足餐具是餐前准备工作的重要一环，必须认真对待，本案例就是这样一个餐具准备不足而导致服务失败的事件，服务员需要引以为戒。此事件的发生也说明了服务员严重缺乏服务意识。39 号包厢是一个同时可放 5 桌的大包厢，在餐具的配备上按惯例是用茶盅泡茶而不泡杯茶。虽然如此，但对于客人的合理要求（即泡杯茶），服务员必须马上予以满足。即使存在杯子不够的客观事实，服务员也必须清楚，客人的满意程度是体现服务质量优劣的关键。优质服务必须做到一切想在客人开口之前，对客人永远不说"不"，这是基础。在此事件中，餐厅管理人员在服务意识上也存在严重问题。餐厅主管接到此电话时，应马上予以关注，及时到位地弥补服务上的不足，为客人将茶泡好，消除客人的不满。

（五）送餐服务不佳

客房送餐服务（Room Service）是将住店客人预订的菜肴和酒水送到客房，并提供简单的服务，使客人能在房间内用餐的过程。

送餐服务是餐饮服务的一个重要组成部分。其目的是为住在酒店客房内的客人提供迅速、灵巧、方便的 24 小时餐饮服务。它可以根据客人的要求为客人提供正规的日常服务。周到的客房送餐服务可以提高客人对酒店的满意度和忠诚度，因此，服务员必须按照相关的流程仔细认真地为客人提供优质的服务。

【案例 3－22】

一碗红烧牛肉面的思考

2013 年 5 月初，国家星评委检查组对维景国际大酒店进行五星级评定检查。检查组通过明察暗访、听取汇报、对照检查等形式，对维景大酒店进行了全面检查。5 月 12 日，两位星评员入住了该酒店。白天一系列的参观检查都合格了。当晚也迎来了西餐厅的"重头戏"——客房送餐。接到送餐电话之后，餐厅从经理到服务员都高度重视，仔细检查菜品的质量、餐具的清洁以及餐车的摆台。服务员一路推着餐车到客房，刚到星评员房间的门口时还是一切正常，就在服务员打算敲门时，突然亮起了 DND（Do Not Disturb）免打扰提示灯！幸好还没有敲上去，服务员赶紧打电话到总机，让客人开门。

客人开门之后，服务员问好、介绍菜品、签单，这些都没问题。就在服务员打算告别的时候，星评员突然发话了。他说："你知道我这里两个人用餐，只点了一份红烧牛肉面，为什么不问一下我们要不要分着吃呢？或者干脆顺便带个小碗上来呢？"服务员只能连连点头说："是，是，这是我们疏忽了，服务不到位。"后来，该酒店真的就只差 0.5 分没有达标。或许这 0.5 分就是输在了送餐上面。

案例研讨：

送餐服务的工作内容和注意事项有哪些？

案例解析：

如本案例中所谈的一碗红烧牛肉面要不要分着吃的小事，可能平时服务中完全注意不到，或者觉得无可厚非，但是就这么一件小事，确实在关键的时候给了一次血的教训。正所谓"细节决定成败"，要将服务进行到底！

现在，各个五星级酒店的硬件设备、标准化服务已经几乎没有差距。酒店之间竞争制胜的法宝很大程度上就是个性化服务以及主动服务、超前服务，也就是想在客人想到之前，做在客人开口之前。假如能做到客人没有说，你提供的服务却是客人想要的，那客人就会感到酒店的服务很周到；假如是客人要求的，那我们做得再好，客人也会觉得这是应该的。比如，在服务工作中，有客人刚点起了香烟，如果服务员立刻把烟灰缸送到他面前，他会觉得很惊喜、很诧异，并且不住地向你表示感谢；而有时候忙起来忘了给客人烟灰缸，当客人喊道："服务员，给我一个烟灰缸。"这个时候服务员再把烟灰缸送过去，客人一般只会微微点头示意"谢谢"。

所以，如何提高服务质量并不是口头上说一下就好，而是要在实际操作中多注意、多观察、多思考、多关注细节，这样才能真正让客人满意。

【案例 3 - 23】

送 餐 服 务

晚上 8 点左右，送餐电话响个不停，原来是 1012 房间的客人要求在房内用膳，"先生，您需要用些什么？""一碗大份牛肉面，一份红烧鲈鱼。""好的，先生。"订餐员说完便搁下电话立即到厨房下单。大约过了 30 分钟，1012 房间的客人又来了一个电话，还未等服务员开口便一顿骂："想把人饿死吗？还说是五星级，到现在还没送来。"服务员刚要道歉，对方已经将电话挂断，服务员再次跟催厨房，5 分钟以后晚餐终于送进了 1012 房间。

案例研讨：

接听送餐服务的订餐电话有哪些工作要求？

案例解析：

酒店的送餐服务是高星级酒店的一项常规服务。它具有严格的时间限制，但也需跟客人所点的菜的烹饪时间相联系。此案例中客人所点的菜与他跟催时间显然是不符合的，因为红烧鲈鱼的烹饪时间较长，所以作为订餐员首先要对客人所点的菜进行了解，这样才能给予客人一个明确的答复。当客人订完餐后，订餐员需要提前告知其一个明确的送达时间；若某一道菜肴制作时间较长，应向客人事先说明，避免引起投诉。但无论怎样，酒店给予客人的任何承诺都必须做到、做好，这关系到酒店的声誉。

（六）业务操作技能不娴熟

餐厅服务技能是指与餐饮业务相关的服务规范和技能，是一项技术性较强的工作。服务人员必须有娴熟的服务技能与丰富的服务知识，才能将精美的食品与尽善尽美的劳务服务有机地结合起来，让客人满意，使饭店增收。

【案例 3 - 24】

如 此 操 作

北京某餐厅内，服务员罗华君为 17 号餐台的客人服务。该客人点了一个小锅仔。一会儿，罗华君给客人端上小锅仔，取来火柴，侧身点火柴，打着的火柴"啪"地一下分了叉，一颗火星嗖地一下就弹在一位客人的裤子上，吓得客人一声惊叫，跳了起来，低头一看，裤子上烧了一个小洞。小罗被吓得连声对客人说："对不起，先生！"客人生气地说："对不起管什么用？烧了个洞，怎么办？让你们经理来！"小罗只好叫来了餐厅主管范冰。范主管来后，先向客人道歉，然后查看客人裤子上烧的洞，大约有米粒那么大小，就对客人说："先生，实在抱歉，这位服务员是新来的，没有工作经验，请您原谅！我们店没有织补技师，不能为您织补好裤子，对不起。您看这样办行吧，今天您的餐费打个折，再奉送一份果盘、两份小吃，您看如何？"客人一听，也就消了气，就说："好吧！那就这样吧！"事件总算得以平息。罗华君事后被处罚。

案例研讨：

（1）使用火柴服务的注意事项有哪些？

（2）如何处理此类安全事故？

案例解析：

在服务中，服务员为客人点烟或点燃火锅、小锅仔、蜡烛时，都要用火柴，在使用火柴点火时，首要的是注意安全，要求服务员站在客人身侧，在火柴磷面上划火柴的方向应由外向内，即划向自己身体一侧，且用力适当，不宜用力过猛。这样操作，就可避免火星迸落在客人衣服上。此例中，服务员罗华君划火柴也是站在客人身侧，但划火柴用力过猛，方向向外，导致火星猛地爆裂，火星飞到客人裤子上，烧了个洞。事故的原因就是操作错误。服务人员点燃火柴，要小心操作才是。

火柴火星烧了客人裤子，酒店是该赔偿客人的损失的。若酒店洗衣房有织补技师，应负责给客人织补好。若没有此项服务，则要视衣服损害程度给客人经济赔偿。本案例中，主管处理得当，因为见到烧的洞很小，就在客人消费上给予打折优惠，奉送果盘、小吃，足以补偿客人的损失，客人也容易接受。

通过此例，应提起注意，小小火柴，操作不当也会惹祸，所以，每一个服务员拿起火柴操作时，一定要多加小心才是。安全操作对顾客、对服务人员和企业都是非常重要的。

【案例 3 - 25】

客人的手机响了

一天上午，一位先生在大堂吧用早餐。他对服务员挥手示意他需要服务员服务。服务员看到后马上赶到客人边上，正要询问，突然客人的手机响了，客人立即接起电话，而服务员仍站在客人身边等客人打电话。客人打完后，对服务员说要买包香烟，此时，领班上前将客人带至前厅小卖部。

案例研讨：

（1）案例中，服务员有哪些失误？

（2）如果服务员正忙着招待其他客人，这时候有客人要求服务员代买香烟，服务员应如何处理？

案例解析：

客人打电话时，工作人员应该注意回避，而上文中的服务员在客人打电话时仍站在客人身边，没有回避，缺乏基本的礼节礼貌。有时，客人不好明说让服务生回避，所以服务人员应主动采取正确行动。正确的做法是：当客人有要求时，服务员应立刻上前，万一此时客人要接电话，服务员应马上回避，同时要注意客人的举动，但不能让客人感觉到你在盯着他，等客人打完电话后，再为客人服务。"客人对服务员说要买包香烟，此时领班上前将客人带至前厅小卖部"这种做法缺乏服务意识。正确的做法是：应在问清客人的需求后，将客人所需的物品拿至客人面前，才算服务结束。

【案例 3-26】

热水烫到客人

每到周六周日，西餐厅人流量就很大，这时就特别考验西餐厅的服务质量。一切正在有序进行中，忽然餐厅内传来"啊"的一声，只见一位身着套装的女士，从自己的座位上跳起来，使劲地抖着衣服，似乎是让什么给烫着了。原来是服务员小李忙中出错，不小心将热水溅到了客人的手背上。小李赶紧歉意并关心地问："实在对不起，烫伤了没有？"那位女士拉长了脸，恼火地说："怎么这么不小心，你看都烫到我手了，你说怎么办？"小李心想错误已经造成，而且完全是自己的工作失误造成，应该采取相应的办法予以补救。于是，小李郑重地向客人道歉，并马上跑到厨房拿来冰块给客人敷手，然后问客人要不要涂点烫伤膏。看见小李真挚的道歉，客人慢慢缓和了脸色，就说"不用了"。在接下来的时间里，小李给这位客人更加热情的服务，并不时地询问客人"手好多了没有"。在客人用完餐后，小李再次道歉："杨女士，实在对不起，由于我工作的失误给您带来了不便，请接受我再次道歉。"当第二天这位客人又来用餐时，小李又一次向她表示了歉意，客人完全释然地说："没关系，小事一桩。"

案例研讨：

如何开展服务补救工作？

案例解析：

　　服务人员在日常工作中难免会出现失误。出现失误后，服务人员应首先主动承担责任并向客人道歉，让客人感到受尊重、受重视；其次，要积极从客人角度出发，尽可能弥补因自己的工作失误带给客人的不便与不快。

　　本案例中，服务员主动询问客人有没有被烫伤，关心客人，使客人感受到她的诚意，使客人能够慢慢冷静下来客观地看待这一事故。服务员又主动去拿冰块给客人敷手，询问是否需要烫伤膏，取得了客人的谅解；在客人用完餐后再次向客人道歉，以增加客人的满意程度。

【案例 3 – 27】

抓错了逃单者

　　华北地区某餐厅，当时正值用餐高峰，客人很多，服务员都在忙碌地接待客人。一位女服务员接了几位男客人，他们点了许多菜和酒水，待他们的饭菜上齐后，这位服务员就去接待其他客人了。当服务员接待完其他几桌客人后，她突然发现那几位男客人不见了，桌上堆满了空盘。这可把服务员急坏了，抬头一看，几位男客人正往楼下走，她拔腿就往楼下追。追至一楼，一把拉住其中一位男客人，着急地说："先生，您还没结账，不能走啊！"这位先生一下子愣住了，听了服务员的话才明白，生气地大声喊起来："谁说我没结账了？你凭什么说我没结账了？"但服务员认定这就是逃账的客人，硬把他们拉回二楼。

　　客人生气地找经理投诉，并拿出结账的收据，还请服务员来做证。至此，大家才明白，服务员抓错了人。原来这位先生是市接待办的干部，刚刚宴请了某位市里的领导。经理代表酒店反复道歉，并表示对那位服务员的失礼行为要严加处罚，这桩冤案方算了结。但真正逃账的客人已无影无踪，共约 500 元餐费跑了单。事后，这名服务员自掏腰包把账摆平，且被店方记大过一次。

案例研讨：

（1）服务员应从哪几个方面防止跑账事件的发生？

（2）本案例中的服务员犯了哪些错误？

案例解析：

　　这一事例中的服务员疏忽大意，跑了账，造成损失，又抓错了人，导致客人投诉，造成不好影响，性质确实很严重。

　　餐厅逃单是令人头痛的事，应采取措施加以预防。首先，服务员应留意自己接待的客人的主要体貌特征，避免差错；其次，要勤观察，当客人用餐临近完毕时，要及时递送账单，协助客人结账；再次，服务员值台多桌时，要勤巡视，要全面照顾，不可闷头为一桌人服务而忽视其他桌，造成一些没觉悟的人有机可乘，发生逃单。同时，餐厅的管理员也应时刻注意客人动向，若发现客人离店而又无服务员相送的情况，应上前询问并提醒服务员，也可防止逃账和发生以上不愉快的事情。因此，从此例中，我们可吸取教训，每个服务员必须很好地培养自己的观察力、记忆力、感知力和交叉服务能力，方能保证服务工作无差错。

　　还需说明的是，逃单事故一旦发生，服务员也要保持冷静清醒，绝不能像案例中的服务员那样不问青红皂白，随便抓住一位顾客就追账。这不仅让真正逃账的顾客溜走，还得罪了其他的顾客，造成了极坏的影响。

【案例 3-28】

如 此 催 客

　　一天晚上，3位客人在酒店中餐厅用餐。他们在此已坐了3个小时，仍没有去意。服务员急于下班，心里很着急，就到他们身边站了好几次，想催他们赶快结账，但一直没有说出口。最后，服务员终于忍不住对客人说："先生，对不起，现在比较晚了，能不能赶快结账，如想继续聊天请到酒吧或者咖啡厅。""什么！你想赶我们走，我们现在还不想结账呢！"一位客人听了她的话非常生气，表示不愿离开。另一位客人看了看表，连忙劝同伴马上结账。那位生气的客人没好气地让服务员把账单拿过来。看过账单，他指出有一道菜没点过，但却算进了账单，就让服务员去更正。服务员回答客人，账单肯定没错，菜已经上过了。几位客人却辩解说，没有要这道菜。服务员又仔细回忆了一下，觉得可能真是自己错了，忙到收银员那里去改账。

　　当服务员把改过的账单交给客人时，客人却说："餐费我可以付，但你服务的态度却让我们很不舒服。你马上把你们的经理叫过来！"服务员感到非常委屈，只是想催客人早一些结账而已。但她还是很礼貌地说："先生，我在服务中有什么过错的话，我向你们道歉了，这么晚了还是不要找我们经理了吧。""不行，我们就是要找你们经理。"客人并不妥协。服务员没办法只好将餐厅经理找来。经理了解情况后，边让服务员给客人倒茶边说说："这些确实是我们工作上的失误，我向几位表示歉意。几位先生愿意什么时候结账都行，结完账也欢迎你们继续在这里休息。"在服务员和经理的一再道歉下，客人虽然付了钱，但仍喋喋不休，含怒而去。

案例研讨：

如何做好送客服务工作？

案例解析：

送客是礼貌服务的具体体现，表示餐饮部门对宾客的尊重、关心、欢迎和爱护，在星级饭店的餐饮服务中是不可或缺的项目。在送客过程中，服务人员应做到礼貌、耐心、细致、周全，使客人满意。其要点为：宾客不想离开时绝不能催促，也不要做出催促宾客离开的错误举动；客人离开前，如愿意将剩余食品打包带走，应积极为之服务，绝不要轻视他们，不要给宾客留下遗憾；宾客结账后起身离开时，应主动为其拉开座椅，礼貌地询问他们是否满意；要帮助客人穿戴外衣、提携东西，提醒他们不要遗忘物品；要礼貌地向客人道谢，欢迎他们再来；要面带微笑地注视客人离开，或亲自陪送宾客到餐厅门口；领位员应礼貌地欢送宾客，并欢迎他们再来；遇特殊天气，处于饭店之外的餐厅应有专人安排客人离店，如亲自将宾客送到饭店门口、下雨时为没带雨具的宾客打伞、扶老携幼、帮助客人叫出租车等，直至宾客安全离开；对大型餐饮活动的欢送要隆重、热烈，服务员应穿戴规范，列队欢送，使宾客真正感受到服务的真诚和温暖。

在该案例中，服务员是不应该催促客人离店的。在上菜过程中，要注意客人的菜单，不要上错菜。出现服务失误时，要及时补救，并向客人致歉。

第三节　客房部顶岗实习

一、客房部服务程序及要求

（一）客房清扫程序

（1）标准：做房次序是挂有"请速打扫"房→贵宾房→住客房→走客房。如客情较高，应先清洁走客房供前台出售。

干、湿抹布分开使用，专巾专用。对茶具、冷水具等器具每日更换、清洗、消毒。每日吸尘。不随便翻动客人物品，尤其是书刊、文件资料。除垃圾桶和烟灰缸中的垃圾，其他物品一律不得视为垃圾扔掉。

（2）客房清扫程序：根据"进房程序"进入客房；将门敞开，工作车横在门口，开口向着门内；拉开窗帘，将窗户打开使客房通风；检查小酒吧有无消耗；熄灭所有的灯，清洁卫生间时打开卫生间灯源；整理器皿，将烟缸放入卫生间备洗，移走房内用膳的餐具、餐车，撤走茶具、冷水具；收集垃圾并倒入工作车上的垃圾桶内，注意检查有无有价值的东西和未熄灭的烟头，清洁垃圾桶，更换新垃圾袋；根据"撤床程序"撤床；根据"铺床程序"铺床；按顺时针或逆时针方向，从上至下、从里至外抹房间浮灰，同时注意逐项检查设备、设施是否完好，并记住需要补充的客用品；根据"卫生间清扫程序"清扫卫生间；根据规定的房间用品量和摆放标准补充用品；轻轻将纱窗帘拉上，遮光窗帘拉至规定位置；地毯吸尘；环视房间清扫有无遗漏之处；将空调调至规定位置或客人认定的位置；关灯、关门；填写"客房清扫单"。

（二）卫生间清扫程序

（1）整体步骤：准备→面盆→浴缸→淋浴间→马桶→地面→补客用品→检查/吸尘→关灯。

（2）清洁面盆：清洁镜面→台面→电镀→面盆。

（3）漱口杯的清洁：清洁脏物→浸泡→清洗→倒置→抹干→检查→放到指定位置。

（4）壁灯/防雾灯的清洁：要在干燥的情况下去清洁灯泡，若发现工程问题报工程处。

（5）浴缸/淋浴间的清洁：卫生间的浴缸及墙面和电镀要清洁。清洁墙面时应注意：清水→稀释的清洁剂→百洁布→温水冲洗→刮玻器→抹干。用清水小勺斜着冲洗，以打圈的方式用百洁布洗，用废小牙刷刷墙缝。

（6）马桶清洁：先将马桶内脏污冲干净；喷清洁剂浸泡；用刷子将内外刷洗干净；冲洗马桶；用抹布将马桶抹干。

（7）地面清洁：用干净的半干抹布进行清洁，按从里到外的顺序依次进行清洁，注意地面上的杂物及发丝。

（8）补客用品：按照缺少的数量进行补充，注意客用品外包装的清洁无破损。

（9）检查、吸尘，吸尘时检查有无遗漏和异常。

（三）客房小整工作程序

（1）进房，参照走入房的进房程序。

（2）撤去客人用过的物品，收走装有垃圾的垃圾袋，撤走用过的器具，将客人用过的卫生间一次性消耗品和布件撤走，清洁烟灰缸（清理时要注意有无客人遗留物品，如有应保留在原位）。

（3）整理床铺，把床铺整理得平整、美观。

（4）清扫卫生间，戴上胶皮手套，使用清洁工具和清洁剂清洗面盆、浴缸和恭桶，并抹干。

（5）补充物品，按要求补充被撤走的客用品。

（6）检查有无遗漏事项，并检查设施设备是否正常。

（7）退出房间，关闭总电源，关上房门，取下清洁牌，在报表上记下完成工作时间。

（四）夜床服务

（1）开床服务的时间，从16：30到21：00。

（2）标准：①不可翻看客人私人物品；②床上如散放着许多客人物品，则不用开床；③开床时，单床间开有电话的一侧；一人住双床间开临近卫生间那张床靠床头柜的一侧；两人住大床间，两边都开；两人住双床间，开靠近床头柜的一侧。

（3）开床服务的程序：①准备工具车、工具篮、工作表、钥匙、交班表，把工作车放在靠墙的位置。②进门：如果客人在房间，要等客人来开门，面带微笑，亲切自然地对客人说："晚上好，女士/先生，我可以为您开夜床吗?"根据客人要求为客人提供夜床服务。③开夜床：首先，把被头对折为一个枕头的宽度（30厘米），将枕头平放，开口相向，被子折角90°。房间内只打开床头射灯，调节至适当的亮度（如只有一张床只开一盏）。其次，将床尾巾折叠好放入电视柜下层，将意见书放在床头柜便签旁，将拖鞋放置掀床角一侧的床边。再次，天气较炎热时，打开房内空调22°小档，将电蚊香插好并打开，在房间冰桶内放2/3的冰块。

（4）整理房间，包括：抹浮灰，收垃圾，换垃圾袋，清洁烟缸，更换杯具，检查小酒吧，整理客房内零乱物品、使之归位，拉上所有窗帘。

（5）整理卫生间，清洗浴缸、面盆、恭桶，更换用过的棉制品，补充易耗品，擦净地面。放下电动卷帘，并把浴缸防滑垫放置在浴缸中间，正面向上。将地巾铺垫在浴缸边上。将套房地巾放在淋浴间门前。

（6）如有加床，要增加客用品。

（7）环视房间整理有无遗漏之处，关掉除床头阅读灯、走廊灯之外的其他灯具。

（8）退出房间，关好房门。如果客人在房间，应与客人说："晚上好，再见，女士/先生，还有其他事我可以为您效劳吗？"

（9）填写工作报告，包括进房时间和离开时间，记录勿扰房和拒绝服务的房间。

（五）客衣收发的程序

（1）标准：收发时不可打扰"请勿打扰"及双锁房。注意房号准确无误，上午 10：00 前至房间收取客衣，晚上 18：00 前将客衣送至客人房间，上午 10：00 后收取的客衣在第二天中午 12：00 前送回房间，快洗 4 小时送还客人。

不收取放在洗衣袋内未填写洗衣单的客衣。送衣注意挂件放进壁橱，装包客衣放在床尾。不接受加快干洗客衣。

（2）检查：所有的住客客房在 10：00 前都要检查是否有客衣；如遇勿扰房在工作单上记录房间勿扰的时间并反馈领班。

（3）收取客衣：客人在房间，应当面清点件数，并检查客衣口袋是否有物品、件数是否与洗衣单相符、房号是否相符等，检查中如发现客衣有破损、褪色等应与客人当面说明。

客人不在房间，则将收出的客衣拿到工作间检查：核对客人姓名、房号、日期、衣物名称、件数是否相符，口袋如有物品应送回并留言，如该物品为贵重物品，应上报楼层主管和大堂经理。

如发现客衣有破损、褪色等应退回房间并做好留言。有特殊要求的客衣，应在洗衣单上注明。电话通知洗衣房收取，并在工作表上做好记录。

（4）快洗衣服：如果客人要求加快服务，应立即通知洗衣房。

（5）送还客衣：根据客衣送还单核实客衣的篮数、挂件数是否齐全。加快客衣要及时送还客人。房号核对正确后，方可进房送衣，根据敲门程序进房。待客人开门后，主动问候客人，进房后将客衣篮放在床尾或客人指定的位置，挂件放入壁橱衣杆上，并让客人确认。

如客人不在，将衣服放在指定位置。如遇 DND 房，应通知服务中心打电话进房，确认送入时间；如客人暂时不用或房间双锁，应将衣服先寄放在工作间中保管，并通知服务中心为客人留言。

送衣过程中遇特殊事宜（如客人离店、换房），应将衣服送回洗衣房暂存，待查清事由后处理。送完客衣后，做好记录，因故未送入房间的客衣要做好交班。

（六）如何检查走客房

（1）敲门，按标准的敲门程序进房。

（2）进房检查，检查从正门开始，看是否有客人遗留物品；检查房间内的设施、设备、物品，有无破损和消费；环形检查衣柜、衣架是否足够、破损，"迷你吧"物品是否消费或已打开，家具、灯、电器是否有破损，地毯、茶几、家具是否有烟洞，卫生间的棉织品、口杯是否短缺和破损，以及其他物品，如借贷物品等。

（3）报房，将查房结果第一时间报总台收银，如有遗留物品一起报入总台收银。

（4）记录，在工作表上更改房态，做好相关记录并告知清扫员。

（5）注意事项：客人在房时不允许查房；接到房间退房，5分钟内完成检查；如发现棉织品染色，先用肥皂清洗，如清洗不掉再通知总台赔偿。

（七）客遗物品处理

（1）标准：有专用的遗留物品储存室或储存柜；遗留物品由专人负责登记、保管，由客务部经理负责处理；遗留物品储存室或储存柜每月由专人清点、整理一次；员工拾到遗留物品后须在5分钟之内电话通知服务中心；接到客人电话问询时，应在5分钟内予以答复；接到客人书面询问时，应在当日予以答复。

（2）程序：第一，楼层查房时发现遗留物品，拾获人应立即通知总台告知客人。如果客人已经退房，应立即通知服务中心，告知服务中心物品种类和房号。

第二，拾获人妥善保管好遗留物，中午或下班前交至服务中心并详细填写《遗留物品登记单》。

第三，由服务中心联络员核对，并登记在《遗留物品登记簿》上。

第四，遗留物如是大量现金或其他贵重物品，应第一时间通知大堂经理前来处理。

第五，遗留物品应定期整理、清点。

第六，失主认领遗留物品时，须说明有关失物的详细情况，并交验其有效证件，在《遗留物品登记单》上签字。经签认后的登记单应贴附在登记簿原页背面备查。

第七，客人询问有关失物情况，应积极协助查询，并予以答复。

第八，对无人认领的遗留物品保存到规定期限（食品 3 天，药品 1 个月，一般物品 3 个月）按酒店有关规定处理。

（八）发生火灾的正确处理方法

（1）标准：任何员工发现火警时，应及时用工作电话或就近电话，打酒店内部消防电话。电话报警时，语言要清晰，讲清火警位置，火情燃烧物。找不到电话时，应找到就近的报警器报警。

（2）程序：①日常工作中要熟记火警讯号、防火通道与出口位置。②保持冷静，不要惊慌失措，应立即通知总机及服务经理，并说出本人姓名、部门、火情发生地点、火势和燃烧物。③按动最近的火警报警器，并请求附近同事援助，在确保安全的情况下，用附近的灭火设备进行灭火。④关闭所有火警现场的门窗，关掉一切电器的开关、通风排风设备，在可能的情况下把易燃物品移开。若火势难以控制，应协助客人撤离现场，不可使用电梯。⑤员工应按照顺时针或逆时针方向仔细检查房间里有没有人，不要遗漏卫生间和衣橱，在确认无人后在门上挂上"×"牌。⑥当接到停止疏散通知后，立即撤离现场，快速到集合地点集合。⑦向部门经理报告没有检查的房间。

（九）客人伤病处理程序

（1）有些客人在经过长途旅行之后，会引起某些疾病。服务员在发现后应给予相应的帮助，保证客人在入住期间身心健康。

（2）若服务员发现客人有脸色不好，不停地咳嗽、打喷嚏等情况时，应立刻想到客人可能身体不舒服了。

（3）服务员应主动询问客人是否需要帮助，如是否要开水或加被子等，对于客人提出的要求应尽量满足，但绝对不能建议客人服某种药品。

（4）如果客人提出要煎中草药，可以联系房内用膳，由厨房为其煎好药后送入房间，不要让客人在房间内自行煎药。

（5）如发现客人有传染性疾病，应该立即通知部门经理。该房间所有棉制品单独清洗，退房后对房间进行消毒处理。

（6）将客人生病的情况及时告诉当班主管，由当班主管分别通知大堂和部门经理。如得病情况不严重，应征得客人同意，将客人送到医院，做仔细检查或治疗；如伤病情况严重，应立即安排急救车将客人送到医院治疗，不可延误时间。

（7）服务员应事先了解客人的休息时间，以便知道最佳的打扫时间，保证不会影响到客人休息。

（8）服务员应随时注意该房间客人，及时为客人提供各种帮助。

（十）突然停电的处理程序

（1）楼层服务员应立即停下手中的工作，保持镇定，清理过道，将走道上的工作车、吸尘器推到就近的客房中。如果光线不够，无法清理过道，服务员应该站在工作车和吸尘器旁，以防客人碰撞。将楼层走道窗帘和前后楼梯道的门打开。

（2）应及时向工程部了解停电原因和停电时间，以便做好解释工作。

（3）使用应急灯为客人照明，并向客人做好解释工作，告知客人应急电筒位置及使用方法，劝客人暂时不要离开房间并关好门。楼层领班应加强楼层走道的巡视检查工作。

（4）楼层员工检查客梯内有无人员被困，若有人，应首先安慰客人，并立即通知工程部和部门负责人进行解救，根据客人困在电梯里受惊吓情况，主动询问其是否到医院进行检查。

（5）停电结束后，将所有设施恢复正常。

注意事项：

（1）不可在房间或走道上使用明火。

（2）如事先接到停电通知，应准备好停电通知配入房间。

（3）注意检查每间房门是否关闭，每层楼要派专人负责安全巡视。

（十一）楼层醉酒客人处理

（1）员工发现住客醉酒后应立即向上级汇报。

（2）主管接到通知后应立即赶至现场，根据客人醉酒的情况进行处理。

（3）如果醉酒住客在楼道上，且醉得不是很厉害，主管应和服务员询问客人住哪间房，并将客人扶回房内休息，同时将面巾纸、垃圾桶放至床边；如果醉得很厉害，应立即核实客人身份并将客人送回房间。

（4）如果发现客人神志不清、有破坏行为，应及时通知大堂经理及安保部门。

（5）密切注意房间内的动静，发现异常情况及时报告。

（6）做好详细记录。

（十二）客人要求"开门"的处理程序

（1）标准：根据酒店的规定礼貌地请客人与前台联系或提供相应的服

务。要在能够确认其住客身份的情况下方可为客人开门。如果当时正在做房，一定要将门关好后再去开门。如有任何疑问，均应请客人与前台联系，前台会在确认后派人上来开门。如有电话通知开门，一定要确认其所发通知的有效性及做必要的记录。

（2）程序：①问候客人。客人要求服务员开门，员工应向客人打招呼。② 确认客人的身份。查看客人的有效证件（有效房卡、身份证、开门条），根据客人提供的信息与客情单上的信息核对无误后，可以给客人开门。③ 其他。要求开门的客人如果不是住店客人，应婉转地请客人到前台办理"开门条"或委托书。

（3）注意事项：如果被开的房间是保密房，楼层服务员不得开门，礼貌地请客人到前台办理相关事宜；如果被开的房间是空房且要求开门者是可疑人员，楼层服务员应设法拖住客人，并通知安保和值班经理。

（十三）处理 DND（请勿打扰房）的程序

（1）发现 DND 房：发现挂有 DND 牌的房间需在工作表上做好记录，当客人撤去 DND 牌后，就可以打扫房间。到中午 12 点前，楼层服务员应重新检查挂有 DND 牌的房间是否撤去，以便收取需要清洗衣物。

当客房门口挂着"请勿打扰"牌时，未经部门领班（主管）同意，员工不得进入房间，在区域内工作时注意说话音量以免打扰其他客人休息。

（2）报告情况。到下午 2：30 以前，DND 仍未取消的房间，楼层服务员需及时将有关房间清洁服务的卡从门缝塞进房间里，服务卡不露在门外。同时，服务员应把 DND 情况汇报给楼层领班（主管）。

（3）处理。下午 2：30 时，楼层领班接到通知后将房号记录，并通知文员打电话给客人询问意见，然后根据客人的意愿去做。如果房间没人接听，由文员在 DND 报表上注明房号，在下午 3：00 前交于大堂副理。在下午 4：30 前，大堂副理通知文员 DND 房的处理结果，然后根据结果去执行。

（4）注意事项：如果门上同时挂上 DND 和清洁服务的卡片时，按照外面挂的那个执行。白天没挂 DND 的房间，在开夜床时发现挂了 DND，则不予提供服务；相反，则要由大堂副理处理。随时注意挂 DND 的房间，以免发生意外。

二、客房部操作技能

（一）敲门程序

（1）标准：不打扰双锁客房及 DND 客房；进房前必须先敲门，征得客人同意后方可进房。

（2）程序：观察客房是否双锁或挂有 DND 牌，若无，进行下一步骤。以手指在门上轻敲三下或按门铃，报"服务员，可以进来吗？"距离房门有一步的距离，不能直视猫眼，面对房门，约等候 5 秒钟；再敲门，报"Housekeeping, may I come in?"再等候约 5 秒钟，再报"服务员，可以进来吗？"用钥匙开门，轻推门，使门敞开 30°；再敲门，报"Housekeeping, my I come in?"

如发现客人在房内，应征得客人同意后，方可进行有关工作；如发现客人仍在休息，应立即轻轻退出，关上房门；如发现客人正在穿衣或刚从卫生间出来，应道歉说明来意并退出。进入房间后，挂上清扫牌再进行工作。

（3）注意事项：进房后如发现房间异常，应立即报大堂副理及主管。

（二）撤床程序

（1）标准：每日更换用过的床单，撤下的床上用品不可放在地上；床单要逐条撤下；发现薄被、床垫污迹随即撤换并送洗；薄被每年送洗一次，床尾巾（床罩、床裙）半年洗一次，床垫每 3 个月洗涤一次。

（2）程序：屈膝蹲，双手将床慢慢拉出至易整理位置，方便撤出床单。将床上的客人物品移到桌上，将床尾巾折叠好放在凳子或沙发上。床单和被子要一层一层地撤，以防夹有客人衣物等，对客人的物品要特别关注。

被子去掉被套，将被子折叠整齐后放在椅子或沙发上，不要放在地上；去掉所有枕头上的枕套，将枕头整齐地放在椅子或沙发上，不要放在地上。

将一层床单抽出并将之从床垫上撤下来，将脏的棉织品放在布草袋内，不要放在地上。检查床垫上是否有污迹，如有，应替换成干净的床垫。保持高水准的清洁水平，使客人满意。

（3）注意事项：检查清楚床上有没有客人的物件；检查枕芯、床褥、床垫是否干净，是否破损或有污渍；撤下的床单、被套、枕套放在布草袋中；不能用床单、被套等当抹布；撤床上用品时，应注意用力适当以免造成破损。

（三）中式做床

（1）标准：床上用品整洁，无破损，无污迹；床铺上的床单、被套、枕套的中折线三线合一，包角紧而平整，床面平整无皱折；单人床枕套口反向于床头柜，两个枕头重叠摆放；双人床 4 个枕头，每两个枕头重叠摆放，将枕头套口的方向两两相对；3 分 30 秒钟内完成一张床；每季度翻转床垫一次（一年 4 次，以减少床垫受力不均而引起的不平整）。

（2）程序：将床垫放平，并留意床垫角落所做标记是否符合本季度标记，是否需要翻转床垫；注意床垫护褥是否清洁、平整，四角松紧带是否套牢于床垫四角。

第一次甩单定位，一次到位，不偏离中心线，毛边向下；第一次包角，四角式样，角度一致，四角均匀、紧密，成 90°角，床单四边塞进席梦思床垫；借助小腿外侧部分力量将床缓缓推至床头板下合理位置。

第一次甩被套，一次到位，不偏离中心线，正面向上；套被子一次到位，不偏离中心线，四角饱满，被套不空头，四边紧贴，床头翻边为 25 厘米，床两边下垂部分相等，床尾下垂部分不小于 10 厘米；套枕头四角包满，外形平整、挺括，枕芯不外露；放枕头与两侧距离相等，枕头开口相向；床面干净、美观，床尾巾两边下垂部分相等，床尾不露边。检查床铺是否整齐、美观。

（四）西式做床

（1）将床拉到容易操作的位置，屈膝下蹲，用手将床架连床垫慢慢拉出约 50 厘米。

（2）将床垫拉正放平，注意褥子的卫生状况。

（3）将第一张床单铺在床上（甩单、包边、包角），床单的正面向上，中折线居床的正中位置；均匀地留出床单四边，使其能包住床垫。

（4）将第二张床单铺在床上，正面向下，中折线要与第一张床单重叠。床单上端多出床垫（床头）约 5 厘米。

（5）将毛毯铺在床上（盖毯、包边、包角），毛毯的商标须在床尾，商标在上，毛毯上端应距床头 25 厘米。

（6）将床单与毛毯下垂部分掖入床垫与床架之间，将长出毛毯 30 厘米的床单沿毛毯反折作被头，将毛毯和第二张床单在床尾反折 15 厘米，两侧下垂部分掖入床垫后再将尾部下掖入床垫，并包好角。

（7）装枕（装芯、定位整形），将枕芯装入枕套，注意不要用力拍打枕头。将枕头放在床头的正中，距床头 5～10 厘米。单人床的枕套口对墙；双人床的枕套口互对；两张单人床，其枕套口反向于床头柜，枕套的缝线对床头。

（8）盖上床罩（定位、罩枕、整形），床罩下摆不要着地（指未定型床罩），床罩顶端与枕头平齐，多余部分压在枕头下面，注意两条枕线的平直。

（9）将床推回原处，以腿部将床缓缓推进床头板下，再看一遍床是否铺得整齐美观。

（五）如何准备工作车

（1）每日清洁。将工具桶清洁干净，里面不能有客人用过的香皂、洗发水等物品等，只能有当日清洁所需用具。用半湿抹布将工作车内外擦净、抹干，并检查是否损坏。每日下班前将工作车整理干净，物品补充齐全并推到规定的摆放位置。

（2）工具桶内应准备万能清洁剂、马桶清洁剂、玻璃剂和空气清香剂各1瓶。工具桶内放一块专门清洁马桶的海绵和专门清洁其他地方的海绵，并和马桶刷分开放。抹布按颜色分类摆放在指定位置。

（3）工作车物品的摆放：轻物在上，重物在下，以平衡车身；高物在后，低物在前，以方便拿取；贵重物品放在隐蔽处，以防遗失；工作车的顶部应保持清洁，客用品摆放整齐（注意茶叶不可与有异味的物品混放，以防串味）。

（4）布草袋、垃圾袋经常清洁确保无明显的污点，保持清洁无异味。脏布草存放的高度不能超过袋子的最高度，因为这样一来会使人感到不整洁和不专业，同时也非常容易造成布草的丢失。

（5）最后检查。工作车应随时保持清洁和整齐，因为客人随时都能见到，出现任何工程问题，应及时通知工程部维修。

（六）饮具消毒程序

（1）标准：客房杯具每日更换、清洗、消毒，必须使用当地有关部门规定的消毒剂。

（2）程序：早班服务员上班后，在消毒桶内注入清水，配入消毒剂，84消毒液与水的比例是1∶200，为泡洗杯具做准备；将每间房内用过的杯具进行更换，在更换已消毒过的水杯时，注意手指不可捏住杯口或插入杯内，应用手拿杯底部。

将换出的杯具内杂物用清水冲掉，饮具内污垢严重的，先用百洁布清洗；将杯具完全浸泡在消毒液中15分钟，用热水彻底漂洗饮具，杯具的开口朝下倒置；用干净的抹布将杯具抹干，小心操作，防止杯具突然爆裂割伤手；把杯具放入消毒柜中消毒，杯具不能叠放，消毒柜停止工作后将柜门打开散热，将杯具冷却后拿出放在专门的柜中，并用干净的白布盖在消毒后的杯具上；在杯具消毒记录上做好消毒记录。

（3）注意事项：不要将清洁剂沾到衣物、大理石地面及地毯上，以免造成不必要的损失；必须戴好胶皮手套，注意不要溅到眼中，一旦溅入要用大量清水冲洗；浸泡时间不到不可取出杯具，否则消毒效果达不到要求。

（七）如何清洁马桶

（1）准备万能清洁剂、马桶刷、海绵、清洁垫/抹布。

（2）冲洗马桶，先对马桶进行冲水，沿着马桶内出水孔将万能清洁剂倒入马桶。

（3）清洁马桶内部，用马桶刷擦拭马桶内部边缘，特别注意马桶出水孔。如果马桶里面顽迹不能及时清除，应用马桶清洁剂喷入马桶里面，然后再清洁。

（4）清洁马桶盖板和底座，用万能清洁剂和海绵清洁，确保马桶盖板的内外和底座得到全面的清洁。特别注意橡胶垫，如果有丢失应及时向客房部汇报。用万能清洁剂和海绵清洁马桶外部，特别注意合页。确保周边无尿迹和其他污迹。

（5）清洁马桶其他部分，用万能清洁剂和海绵清洁马桶外部，确保所有的脏物得以去除。

（6）冲洗马桶盖、底座和外部，用水和海绵彻底擦拭，确保所有的其他部分得以全面清洁。

（7）用干抹布擦拭马桶盖、马桶外部和其他部位，确保马桶无水印、污点和毛发。清洁完马桶后将盖子盖上。

（8）及时汇报在工作中发现的问题。

（八）如何清洁淋浴房

（1）准备万能清洁剂、海绵、刮玻器。

（2）清洁淋浴喷头、墙面、水龙头、框、淋浴门和把手。

（3）直接从上往下用热水冲洗墙面。

（4）擦干：用刮玻器将墙面和玻璃门上的水迹刮干；用干的抹布擦拭淋浴喷头、水龙头、框、淋浴门和把手。

如有金属制品失去光泽，应用半干的抹布配合金属制品光亮剂重复抛光；用万能清洁剂和手刷刷洗地面，用水冲洗；用干布擦干地面。

（5）汇报在清洁过程中出现的任何问题。

（九）如何清洁浴缸

（1）喷清洁剂，将清洁剂均匀地喷洒在浴缸表面。

（2）清洁：用浴缸刷刷洗浴缸；擦拭浴缸四周和侧面；擦拭龙头和五金件。

（3）冲洗浴缸：5分钟后冲洗浴缸；用热水冲洗浴缸和龙头；用干布擦干浴缸及四周；关闭浴缸塞。

（十）如何清洁镜子

（1）准备工具：镜布、抹布、干布、玻璃清洁剂、刮玻器、水桶。

（2）清洁：先用清水（温热水）擦洗，若擦不干净用清洁剂，再用清水冲洗干净。用刮玻器或干抹布将水迹刮/抹干。

（3）自检：擦完玻璃后自己检查一遍。

（4）注意事项：不能用粗糙的百洁布抹玻璃，要用温水清洗玻璃。

三、客房部实习常见问题及分析

【案例3-29】

浴缸里的小虫

薛女士入住后反映房间浴缸有小虫。客人要求宾客服务经理立即处理。宾客服务经理Nina接到投诉后马上到房间向客人道歉，并即刻联系客房部调查原因，经过了解是因为近期天气比较潮湿，导致虫蝇滋生。经过与客人协商，宾客服务经理立即安排客人换房，并赠送客人V2级别的水果。客人对于酒店的及时处理表示满意，并建议酒店尽快解决类似事情。宾客服务经理将此信息反馈给行政管家，让其注意虫蚁的消杀安全工作，避开入住高峰期进行虫蚁消杀工作，以保证入住客人的体验质量，并避免类似事情再次发生。宾客服务经理在客史资料中做了备注，下次入住前让酒店相关部门引起重视，注意客人的服务细节。

案例研讨：

（1）如何预防客房小虫？

（2）宾客服务经理的处理为何能够使得顾客满意？

案例解析：

客房服务有时候会受到季节气候的考验，酒店工作人员首先要选择恰当的时机进行一些预防性的工作，避免在入住高峰期导致客人这方面的投诉。宾客服务经理接到客人因季节性问题带来的不舒服的入住感受的投诉时，要第一时间体现酒店的人文关怀，并采取恰当的方式进行补救，站在酒店利益的基础上尽量让客人满意。

解决方法：宾客服务经理在接到客人投诉时，应第一时间给客人换房，并赠送酒店 V2 水果，及时处理客人的意见，让客人满意；并将此状况反映给客房行政管家，让其引起重视，避免同一时期其他房间也发生类似情况。

【案例 3 - 30】

网 络 瘫 痪

林先生投诉房间网络瘫痪，无法工作。客人要求宾客服务经理立即处理。宾客服务经理立即与客人联系并致歉，在征得客人的同意后，进入客人房间检测。事实上，酒店 IT 部门 8 月份已经调整了所有客房路由器的位置，大部分房间的无线网络都是正常运营的。但是该客人是 IBM 公司的，其工作需要连接国外的 VPN 网站。经 IT 部门经理检测，并将客人的 IP 地址更改为公网地址后，客人连接 VPN 后网络正常运行，其他网页也能正常打开。客人对酒店的处理方式和工作态度表示满意。宾客服务经理已在客史记录上备注，下次客人入住前提前检查房间内无线信号和房内设施设备，保证客人满意。

案例研讨：

宾客服务经理处理是否得当？

案例解析：

酒店在接到客人投诉网络问题时，应该第一时间到房间确认网络实际情况，尤其是商务差旅客人。针对这个问题，宾客服务经理在第一时间赶往房间后向客人真诚致歉，测试房间网络并找出网络问题所在。在得知网络问题所在后，应第一时间致电并将问题反馈相关部门，取得相应的行动计划。在此次事件中，宾客服务经理处理及时并做好了对客的解释工作。同时，宾客服务经理及时将问题反馈给相关部门并取得解决方案，且在网络问题得到解决后询问客人是否满意。最后，宾客服务经理在客史记录上做好记录，以确保客人再次入住时获得满意的服务。

【案例 3-31】

换 房 风 波

"总台吗？我是刚刚住进来的 608 房客人，姓潘。想问您一件事。"电话那头传来浑厚的男中音。

总台小钟想起来了，潘先生是刚办完入住手续不久的来自湖北的一位大学教授。小钟礼貌地问道："潘教授您好，我是总台，请问您有什么事需要我帮忙吗？""我刚进房间不久，有位服务员来敲门。我问她有什么事，她说要整理房间。我说房间好好的怎么还整理，她也不回答我，便硬拉上门走了。我想问一下，是不是我这个房间卫生还没有做？我这个房间是不是还没有消毒？如果是的话，我要求换一个干净的房间，你看可以吗？"潘教授客气地说。

小钟知道麻烦来了。虽然房务中心电脑房态表上已显示 608 房是住客房，但房务中心肯定还没有将这一变化通知楼层服务员，而楼层服务员仍然按照这个房间是"脏空房"的程序去整理。现在让客人碰到了，客人自然对这个房间的卫生状况产生了怀疑。因为这种原因客人要求调房的事情以前也曾发生过。虽然有麻烦但也没办法回避，于是，小钟清了清嗓子耐心地进行了解释，但是潘教授可没有太多的耐心听小钟解释，有点不高兴地说："总台小姐，你说了半天我还没听明白，你还是帮我换一个干净的房间吧。"小钟为了"息事宁人"，只好答应潘教授换房的要求。

案例研讨：

（1）出现上述错误的原因是什么？

（2）小钟存在过错吗？

案例解析：

酒店后来了解到，小钟大概是按以下内容解释的："我们酒店对昨天整理过的房间隔一夜没人住，今天还是要简单清理一下的。您的房间虽然今天还没有简单清理过，但也是干净的，请您放心住吧。"

既然今天没有清理过怎么又是干净的呢？潘教授不糊涂才怪呢！我花了钱怎么能接受"伪劣产品"？可想而知，潘教授肯定是不满意小钟的解释的，自然极力要求调房了。问题的原因在哪里？是小钟解释不到位吗？当然不是。问题的根源是在电脑房态表的设计上。酒店电脑房态表上没有对"空房"做两种状态显示，即没有区分是"脏空房"还是"净空房"。"脏空房"是指昨天走客房，虽然经过大整理，但过一夜没有客人住，到今天则成为"脏空房"了。原则上说这种房间是不能开出去的，由于该酒店房态表只笼统显示某房是空房，而总台无法认定该房是否清理过，随时都有可能将之出售。总台在出售之前（或同时），房务中心可能已通知服务员对这个房间进行整理，所以就发生了客人与服务员的"撞车事件"了。假如房态表有"脏空房"（VD，Vacant dirty）和"净空房"（VC，Vacant clean，即OK房）的区分，总台只认定出售"净空房"，就不至于产生本案例的情况了。

因此，信息管理上出现的缺陷，必然对质量管理产生不利的影响。所以，质量管理要从设计开始，其中包括信息管理软件的设计。

【案例 3-32】

到底该不该帮忙？

今天可真够忙的，退房的客人刚刚走。新入住的客人就来了，可房间还未打扫好呢。服务员小卢负责打扫的房间，有三分之二处在这种状态之中。"怎么办呢？总不能让客人老在大堂等候吧。"小卢焦急地对今天比较空闲的服务员小郑说。小郑想了想，对小卢说道："这么办吧，我先帮你做，然后你再帮我做。那不就解决了。"于是，两人一起迅速地行动起来，终于让客人顺顺当当地住进了房间。"小郑，你怎么搞的，客人挂牌20分钟，你也未打扫房间，客人现在投诉了。"领班过来批评小郑。"领班，刚才有许多客人忙着住进小卢的那几个房间。她来不及，我便去帮忙了，所以没照顾到我管的房间。"她沮丧地说道。"你帮小卢做房？谁批准了？现在可好，出事了吧。"领班大声训斥道，"记着，以后没有命令，不要去帮别人，先管好自己再说。"小郑点了点头，很后悔。

第二天，客房情况仍如昨天一样。只不过今天是小郑忙得不可开交，小卢的工作量却不大，她看着小郑忙个不停，很想去帮忙，但想起昨天的事，不得不改变主意。今天当班的是另一位领班，只见她一个箭步来到小卢的面前："小卢，你先帮小郑做房。等会儿让小郑再帮助你，那儿的客人等急了，快要投诉了。""这样行吗？"小卢想起昨天领班对小郑的训斥便犹豫道，"什么行不行，记着，以后遇到这样的事，不用问，马上去帮忙。"领班斩钉截铁地说道。小卢去帮忙了，可她还是不明白：到底该不该帮忙？

案例研讨：

（1）两位领班做法是否得当？

（2）小郑应该怎么做？

案例解析：

两个客房领班对同样的事情有两种不同的决定，使被管理者不知所措，不明白孰是孰非。对于这两天发生的事，酒店工作人员（管理者和被管理者）首先应有一个判定的正确标准，即尽量满足客人的入住需要，缩短客人等待的时间。这两天发生的事情，不少酒店都曾有过，问题的关键在于客房部和前厅部之间的客情信息及时沟通和预报不够。在饭店旺季的时候，前厅部应将客人的预订信息制作成客房预报表，及时通知客房部，以便使客房部的管理者能提前调配人员，集中力量及时为客人打扫好房间。客房部管理者也应提前主动向前厅部了解明日客人到店的情况，并根据客房清扫任务的轻重缓急，合理调配人力，这样就不会出现服务员之间忙闲不均的现象了。当然，随着饭店计算机管理系统的成功应用，这种沟通就会更加准确、及时。团队精神是指员工为了饭店的整体利益，在工作中既分工又合作的精神。这种精神在饭店服务与管理中是应该大力提倡的。第一位领班的错误在于没有看到小郑这种可贵的团队精神，而只是片面强调要按指令行事，这样必然会挫伤员工的积极性。诚然，员工的工作没有制度的制约，或不按程序和规范办事，或随意放下本职工作去帮助别人，整个饭店工作也会乱套，但遇有特殊情况，打破常规及时满足顾客的需要可能会取得更好的效果，这时也是可以暂不执行程序的。这就是饭店业常说的"Breaking the rules for better service（打破规范，创造更好的满足需要的服务）"。第一位领班比较完美的做法应该是：首先表扬小郑的团队精神和优质服务意识；其次，要指出正常情况下，服务员应遵循工作规范；遇到特殊情况，如需打破常规程序，应主动请示汇报，在征得领班或主管同意后，由领班或主管酌情对工作程序进行适当调整。这样便可避免出现顾此失彼的漏洞了。

【案例 3-33】

皱巴巴的便笺

客房部实习生服务员小任正在清扫一间走客房。小任看到客人的行李已经全部收拾好，整齐地摆放在行李架上，便开始收垃圾。她看到床头柜上有一张皱巴巴的便笺纸，就认为是客人不要的废纸，于是顺手丢进了垃圾袋中。此房间整理就绪后，小任就去整理其他房间了。一会儿，那个房间尚未离店的客人急匆匆地找到小任说："小姐，你有没有看到一张记有电话号码的小纸条？那个电话号码对我很重要。"小任一听就傻眼了，反问道："您的电话号码是不是在床头柜的便笺纸上写的？"客人说："我记得好像是在床头柜那儿。""对不起，我马上去找。"小任边说边来到工作车的垃圾袋旁，翻了半天，终于找回了客人记有电话号码的小便笺。客人不停地向小任道谢。而此时作为实习生的小任，心里真不是滋味。他为自己粗心扔掉了客人记的电话号码，给客人添了麻烦而深感自责。幸亏及时找到了，没有耽误客人的事。经过此事后，小任便懂得了客房内无论是什么东西，哪怕是一张小纸片，只要是客人的东西，都要保存好。不能随便扔进垃圾袋，否则不仅会引起投诉，而且会给客人带来很大的麻烦。

案例研讨：

处理客人物品应遵循哪些原则？

案例解析：

（1）客房服务中，清洁整理房间和清理垃圾是每天例行的工作。在客房清扫过程中，服务员对属于客人的一切东西，只能稍加整理，不能随意挪动位置，更不能将客人的东西或客人用过的东西自作主张地进行处理。哪怕是空瓶、空纸盒，只要客人没有扔进垃圾袋中，就要谨慎对待，更不能随意扔掉或倒掉。不按操作程序去做，结果都可能酿成大事。有时，一桩不愉快的事情不仅会使酒店承受直接或间接的经济损失，更严重的是给客人的生活带来不便与痛苦，使酒店的声誉蒙受损害。这些深刻的教训是应该认真吸取的。"细微之处见功夫"，养成细心负责的工作作风，认真按服务程序与规范去操作，才能保持酒店较高的服务水准，避免此类不愉快的事情发生。

（2）作为酒店的服务人员，必须在思想上树立一种意识。客人一旦填好入住登记单，交了房费，住了酒店的房间，就形成了酒店与客人的契约关系。顾客是这个房间租用期间的唯一占有人，房间的使用权属于这位客人，客人即是房间的主人。酒店方面有义务尊重客人的权利，即使是例行的客房清洁整理工作，也要充分尊重客人对房间的使用权。酒店有关敲门通报、等候客人的程序，不能乱动客人东西的规定等等，正是根据尊重客人权利的原则而制定的。

【案例 3-34】

空调无法使用？

7月12日，香港来的王女士下榻艾美，入住在1408房间。晚上，王女士回到房间，发现空调坏了，于是打电话要求客房部派人维修。客房部派服务员小张来负责处理此事。小张知道1408房的空调暂时修不好，而且现在宾馆已无一空房，怎么办？他一边走一边想。来到房间，小张先认真查看空调后，告知客人，空调已坏，诚恳地向王女士道歉。然后，当着客人的面跟总台通话，强烈要求给客人调换房间。总台服务员回答说没有空房可供调换，小张一再恳求，未果。接着，他又打电话到工程部坚决要求立即修理空调。工程维修人员解释说，这个空调某部件坏了，一时难以修好。小张把情况一边说给王女士听，一边强烈抗议，言辞异常激烈，强调"要为客人的健康负责"。小张这一番努力，让王女士非常感动，对小张说："先生，谢谢您为我操心。您别为难了，给我加个电扇就行了。"小张抱歉地说："那好，先给您加个电扇，一有空房我们马上给您调房。谢谢您对我们的谅解！"于是，他马上给客人安了一台电扇，解决了这一棘手的事情。

案例研讨：

（1）设备维修部门存在过错吗？

（2）你赞成小张的做法吗？

案例解析：

第一，作为星级宾馆，必须加强设备维修，保证客房所有设施、设备的正常运转，若设施、设备损坏，则属故障房，是不能出售的。因为故障房不仅会使客人使用不便，还存在事故隐患。

第二，如果由于某种原因发生上述事件，服务员在处理时，应掌握以下原则：

（1）首先向客人赔礼道歉。

（2）通知工程部10分钟内派人到客房维修，不能及时修复时，给客人调换同档空房。

（3）采取"升格"或"降格"的方法处理，并在价格上给予优惠。

（4）上述办法行不通时，可采取变通的办法。如补充某些临时设备等，但这样做必须征得客人的同意，如客人不同意，应向客人推荐其他饭店，并免费派车将客人送去。

第三，处理此类事件，应注意研究客人的心理，讲究处理方法和语言艺术。本案例中，服务员小张就注意了以上三个方面，处理得非常巧妙。小张明知空调暂时不能修好且无空房可调，但并没有简单地直接把这些情况告诉客人，请求客人的谅解，而是当着客人的面努力争取客人的利益，使客人耳闻目睹真实情况，并亲身感受到服务员对她的真诚关怀。小张随机应变的举动，使客人看在眼里、暖在心头，虽然所争取的利益渺无希望，却得到了一种心理上的满足，进而大度地谅解了宾馆，妥善地解决了问题。

可见，感情服务是一种高效的服务艺术与技巧，硬件的缺陷可以用软件加以弥补。这是运用感情服务达到客人满意的成功案例。当然，硬件不足软件补，只能是权宜之计。如果第二天1408房间的空调仍然不能修复，宾馆就应马上为宾客调换同档空房或推荐其他饭店，并免费派车将客人送去。因为这种"硬件不足软件补"的做法是以损害顾客利益为前提的，也不符合酒店经营"物有所值"的原则。

【案例 3-35】

顾客喝醉了

晚上 11：00，艾美酒店电梯在 5 层停住。"叮咚"一声，门开了，一位客人踉跄而出，喃喃自语："我喝得好痛快啊！"口里喷出一股浓烈的酒气。这时客房部小丁恰好走近 5 楼电梯口，见到客人的模样，断定是喝醉了。小丁连忙跑上去扶住他，问道："先生，您住在哪间房？"客人神志还算清醒。他轻轻地摇摇自己的左手，小丁会意，便细看客人的左手，发现一块 517 房的钥匙牌。小丁一步一步地把客人挽进房间，扶他躺在床上，又泡了一杯醒酒茶，然后将衬有塑料袋的垃圾桶放在客人床头旁。这时，客人开始难受地发出声音来，小丁一面赶紧把客人稍稍扶起，将沏好的茶水端到他手里，一面安慰说："您没事的，渴完茶躺下歇歇就会好的。"随后，他又到洗手间拿来一块湿毛巾敷在客人额头上，说道："您躺一会，我马上就来。"不一会儿，小丁取来一些用湿毛巾裹着的冰块，换下客人额上的湿毛巾。突然，"哇"的一声，客人开始呕吐了。说时迟，那时快，已有准备的小丁迅速拿起垃圾桶接住，等醉客痛快地吐完后，又轻轻托起他的下颌，用湿毛巾擦去其嘴边的脏物。此后，小丁静静地观察了一会儿，发现客人脸色渐渐转红，就对他说："您好多了，好好睡上一觉，明天就好了。"他边说边帮客人盖好被子，在床头柜上留下一杯开水和一条湿毛巾，又补充一句："您若需要帮助，请拨 09，这是楼层服务台的电话。"然后，他调好空调，换上新的垃圾袋，轻轻关上门离房。小丁找到楼层值班服务员，告知醉客的情况，并请她每过 10～15 分钟去听听动静。第二天，她还询问了客人当天的情况。

案例研讨：

如何处理客人醉酒事件？

案例解析：

客人醉酒是酒店经常遇到的事。保障醉客的安全是酒店所有人员的神圣职责。艾美酒店小丁突然遇到客人酒醉，能及时给予保护，这种急客人所急的高度责任心值得赞扬。要保护好客人，保安必须具备娴熟的服务技巧，才能在紧要关头临危不乱、救护有方。小丁突遇醉客，不是推给楼层服务员了事，而是沉着镇定，独立实施救护，达到最佳效果。这说明他平时训练有素。

"帮人帮到底"，小丁将醉客安顿妥当后，交代值班服务员继续定时观察。第二天，她又亲自跟踪了解，并叮嘱接班服务员"特别关照"。这种极端认真的服务态度、严谨细致的工作作风尤为难能可贵。

【案例 3-36】

热水温度偏低

2月17日早上 6:30，宾客服务经理在检查客房时发现热水温度偏低，马上通知工程部并与其值班人员一同到锅炉房检查，发现锅炉重启后依然无法正常运作。而当值电工不懂如何检修，就立即致电部门负责人。部门负责人表示打开锅炉房的窗户尝试散热，但此举没有作用，水温逐步下降。8:20，部门负责人立即到锅炉房检修，但均未果。因此，工程部请负责锅炉维修的工程人员前来协助检修。9:30，锅炉重新启动，但1小时后再次停止运作，再经过约1小时的检修后，锅炉终于可以正常运作。酒店于 14:35 全面恢复热水供应。但在此期间，酒店接到一位 VIP 公司客人的投诉，宾客服务经理做了安抚工作。

处理结果及跟进：

(1) 给予工程当职人员"严重警告"处分，罚款 300 元，计入个人人事档案。

(2) 工程部负责人需加强员工日常培训，不断提高员工操作水平和处理紧急事故的应对能力。

(3) 培训部配合制定"技能考核标准"，达标者方考虑转正及调薪。

(4) 在人力上配备足够的技术人员，确保充足的技术力量以保障经营。

案例研讨：

酒店工程部门员工存在过错吗？

案例解析：

工程部当值人员有不可推卸的责任，不按规定检查设施运行状态，对工作存在侥幸心理。技术人员缺乏应有的专业技术操作能力，对硬件设施检查监控意识不足，如果严格按照程序认真负责地工作，就可以提前发现问题，争取时间维修，避免引起客人的投诉。良好的设备设施是酒店服务质量的基本内容之一。服务设施完好与否，会直接影响客人对酒店服务质量的评价，因此，维护和检查设备、设施的完好程度是工程部人员的基本职责之一。建立健全的维护检查机制，使员工严格按照程序操作，永远保持一丝不苟的工作态度，才能最大限度防止硬件设施事故的发生。

第四章　旅行社顶岗实习

学习目标

通过本章学习，要求学生能够：

1. 了解传统旅行社业务流程和操作技能。

2. 了解在线旅行社业务流程和操作技能。

3. 掌握旅行社实习常见问题及解决方案。

第一节　传统旅行社顶岗实习

一、业务概况

旅行社是指从事招徕、组织、接待旅游者等活动，为旅游者提供相关旅游服务，开展国内旅游业务、入境旅游业务或者出境旅游业务的企业法人。其中，旅游服务是指为旅游者代办出境、入境和签证手续，招徕、接待旅游者，为旅游者安排食宿等有偿服务的经营活动。旅行社的营运项目通常包括各种交通运输票券（例如机票、巴士票与船票）、套装行程、旅行保险、旅行书籍等的销售，以及国际旅行所需的证照（例如护照、签证）的咨询代办。最小的旅行社可能只有一人，最大的旅行社则全球都有分店。从旅行社衍生的职业有：领队、导游、票务员、签证专员、计调员（旅游操作）等。

二、传统旅行社主要业务的服务流程及要求

（一）门市接待业务

1. 准备工作

门市接待准备工作众多，只有做好充分准备才能在工作中有的放矢。其包括：熟知地接社，背会常用地接社联系电话；整理计调手册（含电子

版）并定期更新；每日更新一次报价目录表，掌握最新报价；把地接社的线路放入标有徽标的文档里（查看注意事项、费用包含、相关说明等）；熟悉线路。

2. 接电话

接电话是门市接待工作的一个重要环节。接电话时要微笑，声音甜美，语言标准，多听少说。

简单的介绍行程安排，行程特色："您需要详细行程吗？""您有没有传真，或QQ，或邮箱，我把详细的行程安排发传真（QQ或邮箱）给您。"

接到客人打过来的座机电话："您方便留个手机号码吗？这样我们有一些特价信息也好及时告诉您。"

发短信给客户：电话短信、网络短信。

追访：对于近期出游的游客，在1～2天内常打电话，了解他们的出行动态，随时调整策略，以免被同行抢走；对于出行日期较远的客户，做好记录，及时联系。

六要素：出行日期、人数、姓名、传真/QQ发行程、短信、追访。

最后要备注：下班时间接电话须注意准确报价、准确报团期、准确报线路行程。如果在嘈杂的地方接电话，一定要对客人有耐心，告知其网站地址，让其在网站上看详细行程。如果不耐心、不专业，可能给游客留下不好印象，自此再不找该旅行社。

3. 签合同

游客来报名时，要和游客搞好关系，热情周到，有亲和力，和游客成为好朋友。签合同主要包括以下内容。

填写报名单：客人提供的姓名、身份证号要准确无误，必须是和证件（身份证）上的一模一样。身份证必须在有效期之内；由客人自己填写，旅行社对照客人证件核对一次；对于没带证件来报名的游客，旅行社应提示他们旅行社出的是团队机票，航空公司不退票不改签，如果他提供的名字和证件号码不正确，那么机票损失会非常大，所以请他一定认真仔细地核对姓名和身份证号；告知旅客乘飞机必须携带证件。

关于单房差，收1个人解决方案：和其他单个游客拼房住；补单房差。

收3、5、7等单数人解决方案：和其他单个游客拼房住；调整成3人间；补单房差。

如遇不同意补单房差的游客，解决方案：第一，告诉他为什么会有单房差。因为酒店都是双人标准间，一个房子里面有两张床。现在只有他一个单人，是一个人住一间房，所以要补单房差。第二，单房差问题不是只在一个旅行社有，游客到任何旅行社报名，如果是单人，都会有这个问题。第三，告诉客人补单房差的好处：不用和陌生人拼住，和陌生人住一起，不方便也不安全。游客如果问到底能不能拼得上，我们的回答方式是："您参团的时候就能看到，只要有单个同性别的人，就能给您拼，没有的话就只能补。"

【案例 4 - 1】

合同讲解（以海南团为例）

团号：CTS - 20160802（写客人的出发日期）。

旅行日期：20160802 - 0807。

线路名称：海南双飞 6 日游。

出发地：西安。

目的地：三亚。

交通工具及标准：见行程。

购物：见行程。

导游服务：全陪_____，地陪_____（填写"有"或"无"）。

应缴纳团费总额：2600 元×2（成人）＋2000 元×1（儿童）＝7200 元。

付款方式、时间：（不填）。

组团方式：

自行组团：团队不再交由其他旅行社操作，本社自己安排吃住行游购娱。

委托组团：交由其他旅行社操作。

客人问为什么要委托组团：因为国家旅游局有规定，不允许旅行社跨地区操作，所以去（海南）旅游，必须要由海南旅行社接待。

被委托旅行社：客人不问则不填。

成团方式：独立成团。

散客拼团：本地——在西安就拼好；旅游目的地——在目的地拼团。

甲方（客人）签字的地方一共有 3 个，客人只需要签"王燕一行 3 人"。

乙方（我社）只需将签约时间写上即可。

行程单上面签字。

合同是国家旅游局标准合同范本，不是旅行社自拟的，旅行社用的合同都是一样的。国家旅游局标准合同范本不能修改。

行程安排表（我方的要客人签字，在行程表的第一天、第二天上写上日期），讲解费用包含的内容：

吃——几早几正，什么标准。

住——宾馆的"星级"是准还是挂，例如"准三"，指达到三星标准，但是没有挂牌，实话实说就是"比二星好点、比三星差点"。

行——往返交通。

游——经典的、著名的景点及自费可选景点。

购——导游提供一些帮助，但不可强制购物。

娱——不强制，自费可选项目。

保险——责任险15万元，意外险10万元（意外险医疗最高保额赔5000元）。

同时，旅行社工作人员要提醒客人，出去旅游的时候一定要把行程单带上，此外还要将收款收据（发票一般为行程结束后开，但因火车票、机票本身可以作为报销凭证，故不重复开发票）、出团通知（提前一天通知）、旅游包（帽）交于游客。

出行时，工作人员还需提醒游客：第一，带有效证件，坐飞机的游客必须要带身份证，对于初次坐飞机的游客，教他如何办理登机手续；第二，让游客关注天气预报、着装；第三，和顾客聊一些当地的景点、美食等情况，尽量给客人讲解当地旅游注意事项；第四，重复告知如有不满意之处，可拨打当地质量监督电话投诉，并认真填写意见单。

签完合同交过钱之后，工作人员以聊天的方式，提示游客目的地用餐、住房、购物点、导游服务的真实情况。如果是火车团，要提示游客注意火车票分票方式：一人，中铺；二人：上、下铺或两个中铺；三人：上、中、下铺，或3个中铺；四人：上、中、下铺，加一个中铺。最后告知客人意外险情况，当地报意外险。

4. 与地接社确认

挑选优质低价地接社，并与地接社搞好关系，要学会和地接社讲价。传真报名登记表，如有需要最好在电脑上给地接社发一份电子版的。等待地接社发确认信回来，核对行程、写上客人的特殊要求（例如住房、车票）。

5. 提前一天通知

通知的内容包括客人集合时间、集合地点、全陪电话、确认送机等。

6. 购买意外险

7. 回访

在客人旅游回程4～7天后，对客人进行回访："您好！我是某某旅行社的，您参加我们公司某某游，想问一下您对我们此次旅游安排还有什么意见和建议?"并将客人的意见记录到合同上。

8. 开发票

现在的发票是机打发票,需要客户提供详细的信息。

9. 整理客户资料

客户资料包括:(1)已发团;(2)电话咨询;(3)填写账本(手写版、电子版);(4)报表:每日收客数量(手写版、电子版);(5)填写Excel 表格。

10. 处理投诉

处理投诉总体要求是认真对待,态度要和蔼可亲,语气要温柔,不能放弃原则。初次回答一般用:"这个问题我会向公司领导反映,在最快的时间,给您满意的答复。"对于无理取闹的人,态度要好,摆出事实,坚持原则,绝对不允许和游客发生争吵,遇事及时上报公司。

11. 门市接待要求

(1)遵纪守法,敬业爱岗。

(2)熟悉业务。一个出色的旅行社前台人员,除了需要相应的文化水平、文字功夫和外语基础外,还必须具备下列专业知识:

① 熟悉旅行社的管理。

② 熟悉全包价、小报价、单项委托,散客、展览、会议等业务知识。

③ 掌握票务、行包和其他委托业务。

④ 熟悉航空、铁路、航运、酒店、餐厅、旅游车队,以及有关涉外单位的情况,特别是业务情况。

⑤ 具有财务、统计、外汇管理方面的知识。

⑥ 熟悉办公自动化。

⑦ 熟悉《旅行社管理条例》等行业法规,掌握经济合同法及有关海关、边检以及出入境法律法规。

(3)要有宾客至上的观念,有强烈的质量意识,有明确的市场观念,极具公关能力,极具协作精神等等。

总之,做旅游首先是做好人,然后要成为好的生意人,有了较强的交际能力和经商的敏锐性,再加上懂业务、成功的渴望和激情的投入,才能不断地超越自己,成为名副其实的旅游人。

(二)计调业务

1. 熟悉常用工具和业务手段

常用工具有以下几种。

（1）电话机：固定电话、移动电话、本地通电话等。计调电话最忌变换，如遇动迁，应千方百计保留原始号码。另外，熟悉话机功能，如呼叫转移、来电显示、电话录音、语音信箱等。

（2）传真机：普通传真机（热敏纸）即可，尽量不使用普通纸传真机；视业务量大小，最好设两台传真机（收发各一）。

（3）网络宽带、聊天软件等，有助于降低通信成本。

（4）地图：全国地图、分省地图、公路客运地图、网上地图等。

（5）时刻表：铁路、航空、公路、航运时刻表等。特别注意淡旺季、年度的新版时刻表。

（6）工具书：语言类、景点类等，景点手册。

（7）采购协议：按组接团社、房、餐、车、景点、购物等分类建档。

（8）各地报价（分类）：最好按区域列出目录，分类列置。

（9）常用（应急方式）电话：按组接团（经理、计调）、酒店（销售部、前台）、餐厅（经理、订餐）、车队（调度、驾驶员）、导游等分类开列，放置显眼处并随身携带。

常用业务手段有以下几种。

（1）旅游文书的拟写：询价单、报价单、确认单、更改单等。

（2）常规表单应用：地接及横向用决算单、团队费用小结单、团队费用报销单、结算单等；组团用制式组团合同、概算单、决算单、团队费用报销单、结算单等。

（3）常规统计：团队动态台账、团队核算台账、往来（应收应付）台账、营业额、毛利、人数、人天数、到款率等，单团核算。

（4）文书（卷宗）归档。

2. 常用旅游采购服务

（1）旅游采购服务是计调最基本的业务

旅游服务采购的成效，直接关系到旅行社经营活动的成败。旅游产品是旅游经营者为满足旅游者在旅游活动过程中的各种需要所提供的有偿服务。旅行社作为旅游经营者，通过旅游中间商向旅游者（或直接向旅游者）出售的综合包价旅游产品，大部分是由其他旅游服务企业或相关部门供应的。也就是说，旅行社通过向其他旅游服务企业或相关部门采购交通、食宿、游览、娱乐等单项服务产品，经过组合加工后再进行销售。旅行社是一种旅游中介组织，它并不直接经营旅游活动中的交通、食宿、游览、娱乐等服务项目，采购旅游服务也就成为旅行社经营活动的一个重要方面。旅游服务采购是旅行社通过合同或协议形式，以一定的价格，向其他旅游服务企业及相关部门定购产品的行为，以保证旅行社向旅游者提供所需的旅游产品。

（2）旅游采购服务的内容

旅游活动涉及食、宿、行、游、购、娱等方面，航空公司、铁路、轮船公司、酒店、餐厅、景点以及娱乐场所等也就成为旅行社的采购对象，对于组团社而言，还要采购接待社的产品。采购对象主要包括交通产品、餐饮产品、住宿产品等。

第一，交通服务的采购。旅游是一种异地活动，无论从常住地到旅游目的地、在目的地的暂时逗留，还是旅游活动期间各地之间的往返，交通都承担着运输旅游者的任务。交通不仅要解决旅游者往来不同旅游点间的空间问题，更重要的是解决其中的时间问题。因此，安全、舒适、便捷、经济是旅行社采购交通服务时需要考量的因素。常见的交通形式主要有飞机、火车、汽车和轮船。旅行社必须与包括航空公司、铁路部门、轮船公司、汽车公司在内的交通部门建立密切的合作关系。事实上，为寻找稳定的客源渠道，交通部门也非常倾向于同旅行社进行业务合作。旅行社要争取取得有关交通部门的代理资格，以便顺利采购到所需的交通服务（取得交通代理是目前国内许多旅行社获得利润的来源之一）。

采购航空服务。作为大众旅游时期远程旅行方式之一，航空服务的主要优点是安全、快速和舒适。一般而言，旅行社选择航空公司主要考量以下因素：机票折扣是否有竞争力；机位数量是否满足游客人数需求；工作配合度；付款方式；航班密度；各地联络网络方便与否等。旅行社采购航空服务，具体落实在飞机的订位上。计调部根据旅游接待预报计划，在规定的期限内向航空公司提出订位申请，如有变更，应及时通知有关方面。航空服务主要分为定期航班服务和包机服务两种。如遇客流量超过正常航班的运力，旅游团队无法按计划成行，则旅行社就要考虑包机运输。

采购铁路服务。火车具有价格便宜，沿途又可以饱览风光的特点，特别在包价产品中具有竞争力。近年来，我国铁路部门加大力度改善交通环境，使火车运输仍具优势。目前，国内多数旅游者仍选择火车作为首选出游交通工具。旅行社向铁路部门采购服务，主要是做好票务工作。采购铁路服务就是按照旅游接待计划订购火车票，确保团队顺利成行。出票率、保障率是衡量铁路服务采购的重要指标。

采购水路服务。鉴于我国的大陆形态，除去三峡、桂林等内河及少数海路，轮船不是外出旅游的主要交通工具。旅行社向轮船公司采购水路服务，关键是做好票务工作。如遇运力无法满足，或遇不可抗力因素无法实现计划，团队航次、船期、舱位等级因故变更等情况，应及时果断地采取应急措施。

采购公路服务。尽管汽车已成为人们普遍选择的出行工具，但一般认为，乘汽车旅游的距离不宜过长，最好控制在短距离：50公里（1小时）左右/景点间；长距离：300公里（不超过5小时）以内/天，否则客人会感觉疲劳。旅行社在采购汽车服务时应考虑车型、车况、司机驾驶技术、服务规范、准运资格等。通过考察，最终要选择管理严格、车型齐全、驾驶员素质好、服务优良、已取得准运资格，且善于配合，同时价格优惠的汽车公司，并与之签订协议书。

第二，住宿服务的采购。酒店是旅游业三大支柱之一，是旅游产品的重要组成部分，在一定程度上已成为衡量一个国家或地区旅游接待能力的重要标尺。酒店的种类：根据使用目的（主要功用），可划分为商务酒店、度假酒店、会议酒店、旅游酒店等等；根据酒店等级划分，有1～5星5个等级。计调部门应按接待计划提出的等级要求采购住宿服务，并在选择酒店时充分考虑以下因素：酒店保安、房况、酒店销售配合度、房价及结算等。

第三，餐饮服务的采购。餐饮属于旅游者基本的旅游活动之一，餐饮质量关联到旅游产品的质量。因此，计调部门在选择餐厅时，应着重考虑如下因素：餐厅卫生状况是否符合国标（GB－16153－1996）、地理位置、车位、洗手间、餐标、风味（特餐）、结算及配合度等等。

第四，参观及景点服务的采购。参观游览是旅游活动最基本最重要的内容，计调部门代表旅行社向可供游览参观的单位采购游览服务。此项采购的关键是就价格和支付方式达成协议。对于一些特殊的参观点，如工厂、民宅等，应征得同意，并力争取得支持与配合。

第五，娱乐服务的采购。娱乐是旅游活动六要素之一。旅行社采购娱乐服务时，就预订票以及演出内容、日期、演出时间、票价、支付方式等达成协议。

第六，购物商店服务的采购。旅游购物为非基本旅游需求，但是引导旅客购物，是接待社的主要任务之一。为使旅客购物方便、安全，计调部门应当慎重选择旅游购物商店，并与其建立相对稳定的合作关系。

第七，保险服务的采购。根据《旅行社管理条例》及相关法律，旅行社应该为旅客提供规定的保险服务。旅行社中由计调部门负责采购保险服务。

第八，异地接待服务的采购。旅行社向旅游者销售的旅游线路，通常有一至多个旅游目的地。采购异地接待服务的目的是使旅游计划如期如愿实现。应该说，旅游产品的质量在很大程度上取决于各地接待质量，尤其是各旅行社的接待质量。因此，选择高质量的接待旅行社，是采购到优质接待服务的关键。计调部门在采购时应考虑到：接待社的资质、实力、信誉；接待社的体制、管理；接待社的报价；接待社的作业质量；接待社的接待质量；接待社的结算（垫付）周期；接待社的合作意愿。

3. 签订和变更旅游服务采购的合同

首先，签订旅游服务采购合同。旅行社为购买各种旅游服务项目而与旅游企业或相关部门订立各种购买契约，这些契约通称为旅游采购服务合同。它是以一定价格向其他旅游企业及与旅游相关的其他行业和部门购买相关服务的行为，是一种预约性的批发交易，通过多次成交完成。这种采购的特点决定了旅行社同采购单位签订经济合同的重要性，以避免不必要的纠纷，以及妥善处理可能发生的各种纠纷。采购合同的基本内容包括：

（1）合同标的：指法律行为所要达到的目的。旅游采购合同的标的就是旅行社向旅游企业或相关部门购买的服务项目，如客房、餐饮服务，航空、陆路交通服务等等。

（2）数量和质量：指买卖双方商定的计划采购量（非确切购买量）；质量则由双方商定最低的质量要求。

（3）价格和付款办法：采购价格是合同中所要规定的重要内容。确定采购量和定价的关系，以及合同期内价格变动情况，还要规定结算方式及付款时间等。

（4）合同期限：指签订合同后开始和终止买卖行为的时间，一般一年一签，也可按淡旺季分列两个合同。

（5）违约责任：按照我国《经济合同法》规定，违约方要承担支付违约金和赔偿金的义务。

其次，变更后的采购。旅游采购计划极易受到相关因素以及突发事件的影响。这种影响直接对原先的采购构成威胁。出现变更后的作业变更，是计调部门工作能力的体现。当外联部或接待部告知变更时，计调部门应积极协助处理，并做出相应调整，如根据团队人数增减、交通问题、行程变动等情况，做出修改行程、取消原定计划并重新采购等决定。通常，计调部门在对原计划进行调整时，应遵循以下原则：计划调整的原则；变更最小原则，即将因计划变更所涉及的范围控制在最小限度，尽可能对原计划不做大的调整，尽量不引起其他因素的变故；宾客至上的原则。旅游计划是旅游活动的依据，旅行社同旅游者一旦形成约定关系，一般不要随意更改，尤其在行程进行中。对不可抗因素引起的变故，应充分考虑旅游者的意愿，并求得他们的谅解；同级变通原则，变故后的服务内容应与最初的安排在级别、档次上力求一致，尤其是用房。

变更后的采购常用处理方法。航班变故：考虑包机，但要注意控制成本。飞机改火车，尽量利用晚间，但距离不宜过长。铺位不足，则考虑加挂；加挂不行，则考虑利用汽车运输。房、餐出现问题：应选择就近同级房、餐。另外，采取加菜、送赠品等方式弥补因变故给客人带来的损失。

计调部门承上启下，连接内外，在旅行社中处于中枢位置。当计划变更和突发事件发生时，计调部门应立即拟出应急方案，并与旅行社的相关部门，如外联、接待以及交通、酒店、地接社等迅速构成协同通道，用以应对所有可能的突变。

4. 计调的信息业务

计调包括对外、对内两大业务，就对内提供业务信息而言，除向外联部提供旅游供应商及相关部门的服务信息，以便组合旅游产品外，主要是向旅行社决策部门提供有关旅游需求和旅游供应信息，而这又是通过做好统计工作实现的。决策离不开信息，旅游市场的动向、旅行社的实际运转情况等内容只有经过科学的综合分析处理，才能成为有价值的情报。统计工作是对经济活动数量方面的分析和管理，是达到认识经济现象的性质及其规律性的重要手段。旅行社计调部统计工作涉及客源的统计和各采购单位情况的统计。它并不是简单的收集、整理过程，更重要的是进行定量分析和定性分析。

信息业务主要包括客源统计和采购统计两大部分。

客源统计是计调统计工作的重要环节，其目的在于分析现状、找出问题，以便进一步确定目标市场的经营策略。客源统计通常以一个旅游年度或淡旺季时段为统计单位，统计内容包括：接待人数、人天数（Z、D 分列），反映旅行社综合接待能力；人均天数；反映产品性能并作为单位盈利的依据（人天均）；团均人数，该指标尤为重要，反映团队（特别是组团）的单位成本，人数越多则费用越低；国家和地区客源分布统计，用于发现主要客源市场，客源流向、流量，与组团中的市场导向有极大的相关性，同时作为采购服务的依据。

采购统计即采购单位情况统计，目的在于一是及时发现问题，提高采购质量；二是为争取最优惠价格提供依据。统计内容有：房、餐情况，根据使用情况决定续用或取消采购；接待社情况，根据接待质量、客人投诉等决定续用或更换。

5. 计调工作的要求

计调要会干、巧干、掌握方法、总结经验地干。要花最少的时间和精力干好工作。我们不提倡苦干、疲劳干，以及上班时间干不完、下班接着干的工作方法。

（1）牢记广告线路的近期价格，常用办事处电话；熟练使用电脑（Word、Excel），进行业务操作。

（2）责任心要强，咨询电话必须 24 小时保证有人接听，并耐心解答，做好记录。

（3）具备全盘拿下、独当一面、独立工作的能力；要把常见问题整理成书面文字，积累工作经验。

（4）熟读同行报价，掌握最新最快的信息，了解一些电子商务及好的计调工具（例如航空票务、计调网站等）。

（5）整理计调手册，并形成一个电子版文件。

（6）与地接社相处原则：应选择质优价良的合作社，在不影响质量的情况下，最大限度地增加团队利润。每次找人询价，要找本条线路"拿事"的人，一件事要一直咨询同一个人，不要和每个人都说，加大工作量。对合作方要礼貌、热情、友好，在价格和位置上取得优势。遇到原则问题要坚持。

地接社原则上首先要用总社指定的供应商，其次是经常合作的地接社。对于未合作过的地接社，可以合作，但前提是客人要去的线路，常合作的地接社没有，或价格比常合作的地接社便宜。

（7）与游客相处原则：真心诚意对待游客，要和游客搞好关系，要热情周到，有亲和力，跟游客成为好朋友。

（8）节约（电费、电话费、办公用品）。

（9）具备再学习能力（温故而知新、三人行必有我师、人外有人天外有天）。

（三）营销业务

1. 市场调查

旅游市场调查的步骤一：旅游市场调查企划阶段。

旅游企业市场调查的企划阶段是调查工作的准备和开始阶段。企划阶段是否充分周到，对后面的市场调查工作的开展和调查质量的影响很大。这一阶段的主要内容是确定调查目标、确定调查项目、选择调查方法、估算调查费用、编写调查建议书等。调查目标是调查所要达到的具体目的，包括旅游企业产品和服务问题、经营中出现的困难、市场竞争问题及未来发展方向等。为使调查目标明确具体，必须要考虑调查的目的、调查的内容、调查结果的用途及调查结果的阅读者等问题，从而为下一步调查工作的顺利进行奠定基础。在确定调查目标后，拟订调查方案和工作计划。调查方案是对某项调查本身的具体设计，主要包括调查的具体对象、调查的地区范围、调查资料收集和整理的方法等内容。调查工作计划是对某项调查的组织领导、人员配备和考核、完成时间、工作进度和费用预算等事先进行的安排，目的是使调查工作能够有计划地进行，以保证调查方案的实现。

旅游市场调查的步骤二：旅游市场调查的资料收集阶段。

拟订的调查企划建议书经企业主管审查批准后，调查工作就进入调查资料的收集实施阶段。这个阶段的主要任务是组织调查人员按照调查方案的要求和工作计划的安排，通过案头调查和实地调查系统地收集各种资料。一般而言，旅游企业市场调查所要收集的资料主要有直接资料和间接资料。直接资料是旅游企业市场调查者自己采用各种市场调查方式，如典型调查、重点调查、抽样调查；各种市场调查方法，如观察法、实验法、访问法等，对市场信息进行收集、整理、分析。直接收集的市场资料实用性强、可信度高，但取得直接资料需要较多的费用，有些资料又是旅游企业无法取得的。间接资料是指从别人组织的各种调查所收集和积累的资料中，摘取和整理出的旅游市场或与旅游市场有关的资料。报纸、年鉴等都是其重要来源。间接资料的主要特点是节约费用，可以充分利用别的组织提供的而自身企业无法获得的调查资料，但旅游企业需考证其真实性，且其适用性较直接资料低。

资料收集阶段是旅游企业进行市场调查的重要阶段，是调查能否取得成功的关键，也是花费财力和人力最多而且最容易产生差错的阶段。因此，要深入研究各种调查方法，科学地制作调查问卷。

旅游市场调查的步骤三：旅游市场调查的资料整理分析阶段。

旅游市场调查的资料整理分析阶段是调查全过程的最后一环，也是市场调查能否充分发挥作用的关键环节。它包括资料的整理、资料的分析和旅游市场调查报告的撰写。当取得大量的旅游市场调查资料之后，首先要对其进行审核订正、分类汇总，根据研究目的进行加工整理，然后进行分析，在确实弄清旅游市场活动和过程的基础上，研究其动向及其发展变化规律，探索解决问题的方法。

2. 旅游促销

旅游促销组合是指旅游企业有目的、有计划地将人员推销、广告、公共关系、营业推广等促销手段，进行灵活选择、有机组合和综合运用，形成整体的促销攻势。由于各种促销手段都有其不可避免的弊端，因此在整个促销过程中，旅游企业必须根据自己的营销目标和所处的营销环境，灵活地选择、搭配各种促销手段，制定旅游促销组合策略，以期提高促销的整体效果。

策略的制定应满足以下方面：确认目标受众，目标受众是指接受促销信息的人群。在制定促销组合策略时，首先应该考虑促销组合主要针对的人群，以便选择需要传递的信息，确定信息传递的方式以及信息量的大小，保证目标受众能及时、准确地收到信息，做出相应的购买决策。制定促销目标，促销目标包括通过促销要解决的问题以及预期的旅游者的反应。促销的实质是信息的沟通，但是旅游企业和旅游购买者的沟通过程并不总能顺利地进行，如派不懂业务的推销员进行推销会导致沟通的失败。因此，必须明确通过促销要解决的关键问题，才能选择合适的促销组合以达到最终的营销目标。促销要解决的问题归纳起来分为认识、感觉和行动三个方面。认识上的问题是指由于顾客对旅游产品不了解或接受了错误的信息而产生误解，使双方信息沟通失败，如对旅游产品的价格、名称等不了解，或者一些负面的报道影响了顾客对旅游产品的正确认识。旅游企业应通过合适的促销手段解决这些问题。感觉上的问题是指由于顾客对旅游产品的市场形象、价格等不感兴趣或不喜欢所引起的反感。同样的信息由于接受的人不一样，可能使顾客的判断不同，从而产生不同的感觉；同样的信息也会由于促销的方式不同，使顾客产生不同的感觉。如 300 元的标准间对于商务客人来说很正常，而对于工薪阶层的客人来说可能会感觉价格太高；企业为树立形象而发布一些公益广告，有的顾客认为企业关注公众事业，值得肯定，也可能有的顾客会认为企业是哗众取宠。因此，在进行促销时，应关注不同客人的感觉，尽量使产品的市场形象、价格等方面的信息客观、真实。行动上的问题是指顾客对旅游产品已经了解，也不反感，但却没有采取任何购买行为。由于造成不购买行为的因素很多，因此在解决此类问题时，旅行社应该首先分析原因，再根据不同的原因采取不同的促销策略。确定促销预算，要达到最佳的促销目标需要进行促销预算。

促销由于方式多、运作复杂，较难做出准确的预算，一般采取量入为出法、竞争对抗法和目标达成法。量入为出法主要是旅游企业根据特定时期内的收入进行促销预算，一般根据销售额或者利润的百分比来确定。这种方法能够保证促销资金到位，但是在资金的运用上缺乏针对性，如在资金较少时造成促销效果不好，资金充裕时造成资源浪费等状况。竞争对抗法主要是参照竞争者的促销费用来决定自己的促销预算。这种方法运用起来很简单，但是没有考虑本企业的具体情况，具有很大的盲目性，而且也很难判断竞争者的预算是否科学、合理。目标达成法是根据旅游企业具体的促销目标和促销方式来确定所需的预算。这种方法效果最好，但是制定难度较大。

选择促销组合。促销的方式很多，在具体选择促销组合时，应对各种促销方式进行分析，选择最有效的促销方式。

（1）旅游广告

广告是一种高度大众化的信息传播方式。其优点是：辐射面广，信息传递速度快；可多次重复宣传，提高产品的知名度；形式多样，艺术表现力强，可树立旅游产品的整体形象。缺点是：信息停留时间短，说服力较弱；传递信息量有限，购买行为具有滞后性；某些广告媒体成本高。因此，广告策略主要适用于一般消费者。

（2）公共关系

公共关系的主要目的是和公众建立良好的关系。其优点是：借助第三者传递信息，可信度较高，容易赢得公众信任；信息传递方式多样，影响力大，有利于树立旅游企业形象。缺点是：着重于与公众建立良好的关系，所以不能直接达到销售效果；活动设计有难度，组织工作量较大。公共关系策略主要适用于一般公众。

（3）人员推销

人员推销是最直接的促销方式。其优点是：能与顾客面对面，有利于沟通；针对性强，可直接促成交易；易培养与顾客的感情，建立长期稳定的联系。缺点是：覆盖面小，传播效率低，平均销售成本较高；对推销人员的要求较高，需要经过专业培训。人员推销策略主要适用于目标市场和旅游中间商。

（4）销售促进

销售促进是一种短期内刺激销售的促销方式。其优点是：对顾客的吸引力大，刺激性强，迅速激发顾客需求，能在短期内改变顾客的购买习惯。缺点是：注重短期销售利益；使用不当可能导致顾客的不信任。销售促进策略主要适用于现实及潜在的旅游者。

最后是评估和控制促销活动。促销活动策划经具体实施调整，是否实现预设目标，要通过科学、客观地评估予以确定。促销活动策划实施结果评估的目的：确定取得的成果；确定取得的进展；避免日后的失误；以利日后的促销活动策划；积累总结促销实践经验。促销活动策划实施结果评估的内容包括以下几个方面。传播媒介报道情况：与策划实施相关的报道出现的频度、占据版面、反映的观点、媒介的态度等；言论：有关人士发表的言论和演说的频度、收听对象的构成、言论发表者情况等；受众人数：哪些人、在哪个层面、接受相关信息的频度；反应：信函、电话、问询等；结果分析：公众对产品、服务、品牌的知晓情况、程度，他们是否仍记得促销活动的内容与问题，产生的消费、预约等；态度分析：目标公众对企业实施促销活动策划前后的态度变化。

3. 要求

（1）要有吃苦耐劳的精神和锲而不舍的毅力。

（2）应具备高尚的人品。因为你代表的是公司，只有让客户认可你之后，才能认可你的公司。

（3）要有细致扎实的工作作风和敏锐的市场观察力。也就是说，对每一个客户或者某一地区的营销，要做好每一个客户或地区的基础工作，才能经营好客户和市场。

（4）要用好大脑、眼睛和嘴巴。要观察客户的需求，思考客户想要的，说服客户接受我们的产品。

（5）要有丰富的专业知识、法律法规知识和人文知识。要做到遇到疑难问题能自己通过法律或各种方式解决。

（6）要有较强的团队精神。一个旅行社无论是新市场的开发，还是旧市场的渗透，都不是一个人能做到的事情。要做到了解同事的优点或长处，与之配合，把事情用最快、最优的方法处理好。

（四）导游业务

1. 地方陪同导游人员服务流程

地方陪同导游人员（简称地陪）是指受接待旅行社委派、代表接待社实施接待计划的人员。地陪服务程序是指地方陪同导游人员从接受旅行社下达的旅游团接待任务起，到旅游团离开本地并做完善后工作为止的工作程序，包括如下几个方面。

（1）服务准备

熟悉接待计划。地陪在接团前必须详细、认真阅读和熟悉接待计划，因为接待计划是组团社委托地方接待社组织和落实旅游团活动的契约性文件，是地方陪同导游人员了解该旅游团基本情况和安排活动日程的主要依据。落实接待事宜。地陪在旅游团抵达的前一天，应与相关部门和人员一起落实和检查该旅游团在当地的交通、食宿和行李运输等方面的事宜；做好物质准备，包括接站牌、导游旗、转账单、现金、导游证、胸卡、名片、记事本等等；语言和知识准备；造型准备；心理准备。在接团前，导游人员要做好两个方面的心理准备：一是在接团过程中可能遇到问题和发生事故，因而要有面临艰苦复杂工作的心理准备；二是要有承受某些游客挑剔、报怨、指责和投诉的心理准备。

（2）迎接服务

迎接服务在地陪整个接待服务工作中至关重要，其好坏直接影响到以后接待工作的质量。因此，为保证迎接服务工作的顺利，地陪应在旅游团抵达前做好迎接的各项准备工作。

接到旅游团后，要做的工作有：简短自我介绍，并向游客表示欢迎；核实实到人数，如与计划不符应及时报告接待社有关部门；与领队、全陪一起集中清点旅游团行李，核实无误后移交行李员并办好交接手续；提醒游客检查和带好随身物品，然后引导游客上车，并礼貌地清点人数；由交通港至旅游团下榻餐厅途中，地陪应代表所在接待旅行社向旅游团全体游客致欢迎辞；若存在时差，帮游客调整好时间；进行首次沿途导游；抵达餐馆时，在下车前告诉游客集合的时间、地点和旅游车的车号。地陪致欢迎辞的内容应视旅游团的性质，游客的文化水平、职业、年龄等具体情况而定，要注意用词恰当，给客人以亲切、热情、可信之感。欢迎辞一般包括：代表接待社及司机欢迎客人光临本地；介绍本人的姓名和所属单位；介绍司机；表示提供服务的诚挚愿望；预祝旅游愉快顺利。

（3）沿途导游

地陪进行首次沿途导游是展示其知识、技能的大好机会，是向游客树立良好造型的重要环节。因此，地陪应认真做好首次沿途导游工作，其中主要内容包括：飞机场情况、下榻宾馆的名称和到达所需时间；适当的玩笑拉近与客人的距离；沿途风光导游，适当与外国、外省做对比；当地的概况和风情的介绍，包括天气、货币、语言、交通、城市等等；下榻酒店的基本情况，未来几天的大致行程。

（4）抵达酒店后的主要工作

协助酒店和领队填好旅客住房登记表；发放酒店住房卡和钥匙并告知电梯方位；介绍酒店的主要设施，如餐厅、酒吧、商场、娱乐设施和医务室等；验收托运行李；与领队和全陪安排好当日和次日的活动行程；照顾老弱病残孕幼等客人进房休息；在客人抵店后用第一顿餐时，一定要亲自带领前往并妥善安排好再离去；询问旅客是否有联程客票，如有，应协助客人办理确认手续；落实赴下一站的交通方式；确认叫早时间。

（5）带领客人购物时应注意问题

根据客人要求，合理安排好客人去定点商店购物的时间，对少数有特殊要求的客人，须告知其征得领队同意后才可自行前往。带团去定点商店购物，要讲清购物时间、注意事项及上车时间、地点。客人购物时，地陪可介绍选购，在服务人员不懂外语时，要协助做好翻译工作。如遇小贩强拉强卖，则有责任提醒旅客不要上当受骗。如果商店不按质论价、出售伪劣商品、不提供标准服务，要向商店经理直接反映，维护游客的利益。

（6）接待旅游团期间应提供的安全服务

地陪应随时提醒旅游者注意安全。在登山爬高时，应陪同年老多病者、行动不便者一同前往并提醒客人量力而行。在交通拥挤、道路狭窄的路段，要提醒司机放慢车速，以防紧急刹车造成误伤。随时提醒客人保管好自己的钱物不要乱放。一旦发现财物被窃或丢失情况应及时向有关部门报告并迅速查找。如遇旅游者被坏人伤害或抢劫、旅游者人身安全受到危害时，应挺身而出保护客人并就近向公安部门报告、求援。随时注意不要让和本团无关的人随团活动，一旦发生意外事故，应保护现场及时向有关部门报告。在遇突发事故时，应沉着镇定按程序妥善处理。

（7）在客人离开本地的前一天应做的工作

地陪应提醒旅游者整理好自己的物品，付清住店期间的电话、洗衣、饮料等费用；通知领队和全陪离开当地的时间、交行李时间、用餐时间、出发和集合的地点，并将上述内容告之酒店；领取或确认交通票据；通知饭店总机安排叫早时间；如有旅行社负责人送行，要认真做好欢送的具体组织工作。

（8）在客人离开本地的当天应做的工作

在交行李期间，地陪应与全陪、领队一起核对行李件数，检查其是否符合托运标准，同时和行李员、酒店行李部共同办好交接手续，在行李卡上填好团名、日期、航班（车次）时间、目的地、件数；在开车出发前，提醒旅游者不要遗忘自己的物品，并留下房间的钥匙；将客人的各项证件、护照和机票（火车票）及时归还领队或客人；客人上车后清点人数，一旦发现个别客人不能按规定时间随团去机场、车站、码头，请领队或全陪陪同客人一起乘出租车前往。送国内航班应提前一小时抵达机场；送国际航班应提前两小时抵达机场。送火车站应提前半小时抵达火车站。不要忘了将行李托运单交给领队或全陪、旅游者。发现航班有可能因故推迟，地陪应主动关心，必要时暂留下配合领队、全陪处理有关事宜，并将情况报告部门经理。

（9）在接待任务完成后地陪应做的善后工作

回到公司后，地陪应在3天内填好拨款结算通知单和接待报销单，并将之与接待计划、餐饮票据、门票存根等有关票据一并交部门经理；由主管领导审阅后，到财务部门报账；如全陪返程交通票未落实，应协助解决；接待重点团、专业团或大团后，应当认真做好总结，写出调研报告或简报，办理旅游者临行前托办的事宜，必要时请示领导后再办理；发现旅游者有物品遗忘在饭店，应及时报告本部门内勤，由内勤与下一站联系，将物品尽快送还客人；旅游者赠送的礼品按有关规定办理，不得自行处理。

2. 全陪陪同导游人员

（1）发团前准备工作

检查出团单（核实游客领队、地接导游、送机接机司机的姓名和电话，充分理解行程，了解目的地的概况和景点情况）、机票（核对航班时间、机场、游客姓名）、旅游包（帽）、导游旗、导游证、自己的身份证件；与领队联系（核实时间及地点，对天气、路况及乘机时间做充分估计，以免误机），并叮嘱游客务必携带有效身份证件（儿童带有照片的户籍证明或户口本）；通知送机司机（核实车型大小、出发时间和地点），并叮嘱其准时到达；针对团队出发直至地陪接团这一段行程做充分准备（准时接团、车上讲解、登机手续办理、注意事项等情况）。

（2）出团当日的处理步骤

使用闹钟，绝对不能迟到，尽量在约定时间之前赶到约定地点等候游客，所有必备物品绝对不能遗忘；游客上车、核对人数后，进行车上讲解（切记微笑服务）；致辞（简短）、公司介绍、个人介绍；检查游客的身份证件，并顺便将身份证收齐，核对姓名及身份证有效期；告诉游客作为全陪导游的职责与任务；行程内每天旅程的分解介绍（景点尽可能简单介绍，可以设置一些疑问，使游客提起游兴）；旅游目的地在旅游六要素（吃、住、行、游、购、娱）的具体体现；为游客介绍当地的风貌，比如餐饮特色、酒店状况、入住注意事项、行车安全等；行程中其他常见的、必须引起注意的事项（如景区安全、出入安全、卫生等）。

机场登机手续及相关的注意事项（如禁带物品、托运行李、安全检查、登机口、登机牌、机上注意事项等）；到机场后办理相关手续，替游客办理托运（既好又快）；将机票、身份证、登机牌交给游客，然后一起过安检，至登机口休息；将机票收回，登机时招呼游客登机，所有游客登机后自己再登机；到达目的地机场后，查点人数，带领游客取回托运行李，在接客厅内尽快与当地导游接洽。

（3）游览过程中的全陪服务

照顾游客旅途中的食、住、行、游、购各方面，解决旅途中遇到的麻烦；与地陪互相合作，提供优质服务，务必使游客轻松旅游，心情舒畅，并尽最大努力，发挥监督职责，维护旅行社及游客的切身利益；与地陪多沟通、多交流，使每天的行程了然于胸，遇到问题及时解决；及时了解领队和游客们的意愿，并协助地陪满足游客正当的愿望，满足不了的，要及时向游客说明原因，并请游客谅解；严格执行行程安排，监督地陪和地接社，按照双方确认的各项标准及质量要求认真操作，保障游客权益；与行程不相符时，要及时干预，并征询游客与地陪的意见；如果游客提出加点或与行程不符的要求，必要时可以请游客代表另外签字证明。

（4）返程时的工作

提前与接机司机联系，提醒对方接机时间和地点；按照确认的传真件及行程单，将团款数目与地陪核实，双方签字；最后一天如有行程安排，务必提醒地陪掌握送机时间；协助游客办理机场手续、托运行李、登机（与出发时相似）；安全返回，与接机司机一起为游客提供最后一段的服务；致欢送辞，请领队填写意见反馈单，送游客就近下车，并按规定向公司领导做简要汇报；回公司后尽快结清账款，书写带团小结。

3. 要求

不得迟到早退；不得擅自离开；不得有欺骗行为；导游时应佩戴胸牌，可适当做些手势但动作不可过大；不要用手指点人数；回答问题要耐心，说话留有余地；导游时应面对客人，话筒的音量和距离要适当；导游时不要吸烟，社交场合也应禁烟；在参观、导游过程中，不可离开团队单独活动。

三、传统旅行社实习常见问题及分析

（一）导游业务不熟练

【案例 4-2】

全陪不会补办护照

李先生带领一个全部由新加坡华侨组成的旅行团在大陆已经旅游了两周，即将结束旅程，从上海乘机返回新加坡。突然，客人王女士告诉李先生，她的护照找不到了。王女士很紧张，担心没有护照不能按计划离境回新加坡。李先生对王女士进行安慰后，请她再回忆一下最后见到护照是何时。李先生告诉王女士，如果真的找不到护照的话，他会帮王女士补办一本新护照。王女士最后还是没有找到护照，只能请求李先生帮忙。李先生告诉她，应先由上海的地接社出具一份护照遗失证明，王女士持证明去上海市公安局出入境管理处报失，再由上海市公安局出具一份遗失证明。王女士持公安局出具的证明，并携带本人照片去新加坡驻上海领事馆申办新护照。领到新护照后，王女士还要再到上海市公安局出入境管理处办理签证手续。这样，王女士就可以顺利离境回新加坡了。王女士按照李先生所说内容开始办理新护照，可是她并没有成功。

处理方法：

若华侨丢失护照和签证，其重新申领程序如下：

（1）导游人员帮助失主去当地接待社开具护照遗失证明。

（2）失主持旅行社出具的证明，并携带本人照片到省、直辖市、自治区公安局（厅）或授权的公安机关报失，并申领新护照。

（3）领到新护照后，失主再去其侨居国驻华使领馆办理入境签证手续。

（4）所有费用由客人自理。

案例解析：

华侨是指旅居国外的中国人。王女士是以华侨身份来中国内地旅游的，虽然她长期居住在新加坡，可是她的身份还是中国人。所以，她丢失护照后，重新申领的程序与普通中国人所需的程序是一样的。李先生错把居住在新加坡的华侨当作新加坡人，也就是说把华侨当作外国人。所以，李先生让王女士按照外国人申领护照的程序去补办护照，显然是行不通的。港澳台同胞、华侨及外国旅游者不幸丢失旅游证件，其补办的手续都是不一样的。

【案例 4 - 3】

导游被投诉了

　　导游金先生带领一个境外旅行团在中国内地旅游了三周。一路上，金先生对客人热情友好、服务周到，所有的旅游者对金先生非常满意。美中不足的是在旅途中由于天气原因经常出现航班延误，客人经常长时间在机场等候，浪费了客人许多宝贵的时间，有些旅游景点的参观不得不临时取消。旅游团在离开我国之前，有一位客人向金先生进行了口头投诉，他认为组团社的旅游行程安排不妥，主要是乘坐的交通工具（飞机）不能准时起飞，浪费了大家的时间，影响了正常的参观游览。这位客人希望中方旅行社重视这个问题，给所有的旅游者一些物质补偿。没等那个客人讲完，金先生就回答道，作为全陪，他的心情和客人是一样的，谁都不愿意航班延误。天气原因导致航班延误属于不可抗力，旅行社只是作为一个中介机构，对此无能为力。客人很生气，回国后就通过当地旅行社转来了一封投诉信。

　　处理方法：

　　旅游者的投诉是难免的，投诉涉及面较广，情况也较为复杂，原因也是多方面的。对于旅游者的口头投诉，导游人员处理问题的具体步骤为：

　　（1）表示重视，认真沟通；

　　（2）认真耐心地倾听投诉的陈述；

　　（3）核查、分析旅游者投诉的原因；

　　（4）拿出解决问题的最佳方案；

　　（5）对旅游者做好说服、调解工作，以免事态扩大；

　　（6）继续做好对旅游者的服务工作。

　　案例解析：

　　旅游者以书面或口头形式向旅游管理部门、旅行社或导游人员本人提出投诉，属于其合法权利。在许多情况下，旅游者往往会直接向导游人员进行投诉。导游人员应该正确掌握处理投诉的步骤。如果投诉牵涉导游本身，导游要认真对待，冷静理智地思考问题出在哪里，然后正确处理。不管旅游者的投诉正确与否，导游都应该持认真的态度，那种无所谓以及与客人争吵的态度都是不可取的。当旅游者投诉的内容并不涉及导游工作的本身，而是出在其他相关旅游产品的供给部门时，导游人员不要认为这些部门与己无关，马上一推了之，或者与旅游者一起抱怨。导游人员应该认识到相关旅游部门提供的旅游产品也是自己旅行社产品的组成部分。在本案例中，金先生应该认真虚心地倾听客人的投诉，对客人表示同情和安抚，并说明愿意把客人的意见转告给自己的旅行社，最后，还要感谢客人提出的投诉。

（二）反应不够灵活

【案例 4-4】

计调和销售不会变通

2015 年 12 月 19 日，金门一日游独立成团的 13 位客人早晨 8：30 到达金门，下午 16：20 离开。在这短短的几个小时内要逛金门 4 个景点＋3 个购物点，整个行程很赶。客人反映团餐不好吃，要求能有时间品尝当地特色小吃。由于时间问题，旅行社没有满足客人的要求。回程的时候，客人反映满意度不是很高。

处理方法：

（1）全陪要和团队里的负责人沟通。

（2）回来的时候向计调反馈问题，金门一日游的景点排 3 个标志性的景点就差不多了，行程不要排得太满，不要给人一种到了景点只是拍拍照的感觉。

（3）在销售旅游线路的时候，特别是独立成团的游客，他们的线路本身就是比较灵活的，可以根据客人的喜好尽量安排，提高顾客的满意度和回头率。

案例解析：

（1）由于计调没有合理地删减景点，一天时间安排金门的 4 个景点＋3 个购物店，行程排得太满导致行程很赶。

（2）旅行社销售人员没有跟客人进行良好的沟通，没有充分了解客人的想法，导致午餐安排上不合理，一般对于独立成团的小团队，可以建议他们午餐自理，自行品尝当地的美食。这样操作起来比较方便，游客的满意度也会更高。

【案例 4 - 5】

旅游者要求参加计划外娱乐项目

某旅游团上午乘火车到达 G 市，按原计划安排，上午参观旅游景点，下午自由活动，晚上再组织大家观看演出。地陪老田把客人从火车站接到饭店后，部分客人从饭店的广告中得知，当地正在举行少数民族节庆活动，当晚还有篝火晚会等丰富多彩的文艺节目。于是，客人向老田提出，他们希望晚上去观赏少数民族节庆活动，愿意放弃观看晚上的文艺演出。客人问老田能否派车接送他们，老田希望全体客人一起去观看文艺演出，因为演出票早已订好。老田还说部分客人要去观赏少数民族节庆活动并不在计划之中，如果要去，交通工具请客人自行解决。

处理方法：

如果旅游团中部分游客不愿意观看计划内的文艺演出，而要求去看其他文艺演出，导游人员应该首先对其进行劝导，告诉其演出票已订好，必要时请领队或全陪出面协助解决。如果部分客人坚持观看另外的表演，导游人员应该给予协助，并告诉他们原来所定的演出票票款不退，且观看计划外演出的费用自理。如果两处演出地点同路，导游人员在与司机商量后，可先后将两部分游客送到演出地点；如果两处演出地点相距很远，导游人员可以为观看计划外演出的游客另行安排车辆，费用由客人自理。此外，导游人员还要对那些观看计划外文艺节目的客人做好提醒工作。如果有必要的话，导游人员应该请全陪或领队陪同部分客人去观看计划外的节目。

案例解析：

本案例中，部分旅游者愿意放弃计划中的节目而去观看其他感兴趣的节目，其理由正当又不影响全团的活动，属于既合理又能办到的个别要求，导游人员应该努力满足他们的要求。本案例中，导游人员因为部分旅游者所要求的活动不在计划内，就不愿意继续提供服务，是不应该的。如果部分旅游者的要求影响了全体成员的正常活动，或者对其本身会造成某种不利或危险，导游人员就应该对其讲清道理并加以阻止。

【案例 4 - 6】

旅游者的委托该不该接受

地陪小陈带领一个欧洲旅游团参观了某牙雕工艺厂。在返回饭店的途中，客人马丁对小陈说，刚才在牙雕工艺厂看到一件工艺品他很喜欢，想买下送给他太太作为生日礼物，因为当时考虑价格太贵没有买下，现在想想还是要买。他问小陈能否回到饭店后与他一起乘出租车再去趟牙雕工艺厂。小陈认为，回到饭店后再去牙雕工艺厂可能厂里已经下班了，不如现在马上就去，说完就让司机调转车头赶回牙雕工艺厂。在牙雕工艺厂里，马丁以600欧元买下了那件工艺品。可是，当售货员为其包装时，马丁发现那件作品有点瑕疵，决定还是不买了。后来，马丁委托小陈以后有机会为他购买同样款式的牙雕作品一件，并留下900欧元作为购买和邮寄的费用。小陈马上答应了马丁的要求。一周后，小陈在牙雕工艺厂买到了同样款式的作品并通过邮局寄给了马丁。小陈还把购物发票及邮寄收据和余款一起寄给了马丁。

处理方法：

首先，小陈在返回饭店途中应该让领队或全陪继续乘车回饭店，自己与客人马丁乘出租车返回牙雕工艺厂，出租车费用由客人负担。当客人马丁提出请其代购和邮寄牙雕作品时，小陈应该婉拒。如果实在推脱不掉，小陈应该请示旅行社领导，并在领导安排下认真办理委托事宜。事后，小陈还应该把购物发票及邮寄收据复印件保留在旅行社。

案例解析：

在本案例中，导游人员服务心切，只要客人有要求就马上满足。可是，他忘记了旅游服务中为大家服务的原则。小陈不能因为一个人的要求而让全体客人都乘车再一次前往牙雕工艺厂，至少应该问一下其他客人是否同意。此外，当客人请求小陈代为购买东西时，他应该请示旅行社的领导再做决定，至少应该考虑再三，不宜马上答应。事后，小陈没有向旅行社领导汇报情况。事情办完后，小陈还应该把购物发票及邮寄收据复印件保留在旅行社，以备事后查对。

【案例 4 - 7】

朋友可以随团活动吗？

用完早餐后，地陪小胡带领旅行团准备登车外出游览。一位客人过来与小胡商量，说在当地他有两个朋友，能否让他的朋友今天一起随团活动。小胡怕影响全团的活动就没有答应。那位客人解释说，他与那两位已有好多年没有见面了，昨晚才与他们联系上，现在他的朋友已来到了宾馆，最好能同意让其随团参观游览，所发生的一切费用由他承担。小胡还是没有答应。那个客人很生气，认为小胡不通人情，不为客人着想。最后，客人只好暂时离开团队与他的朋友单独活动。几天后，旅行社收到了一封对小胡的投诉信，经理对此事件进行了调查后，就批评了小胡。小胡感到很委屈，认为自己是为了全团的利益考虑，才拒绝客人的朋友随团活动的。

处理方法：

有的旅游者到某地后，希望亲友随团活动甚至到外地去旅行游览。当旅游者向导游人员提出此类要求时，导游人员应先征得旅游团领队和其他成员的同意，再与旅行社的有关部门联系。如旅游者的亲友被同意随团活动的话，一般应请其先到旅行社办理入团手续（出示有效证件、填写表格、交纳费用等）。若是外国的外交官希望随团活动，导游人员应请示旅行社，严格按照我国政府的有关规定办理。如果旅游者亲友的身份是记者，导游人员应请示有关部门，获得批准后才能办理入团手续。

案例解析：

旅游者的亲戚、朋友、熟人希望与旅游者一起随团活动，这是人之常情，这样的事情也时有发生。导游人员应该按"宾客至上、服务至上""尽可能满足游客需求"的原则进行处理。无论客人以何种身份随团活动，在办理手续和缴纳费用后，都应当与其他旅游者享受同等待遇，导游人员应给予其同等的热情服务。对某些有身份的客人，导游人员应在礼仪上多加注意，以示尊敬。当客观条件不允许旅游者的亲戚、朋友、熟人随团活动时（如座位不够、客人的身份不明、有关部门不同意或其他客人不同意），导游人员应该耐心向客人解释，求得客人的理解。在本案例中，导游小胡应该尽量满足客人的要求。

（三）工作经验不足导致漏洞

【案例 4-8】

景区内小孩走失

2016 年元旦，来晋江五店市传统街区游玩的人非常多，景区的客流量剧增。许多家长带着小孩子出来玩，出现了小孩子走失的现象。

处理方法：

首先，家人马上寻找，并及时和景区有关工作人员联系并说明情况，请求必要的帮助。其次，让景区的播音员立即通报走失小孩的有关信息，让游客帮忙留意，若有发现请及时联系小孩子的家长。最后，让家长提供小孩子照片及一些相关资料，用于打印照片张贴在景区内，引起游客的关注。

案例解析：

由于是节假日，景区的客流量大，家长没有随时关注小孩子的动向，而小孩子缺乏安全意识，导致走失。

【案例 4 - 9】

接团途中遇到交通事故

导游小章提前两个小时从市里出发前往机场接团，在离机场还有两公里的地方不幸遇到了交通事故，旅游车被堵在路上。等交通管理部门疏导现场后，小章驱车赶到机场时，已经迟到了半个小时，客人们早已拿着行李在停车场上集合等他了。小章一边帮客人安放行李，一边赶紧请客人上车。在车上，小章再次向客人解释自己迟到的原因并表示歉意。可是，部分客人仍然情绪激动，有人还讲了几句难听的话。到达客人所下榻的饭店后，小章熟练地分好房间并查看了客人的进房情况。晚餐时，小章等在餐厅门口，热情地欢迎大家用餐，并把大家引到餐桌边。小章仔细地向客人们介绍每一道菜肴，还耐心地向大家打听团队中有无素食者，有无特殊要求或饮食禁忌。经旅行社领导的同意，小章还给每桌加了两道菜。

客人们被小章的工作热情所感动，对她的态度也开始变好了。前面讲过难听的话的人还就自己刚才的行为向小章表示歉意。

处理方法：

发生漏接事故后，导游人员应该做到：

（1）不管何种原因导致漏接，导游人员面对旅游者时，应首先表示歉意。

（2）等旅游者情绪平静后，实事求是地向旅游者说明情况，并再次向旅游者表示歉意。

（3）尽快让旅游者登上旅游车，离开机场（码头、车站）。

（4）为旅游者提供热情周到的服务以取得旅游者的谅解，努力把旅游缺陷和客人的抱怨降到最低程度。

（5）在旅行社领导同意后，酌情给旅游者一定的物质补偿。

案例解析：

出现漏接事故后，旅游者有些抱怨和意见都是正常的。但作为导游人员来说，不管漏接原因在哪，都要正确对待。本案例中，漏接事故并不是由导游人员的主观原因引起的，但是导游人员并没有因为客人的误解而降低服务标准，反而站在客人的角度去理解他们的心情。小章通过自己热情周到的服务最终改变了客人的印象。

【案例 4 - 10】

计调的疏漏

2016 年 3 月 19 日—3 月 20 日金门两日游散拼团，这周收到了 35 个金门客人。由于计调事先没有和地接社落实好酒店的数量，在出发前三天得知酒店房间数量不够，只能安排客人住民宿。

处理方法：

（1）计调马上跟金门地接社沟通，再次与同等级的酒店确认，落实一下是否能清得出床位，如果清不出床位，只能安排比较好的民宿。

（2）马上和客人取得联系，将实际情况告知，表示深刻歉意，并且告诉客人会尽快解决问题，实在不行，旅行社会安排金门比较好的民宿补偿客人。

（3）客人返程的时候打电话回访，询问住宿的情况。

案例解析：

此案例中计调员一时疏忽，和金门地接社没有交接好，导致酒店房的数量不够。

（四）特殊情况不会处理

【案例 4 - 11】

遇到换房和退团客人

2016 年 3 月 20 日—2016 年 3 月 24 日，某旅游团横店—杭州汽车 5 日游。第二天晚上入住杭州某酒店的时候，有一位客人因不满意房间的浴室，要求换房。在第四天的时候，有 3 位客人要临时退团。

处理方法：

（1）全陪要先跟客人沟通，如果客人坚持要换房，全陪要跟地接反映，让地接和酒店协商，在有房型的情况下，同意客人换房。在没有房型的情况下，客人要另外开一间房间也是可以的，不过要和客人说明另开的一间房要补差价，并且由客人承担。

（2）全陪要和离团的客人沟通，说明他们因为自己的原因自愿离团的情况下，旅游综合服务费用和剩余部分未使用的团费是不予退还的，并且要签署一份自愿离团的说明，表明在离团期间个人的安全问题与旅行社无关，还要让同行的负责人知晓此事，并且签名。

（3）全陪要把此事汇报给旅行社有关领队，以便安排其他事项。

（4）协助游客办理离团手续，回程所需的费用由游客自理。

案例解析：

（1）全陪要跟客人说明会尽量和酒店协商，在有房的情况会尽量满足。

（2）至于临时退团的客人要和他们讲明情况，并且签退团说明。

【案例 4 - 12】

住宿中遇到拼房问题

2016 年 2 月 1 日，一对夫妻前往普陀山，因为团队中出现单男单女，导游将这对夫妻拆开跟他们拼房，客人不同意，要如何处理？

处理方法：

（1）首先跟客人道歉，承认失误的过错。

（2）由报名的营业部负责人出面，安抚夫妻的情绪。

（3）在有房的情况下，不安排拼房。

（4）在没有房的情况下，与夫妻商量，尽量安排拼房。

（5）在接下来的旅游过程中，给予一定的物质补偿。

案例解析：

地接社没跟导游接洽清楚，导致拼房纠纷。

【案例 4 - 13】

景区的安全事故谁负责

景区的设施设备是旅游景区进行旅游活动接待的基本条件。由于某市旅游景区的步行街道是用大石头修建的，所以路面不平，坑坑洼洼，再加上下雨天旅游景区为游客提供休憩避雨的空间较少，因此在下雨天时，有的游客为了躲雨盲目地跑，没有注意脚下的路面情况，从而不小心摔跤。有的游客则因为景区步道护栏不牢、阶梯梯坎不规则而不小心踩空发生安全事故。

处理方法：

首先，旅游景区应该派人重新修理景区的步行街道，填补不足之处，及时处理路面损坏的问题。其次，尽可能地增加可以为游客提供休憩避雨的场所。最后，对景区的设施设备要定期检查，如有损坏应及时修理，防止安全事故的发生。

案例解析：

景区配置设施设备时，要以游客的安全作为出发点，多为游客着想。由于下雨天大部分游客都会寻找避雨的地方，而景区提供避雨的地方较少，且集中在一处，游客为了节省时间用小跑，没注意到路面的不平，导致摔跤、踩空等安全事故。

第二节　在线旅行社顶岗实习

一、在线旅行社业务概况

在线旅行社（Online Tourism Agency）的出现，打破了传统旅行社包价旅行的模式。从最初的"机＋酒"的运作模式，到涵盖了旅行要素预定、个性化产品设计、商旅服务、度假旅游、旅游在线社区等综合服务的模式，在线旅行社业用了不足 20 年的时间使中国的旅游业发生了翻天覆地的变化。

在线旅行社更适应当前的散客旅游时代。网络时代成长起来的年轻一代，更喜欢在互联网上搜寻预定旅游信息、确定旅游线路并发表旅游评论。中国旅游业自进入市场化发展以来，经过 30 余年的摸索，已经进入了以散客旅游和自助旅游为表征的大众旅游时期。随着中国旅游业的快速发展，在线旅行服务市场成为其中最具活力、增长最快的领域。1996 年，我国第一家旅游网站华夏旅游网成立，开始了中国旅游业网络化的新纪元。1999 年，以全新的服务和商业模式亮相的携程旅行网则开启了中国在线旅行服务的先河。经过十几年的发展，数以万计的在线旅行服务运营商活跃在市场中，行业规模不断壮大，商业模式持续创新。

进入 21 世纪以来的这十几年，是在线旅行业务飞速发展的时代。传统旅行社与在线旅行社在市场份额占有上发生了巨大的变化。总体来说，当前我国在线旅游企业的发展具有如下几个特征。

（一）市场：抢占旅行服务的大半江山

据 2016 年发布的《中国旅游发展报告》称，中国已经成为世界上旅游业发展最快、受益人口最多、辐射带动力最强的国家之一。2015 年，中国旅游总收入超过 4 万亿元，中国大陆居民出境旅游人数突破 1.2 亿人次。WTTC 的测算表明，2015 年，中国旅游产业对 GDP 的综合贡献率达到 10.1％。《报告》还显示，未来 10 年是中国旅游业快速发展的黄金期。

这份《报告》特别肯定了中国在线旅游的发展，称在线旅游开启了中国旅游产业信息化的进程，已成为中国旅游企业的领跑者。该《报告》预计，到 2020 年，中国在线旅游交易覆盖的总人数有望突破 6 亿人，市场总规模有望突破 1 亿元。与此同时，传统旅行社业务空间不断被挤压，小、散、弱、差的行业现状、固化的思维模式以及狭窄的市场空间，使其在与在线旅行商的竞争中节节败退。

（二）业务：逐渐走向旅游核心服务

早期的在线旅游企业，主要从事酒店和机票的预订服务，即"机＋酒"服务。在线旅行企业的定位更偏向于网络销售平台，利用其客源优势和资源优势获取高回报。随着这一行业的不断进展，在线旅行企业逐步分化，业务向纵深不断拓展。多数在线旅行商不再仅仅是一个预订平台，而是在向旅行业务的核心——设计线路、推出自有产品转变。携程的"差旅"、途牛的"牛人专线"、穷游网的"海外线路销售"等，都代表了在线旅行业务从简单的预定平台向旅游产品和旅游体验转变的趋势。

（三）竞争：品牌建设广受重视

当前，越来越多的资本注入在线旅游服务领域，导致该领域的竞争日趋白热化。各大在线旅行商为了维护地位，扩大市场占有率，通过兼并收购、投资融资等渠道，壮大自身实力。目前已经形成了以携程为代表的综合性在线服务企业 OTA 平台，以阿里旅行为代表的 BAT 在线旅游企业平台，以途牛、同程、穷游网等为代表的自助游服务平台，另外还有驴妈妈等景区门票销售平台，一嗨租车、神州租车、小猪短租等旅游共享经济平台。大企业全面拓展业务，小企业主抓某一细分市场的基本格局已经形成。各企业力图形成特色，并逐渐走向品牌建设的道路。不同企业主攻不同的旅游环节，开发不同的旅游产品。从同程网的 B2B 到去哪儿网的垂直搜索、驴妈妈的景区门票、途牛网的度假产品，从 7 天的酒店预订到新兴的旅游评论网站、旅游交友网站，新兴的商业模式不断涌现。QQ 旅游频道、百度、新浪等门户网站及社会媒体的抢滩，使得更多的市场主体携手新兴的商业模式进入在线旅行服务。而 Expedia、Egencia、千橡集团等外资旅行服务商纷纷通过收购、控股等方式曲线进入我国，介入我国的在线旅行服务，使得在线旅行服务市场竞争愈演愈烈。竞争的加剧催生了在线旅行服务企业不断创新商业模式，细分市场，走差异化道路，以满足消费者的需求。如携程收购台湾旅游网站 ez-travel 及香港永安旅游，在订票和订房两大业务的基础上开始拓展度假业务和差旅管理业务；淘宝网推出的淘宝旅行客栈系统；传统旅行社投入更多的资本、人力与技术资源去构建基于互联网的市场推广和产品销售体系，实现线上与线下的结合与互动。

（四）资本：在线旅行商跑马圈地的推动力

在线旅行服务发展伊始就与资本有着千丝万缕的联系。携程在创建之初的两年分别接受了 IDG、软银集团及凯雷集团的投资，共吸纳海外风险投资 1800 万美元。目前走过十几年发展历程的携程，其战略转型依然是经由资本运作来推动的，包括通过证券市场对如家和汉庭两家经济型酒店的增持，通过非公开市场对"首旅建国"高端酒店品牌的参股，以及通过香港基地在海外接待体系的战略布局等。资本成为企业商业模式转型的拉动力量。各种细分垂直型的在线旅行服务企业，如途牛、驴妈妈、乐途、7 天等，也纷纷得到风险投资的青睐。风险资本的引入，使在线旅行服务企业真正走向市场，资本的力量不仅助推了企业的快速发展，资本的逐利性也推动了企业商业模式的涌现与演化。融资"烧钱"是当前在线旅行服务商的常态，2015 年上半年，国内旅游行业投资依旧火热，共发生融资事件 64 起。据《2015 年在线旅游行业洞察报告》称，旅游度假超五成以上，在线旅游行业中旅游度假广受投资方看好，投资数量占到全部投资的 53.1%。其中，出境游最为火热，占度假的 58.8%，占上半年总投资市场的 31.3%。

（五）线上线下融合，对服务质量要求提升

与传统旅行社相比，快捷和便利是旅游在线服务最大的优势，但也存在不能提供面对面服务的缺憾。另外，当前在线服务企业在资本市场上叱咤风云，但对服务提供和内部管理上却还缺乏关注。在线服务人员的服务水平和服务质量、与客户沟通的技巧、处理顾客投诉等技能，需要持续提升。旅游在线服务商在未来跑马圈地、市场瓜分完毕之后，提升服务质量将成为其保有市场的法宝。一些较大的旅游在线服务商，已经开始注重服务品质的提高，对员工进行较为系统的培训，注重客户体验和满意度的提升。除此之外，在线旅行商开始注重线上和线下的融合拓展，期待从"无根企业"转变为"有根企业"，通过融合线上线下的操作业务，达到控制服务质量、降低成本的经营要求。

（六）人才需求年轻化

从以上的论述中可以看出，在线旅行服务是未来旅游业的主导性行业模式。安排学生进入在线旅行企业实习，可以为在网络时代成长起来的学生提供更符合其心理诉求和行为模式的工作岗位。同时，在线服务是未来旅游业发展的方向和热点。这类企业需要深谙互联网时代规律的年轻人，用他们的聪明才智和创业热情为这一行业的持续兴盛添砖加瓦。进入在线旅游企业实习，了解这类企业的运作模式和服务流程，学习如何与互联网时代的旅游者进行沟通和交流，可为有志于从事在线旅游业的毕业生提供了解、认识这一行业的机会，进而产生创业热情。

二、在线旅行社主要业务服务流程及要求

（一）在线旅行商的主要业务流程

在线旅行社属于旅行社的一种，是连接旅游供应商与旅游者的中间桥梁。它通过建立网络平台改变了传统旅行社面对面的服务模式。上游服务商主要包括航空公司、酒店、景区和目的地等，可以借助在线旅行企业发布产品信息；而广大旅游者则借助这一平台进行信息搜寻、价格比对，并发布自己的消费心得。在线旅行社实际上并未改变旅行社的"沟通桥梁"角色，只是将这一沟通的内涵变得更丰富，给予上游供应商和旅游者更充分的内容和更多的选择（见图4－1）。与传统旅行社主要提供包价旅游产品不同，在线旅行企业主要以提供单项旅游要素的供给起步，如携程网、艺龙网等最初都是提供"机票＋酒店"预订的服务；随着在线旅行业务逐步拓展，当前的在线旅行业务类型更加多样，主打产品更为突出，如途牛网主打跟团游、同程网的周边游、驴妈妈主攻门票，携程则是综合性的网站、去哪儿网主要做比价。在线企业的服务流程会因为主打业务的不同而有所区别，但每种服务模式都是衔接紧密、环环相扣的，类似于生产流水线。

（二）主要实习岗位及要求

虽然各在线旅行商的具体业务流程有别，但总的来说，在线旅行社企业的部门主要有服务部门、产品部门、营销部门、技术部门以及行政管理部门。目前，在线旅行社对旅游管理专业学生实习主要开放的部门为服务部门。在线旅行企业服务的典型特征是不与顾客面对面，主要是电话交流和网络沟通的形式。所有的旅游在线服务基本可以分为三种，即出行前的预订服务、出行中的旅行服务以及归来后的后续服务。

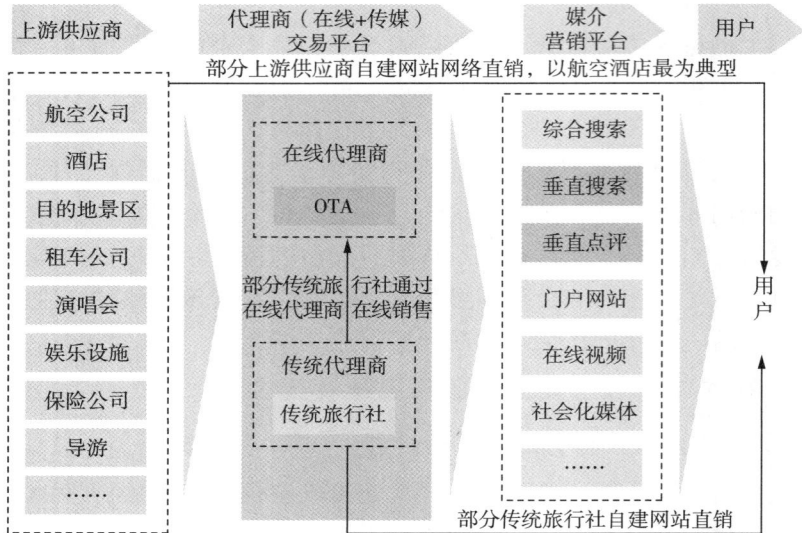

图 4-1　途牛的运作模式

1. 出行前的预订服务

出行前的预订服务主要是为游客提供旅游线路、旅游单项要素等订购服务。在线旅行商在采购旅游供应商的相关产品后，或者独立进行组合，或者直接销售其旅游线路。一般来说，在线服务商都会设立呼叫中心、在线客服部、产品中心等来执行其出行前的预订服务。

（1）预订服务

预订部主要职责是接听客人电话。客人在电话中的主要事项有预定旅游产品、询问旅游线路细则、反映旅游产品预定问题、旅游行程中所遇到的麻烦以及旅游结束后的一些诸如保险理赔的事项、投诉与建议等等，预定组的客服人员会将这类问题通过系统推送给服务中心相关的处理人员。

对于在线企业来讲，预定主要是通过电话和网络来完成，因此，对预定员的电话和网络沟通技巧要求较高。在线旅行商对预定员的服务流程和标准有明确规定，以便消除因服务随意化而带来的经营风险。一般来说，预订员在接听电话时会经过以下几个程序：第一，问候。向客人礼貌地进行问候，表达想为客人提供服务的意愿。第二，主动询问客人是否需要帮助。第三，与客人进行初步沟通以后，根据具体情况与客人进行信息确认。确认的信息内容包括两类：一是出游的相关信息，包括出发日期、出行地和目的地、出行人数、天数、出行的特殊要求等。二是游客的个人信息，包括客户的姓名、联系方式等。

（2）售前服务部

售前服务部是在客人经过预定部门的咨询转入，或者是客人直接下单后进行信息处理的部门。其主要职责是负责旅游顾问、预订部、客人自行下单的预订单，与客人进行交流，推销旅游产品线路给客人，并且帮助客人完成最终交易的过程。其最终目的是通过其服务实现客人的成功签约。考评当前售前客服的指标之一为转化率，即所有订单中成功签约的订单比重。根据客人所选的目的地不同，售前服务部又可以细分为许多小组，主要根据企业的经营范围细分，组的多少不一。有的热门线路，如云南线，可以分为云南一组、二组、三组，由组长处理和分配相关订单，处理小组成员的工作任务、排班事项、培训等多方面的事务。售前服务小组成员的处理能力关系到整个事业部的业绩，因此对于售前客服来说，既要求有良好的旅游产品知识储备，又要有强大的抗压能力，同时要有较强的推销能力、语言表达能力。售前客服的每个工作流程都有严格的要求和标准。新进员工需要仔细记住每个细节，以便按照操作流程为客人进行服务。同时，标准化的流程也极大降低了呼叫损失率，提高客人的体验满意度。

2. 出行服务

当前大多数在线旅行商的主要出行业务是交给旅游供应商处理，而不派自己的导游与司机。所以，出行服务主要是出行中的一些辅助服务，如与客人签约、处理出行前的各种事项与突发事件。具体来说，主要包括处理出团提醒、航线变更、线路退改等服务。

出团提醒的主要任务是在客人出游前3～5天，客服协助客人签订旅游合同，发送出团通知书给客人。旅游合同在整个旅游活动中起着至关重要的作用。这就要求客服人员对旅游合同有着相当强的理解能力，在客人问及任一细节时，都能正式、官方、客观地向客人解释其中的含义。出团通知书主要包含了客人所订购的旅游产品的大交通信息、酒店、导游、行程简介等。交通方面，如乘飞机，则需要告知客人值机的详细手续；如乘火车、高铁，则提供给客人3种取票方式：自取、邮寄和送站人员的送递。酒店方面，自由行要求有详细的酒店信息（酒店地址、电话、取房人名、入住时间等），跟团游则主要是以导游通知为准。接送信息方面，要求给到具体的接送人员姓名、电话、接送标志等。导游信息也必须包含其中。供应商的紧急联系人也必须包含在出团书中。

如果在出行之前或是在行程中，飞机或者火车等交通工具遇到天气等原因导致航班或者车次取消或延误，或者由于客人的个人原因导致误机，客服人员也需要进行处理。这种情况对客服的沟通能力要求很高，因为面对的是着急或者已经生气的客人，客服要能以超强的沟通能力安抚客人，并以最熟练的操作技能帮助客人重新预定或者用其他客人愿意接受的方法解决此类问题。

在出行之前可能会因为客人个人原因或者供应商原因而取消订单，这就要涉及线路的退改等问题。一般这种问题会牵涉违约责任。当客人确定订单取消后，客服应尽快与供应商对接，尽可能将客人的损失降到最低，并通过客人的支付渠道原路返还给客人。这一职能要求客服人员有较强的应急处理能力，以免引发客人误会而导致投诉。

3. 售后服务

售后服务是指客人旅行归来之后的相关服务。如协助客人开发票、保险理赔和进行回访等。

发票组的主要职责是审核客人提交的开票信息、将客人出游回来当天需开票的订单推送至财务部门，由财务协助开票，并与快递公司对接，要求快递公司协助完成发票的邮寄工作。客人因为抬头错误或者金额不等的问题退回发票，需要和财务对接，并根据具体要求重开。

保险组的主要职责是处理客人在旅游活动中由于意外受伤、飞机等交通的工具延误以及由于个人原因取消订单造成的损失。保险组客服会针对此类订单判断其是否符合理赔要求，如需理赔，则应协助客人理赔（因为国内游事业部使用的是第三方保险公司，因此，具体的理赔是由第三方保险公司与客人对接的）。

回访组的主要职责是负责客人回邮的评价与建议，将客人的好评进行记录并反馈给供应商以及产品中心。客人的建议以及差评也会被及时跟踪，相应的对供应商和产品中心也会提些建议。整理一些在旅游过程中并不愉快或者利益受到侵犯的客人的资料，送去一些当地旅游纪念品或者本公司的纪念品以示安慰。

三、在线旅行社实习常见问题及分析

在线旅游企业的实习岗位多为一线直接对客岗位，需要实习生面对形形色色的客人，处理各种突发事件，而且，工作强度和工作压力较大，对刚刚走出校门的实习生来说，无论身心，都是巨大的挑战。了解实习生在工作过程中的行为以及心理变化规律，对于做好实习生的情绪疏导和管理

具有重要的作用。但值得注意的是，实习可以使学生对企业产生一定程度的归属感，又因为是实习生，他们还能站在事外观察企业的运营与管理，并对其进行冷静的分析。实习工作既让学生提前适应岗位工作，适应社会环境，又给学生一个学以致用、理论与实践相结合的机会。这也是实习的重要意义所在。

（一）在线旅游企业实习中实习生的心理变化规律

在线旅游企业的实习生主要经历四个心理变化过程：实习前的期待，初入职场的新奇与不适，中期的疲惫无助，后期的淡定从容。

首先是实习前的期待。就目前的实习选择来看，在线旅行企业较受学生欢迎。主要原因有二：一是在线旅行社代表了未来旅游业的发展方向，与在互联网时代成长起来的新一代具有一种天然的契合；二是在线旅行社的岗位工作和休息时间相对固定，实习报酬比较丰厚。多数学生在选择在线旅游企业作为实习单位之时，都会抱有美好的憧憬，虽然会从上一届同学那里获取比较真实的感知信息，但依然会存有美好的向往，对自己的适应能力和应对能力有较强自信。

当实习工作正式开始，学生会初步体会到工作与在校学习的不同之处。对工作环境和工作岗位的陌生以及高强度的工作节奏，使学生产生新奇感和不适感，这时也是学生最容易犯错误的时候。以下是一个实习学生的亲身经历，可以看出其在忐忑中成长的过程。

前期中，我对业务程序和目的地知识不熟悉，让我遇到了一次非常尴尬的情境。我接听了一个来自浙江的男性客人的来电，从对话中可以看出，该客人对出游质量要求很高，他选了好几条线路，让我给他进行分析比对，当时我对目的地情况不熟悉，我便回复客人："先生，您好，我先不打扰您宝贵的时间，稍后我帮您比对清楚后再给您回电，您看可以吗？"我再次给客人回电时，客人仍不满意，直接就说："你给我换一个客服吧。"当时真的十分尴尬，但我仍强颜欢笑地说："稍后会有其他客服跟您联系，先不打扰您了。"随后，我立即将订单转交给老客服让他们去跟进。为了让自己尽快熟悉目的地知识，每天晚上9点下班后，我赶紧回宿舍看目的地情况介绍，以避免此类事件再次出现。

从上述内容可以看出，学生在实习初期的心理是紧张、期待而又有些不自信和矛盾的。此时需要实习指导教师有针对性地引导他们走出不适，提高自信心。

当实习时间过去两个月左右以后，学生对工作流程已经基本熟悉，新奇感也逐渐消失，随之而来的是工作的疲惫感、工作和生活以及人际交往带来压力、同学之间相互比较带来的挫败感等。这是实习生最脆弱，也是最需要关怀的阶段。实习指导教师应加强与之沟通，并在条件许可的情况下，到实地探望，做学生情绪的垃圾桶，助其顺利摆脱疲惫期。

到实习的后期，学生对工作的掌控能力进一步提高，对高强度的工作已经较为适应，取而代之的往往是工作带来的满足感以及对个人成长的自豪感。在实习临近结束时，学生一般会对实习单位以及周围同事产生不舍之情，对自己的未来有更多的思索。

学校以及实习指导教师应根据学生的心理变化规律对其进行引导和教育。实习指导教师应根据每个学生的特点，对其在实习中产生的问题及时疏导；与用人单位多沟通，维护学生合法权益，引导学生通过实习发现学习中存在的不足，以及个人性格和能力方面存在的缺憾；与实习生保持密切沟通，至少一周与学生联系一次，帮助他们稳健地迈出走向社会的第一步。

（二）在线旅行社实习常见问题及分析

1. 信息处理与沟通不畅带来操作失误

在线旅行服务的实习生多数担任的是一线直接对客服务。传递和沟通信息是其工作的主要内容，既包括与客户的信息沟通，也包括与工作流程上下线的沟通。但由于实习生的工作经验不足，对一些业内约定俗成的规矩和规则不够了解，有时候会想当然地按照自己的理解去处理，造成给客人的信息错误等问题，从而引起一系列麻烦。尤其是在首次独立操作时，实习生往往会因为信息沟通不畅使得签单失败，给企业带来损失。

【案例 4 - 14】

谈好的客人，为啥不签了

我在同程旅游的国内游前处理部实习没多久，遇到一位北京的齐阿姨。她预定了一条从北京前往张家界和凤凰的 5 日游线路，在支付费用的时候，由于同程国内游的订单普遍采用的是网上银行支付、微信支付还有支付宝付款，而齐阿姨年纪比较大，不会进行网络操作，我就建议她前往北京磁器口分店进行门店支付。因为离家比较近，齐阿姨就很高兴地接受了提议。过了 2 个小时，时间大概是中午 12 点左右，齐阿姨来电，说明已经到达北京磁器口分店。我当时也立即和门店同事进行沟通，双方都没有问题。因为还有其他的单子要处理，我就把这事先放下了。过了1小时左右，我见齐阿姨的单子迟迟没有支付，就询问门店同事，门店同事就说一句，齐阿姨迟迟不肯签字，然后很不愉快地走了。我对此十分纳闷，因为齐阿姨对于线路、交通、价格都没有什么异议，本来是很简单的一件事，怎么会有这么多波折。我又立即询问了齐阿姨那边的情况，齐阿姨给我的答复是我们门店同事服务态度差，以还没吃饭为理由，迟迟不让齐阿姨签。双方的回答是互为矛盾的。我将此事告诉领班，领班分析后，问我是否给同事建了工单（按规定如果客人前往门店处理应该建工单过去，因为关系到门店同事绩效，但是公司规定这种事情电话里不能明说），我这才知道是因为我一个工作疏忽造成了这个问题。

实习同学分析：

首先，在这个案例中，主要责任人是我，是因为我的失误，导致齐阿姨和门店同事闹得不愉快。但是，作为服务人员，我们首要的任务是为客人提供优质的服务，门店同事不应该因为关系到自己的绩效而对客人冷落，因为客人是完全不知道其中的利益关系的，她是第一受害者。在遇到问题时，应该想办法向上级反映，而不是让客人干着急，导致双方发生矛盾。另外，部门的沟通机制也有很大的问题。本来很简单的事，因为一点点误会而造成损失，这本应是可以避免的。这种现象也不只发生了一次两次，希望我们部门在这方面，多做做功课，让三方都获得满意。

实习指导教师分析：

本案例中，由于该同学未建工单，门店客服缺乏利益激励而出现对客人服务态度不良，造成本应成功的订单在最后一步被取消。该事件中，未建工单是实习生在操作流程上的失误。这与该学生刚刚进入工作岗位，对业务流程不熟悉有关。每个企业都会通过一定的手段激励客服。没有工单激励，又是在非工作时间接待客人，导致客服态度差，损失一笔本该成功的订单，这虽有违企业视客户为上帝的经营准则，却也从另一方面折射出企业对一线客服的管理问题。该同学能从这一案例中看出企业经营存在的问题，并给出建议，值得表扬。

（资料来源：江苏师范大学实习案例库）

2. 耐心耐力不足容易损失订单

在线旅行商为了站稳市场，不惜打价格战来争取客源。精明的顾客会在订购之前货比三家，价钱决定了多数人的购买行为。在这一过程中，实习生需要与客人保持持续沟通，并洞察客人心理，既要给予其足够优惠，又要保证公司的适当利润。在这一过程中，实习生需要承担较大的心理压力。这也是锻炼其心智的重要环节。

【案例 4 - 15】

我的第一单

我来同程也快半个多月了，我的第一单也就是在这个时候成单的。我的第一个客人是我过年前接到的一个意向客户。她要带孩子去淹城野生动物园，在年前的时候，我给她推荐了一个一日游的跟团行程，价格方面也谈好了，但是由于有好多家庭一起去，时间、人数不能确定。过完年后，客人有一天突然和我说他们的人数定了，要我帮她下单。我很是开心啊，打开预订的页面准备下单了，可是，我发现价格不一样了，上涨了。我又去找产品部门磨价格，一开始产品部门说最多优惠 5 元/人，而且儿童的价格是不优惠的。我心里想客人肯定不同意的，怀着忐忑的心情告知了客人这个消息。客人记忆力很好，说年前是优惠 5 元/人的，现在怎么变卦了。我和客人解释说，年后出游的人多，价格就上涨了，客人死活也不接受。没办法，我就只能去求产品部门让价格，和产品部门好说歹说才同意亏本卖给我。价格方面是没问题了，但是下单需要每个人的身份证号码。客人说晚上给我，可我等到 8 点多，客人还是没给我，等我到家的时候，客人身份证号码发来了。这让我很是着急，因为同事都下班了，没人给她下单。只能安抚客人说明天上班再帮她下单。那个晚上，我都没睡好，生怕客人自己在网上下单。第二天一上班，我就开始忙着给客人下单，最终客人顺利地付款了！

实习学生分析：

这一单的客人虽然是属于跟团的周边游，利润不大，客单价也就不到 1000 元，但是我还是坚持了下来。今后，我需要加强自己的专业程度，提早告知客人价格是时时在变动的，就不会出现客人纠结价格优惠的情况，就能更快地把单子签下来。此外，我更需要的还是坚持，虽然现在看来一个周边游的单子根本不是什么大单，但是业绩都是需要靠小单子慢慢累积起来的。我希望今后可以更多地丰富自己的专业知识。

实习指导教师分析：

心思单纯的学生容易将社会想得过于美好，对顾客的心理把握不足，而且对于第一单非常重视。本案例中虽然最后签约成功，但从实习生所经受的心理过程，可以看出耐心和耐力对完成签单的重要性。当然，顺利签单也会给实习生带来精神鼓舞。

（资料来源：江苏师范大学实习案例库）

3. 与顾客沟通的经验和技巧不足导致心理受挫

实习生主要从事的是一线工作岗位，需要直接与客人沟通。在与形形色色的客人打交道的过程中，沟通的技能技巧十分关键。沟通的技能技巧与学生性格、人际交往能力以及知识的积累都有关系。在沟通中，信息传递和传达比较容易完成，但是在发生各种突发情况之后的沟通则更加具有挑战性。

【案例 4 - 16】

暴怒的客人，可怕的变更

大四下学期，我来到南京途牛旅游网实习，之前签过一笔天津客人出发去巴厘岛的订单，签约之前直到签约完成一直都很顺利，签约之后因为此团收客不足无法发团，按公司的正常工作流程要至少提前 7 天通知客人，并给客人安排其他方案以免影响客人正常出游。当时给客人的方案是让客人走从北京出发的另一条巴厘岛线路，由于是第一次接到变更，所以我抱着忐忑的心情给客人去了电话。通知客人之后，客人表示并不是十分乐意，因为之前看中那条线路就是觉得从天津出发方便才选择的，现在如果改成从北京走觉得很不方便，所以很不乐意。当我给客人诚恳致歉，并表示是临时的突发情况希望得到客人的谅解时，客人答应考虑一下晚点答复。晚上快下班的时候客人来电，要求我给他的太太去电，我打过去之后，他的太太先是让我重复了一遍大概的情况，当我耐心地重新解释了一遍之后，她顿时在电话那边吼了起来，说："你们这个到底什么情况，我先生很早就定好了，临近出游了跟我们说去不了。我明天就要结婚，这次就是准备结完婚好好去度个蜜月的，现在跟我说去不了，让我从北京走不是麻烦吗，当初看中你们这个线路就是觉得天津出发比较方便的。不可能！我不接受!!! ……"当时，我在电话里听到一个女人劈头盖脸地一顿嘶吼，顿时就懵了，不知道该跟客人说什么，感到很委屈也很愤怒。虽然我觉得这也不是我的错，但是还是只能耐心地给客人道歉，安抚客人的情绪，后来她的态度还是很恶劣并当即要求我的经理给出一个满意的解释，因为当时已经到了下班时间了，所以经理不在，我就跟客人说明天会让经理给她回电，客人才气愤地挂了电话。那天，我心情差极了，因为是接单以来第一次遇到这样的情况，被客人愤怒的气势给吓到了，想到明天还要接着去处理就很烦躁。

第二天上班，我跟经理大概说了下情况，经理给客人去了电话之后从容地与客人进行沟通，并表示为客人想想有没有其他办法。后来他将客人协调到可以独立成团的两人游，没有领队但是当地有导游而且全团只有两个人，行程和之前的一模一样。我当即为客人感到开心，马上给客人的太太去电告诉她这个好消息，谁知道，等我说完之后，她又在电话里吼了起来："你们到底什么意思啊，一会说能走，一会说不能走，是在耍我吗？我和你们吵这个事嗓子都吵哑了，一会还怎么结婚啊……"客人根本不听我解释，我也无法理解客人为什么会有这样的态度。这个方案是我们为她去公司尽力争取来的，却换来这样的嘶吼，我就跟她说："你不接受的话，我让经理给你回电吧。"我当时已经不想再和她沟通了，我把情况跟经理说了说，经理看出我的情绪被客人影响了，说："这事你不用管了，我会处理。"我就十分郁闷地去忙其他事了，到下午经理告诉我客人同意之前北京出发的方案了，已经搞定了，我深深佩服经理。这笔订单也算告一段落，但这第一次变更通知，也让我从此对变更感到很恐惧。

实习学生分析：

当一笔订单完成之后，我们就打给客人最后一通电话，通知客人准确的集合时间、集合地点和领队的联系方式，这是一笔订单的最后一个步骤。但旅游往往潜伏着很多变化因素，例如天气、航班、地接和酒店等种种因素都会让一次旅游中的某个环节发生变化。这件事之后，经理告诉我，当我们接到变更通知的时候，要做的就是先想想怎么去跟客人解释，与客人怎么去沟通客人才能接受，要站在客人的角度去想，而且作为客服，我们有通知的义务，不要在通知客人的时候觉得是我们的错，气场不能比客人小。要用最专业的语言告知客人，让客人接受，并去了解客人的需求，从而达成一致，这才是最好的方法。我也学习到了以后接到变更通知千万不能心虚，要从容坦然地去与客人沟通，了解客人的需求，与客人协商最好的方案，不要被客人的无理取闹震慑，要淡定面对！

实习指导教师分析：

本案例中，该学生经过这一事件对变更通知产生了恐惧。其原因主要是学生的心理建设不足，被游客情绪左右。对于需要天天面对不同顾客的多种要求的岗位，既需要员工能够设身处地为客人着想，也需要其在客人情绪失控时保持冷静，要分清错误是来自于供应商、本公司还是来自于个人，对于因供应商或因公司组织而出现的纠纷，应学会适度地置身事外。所谓置身事外，是指能冷静对待客人的情绪失控，尽量不要影响到自己的工作情绪。对于不能处理的问题，应及时转交给经验丰富的同事进行处理。

（资料来源：江苏师范大学实习案例库）

4. 业务不熟，操作失误带来损失

刚刚踏上工作岗位的实习生，难免会由于业务不熟练、心理素质不够强大等原因带来操作的失误。在线服务企业为了避免这种状况，一般都会让实习生将较难处理的单子和较难沟通的客人转给老客服或者是值班经理。但也会存在某些实习生，在和客人沟通中，遗漏重要信息或者不能有效控制个人情绪与客人发生冲突，这些都会给公司带来损失。

【案例 4 - 17】

不按流程惹的祸

2015 年 5 月 11 日，一位游客的母亲打电话来途牛旅游网预订部，说自己的儿子因为国籍问题无法在机场登机开始旅行。出行的客人身份特殊，是一位香港籍的中国游客，而且未满 18 周岁。之前由负责线路的客服人员核实并帮其预订了出境旅行的线路，但是在出游当天晚上 9：00，客人遇到问题致电途牛旅游网时，专属客服已经正常下班。预订部实习生小王接到客人母亲的电话后，得知事情很着急，客人急着找客服人员小李，小王就承诺客人会尽快核实情况处理，于是给不在岗的专属客服小李打了电话，客服小李不愿意在非工作时间给客人回电，预订员小王说愿意帮其给客人回电介绍如何解决此问题。于是，预订员小王给客人母亲回电告知如何处理，就没有按照公司流程规定发起 OA（投诉单，此单会分配出游中客服人员跟进）。结果客人的母亲之后来电称，客人还是无法正常出境旅游。客人投诉了客服人员和途牛旅游网，此次行程被迫取消。经过后期的沟通和处理，公司赔偿了 15000 元人民币给客人，同时公司通过内部质检系统检测给出客服小李不做出赔偿，但预订员小王须扣除绩效 500 元，其所属经理也连带扣除 500 元的处罚。

实习学生分析：

（1）从个人处事态度上，小王积极主动帮助游客找寻专属客服，帮助客人解决在出游中遇到的问题，这个做法是正确的，也履行了其岗位职责。但是，从另外一方面来看，当客服人员小李不愿意在非工作时间给客人回电话告知其如何处理问题时，预订员小王主动帮其回复客人，在这一点上，小王已超出了其业务范围。因为客人的意思在辗转几次表达之后会被曲解，意思表达不完整可能会影响其出行的顺畅，而这个事件的最终发生也正是因为预订部话务员小王职责不明晰犯下错误，以至事情闹大使公司承担了重大损失。同时，小王也没有按照公司的操作流程处理。

（2）对于客服小李来说，虽然此次公司内部通过录音质检没有认定是她的职责疏忽，但是她推脱再三以下班为借口不愿给客人回电，且同意预订员小王给客人回电，这是对工作的不负责任，公司也应给其警告和警示。

（3）对于小王的直属经理而言，虽然说因为连带责任也一起被扣钱，但是给了预订部一个很好的教训。作为管理者，下属的疏忽给公司带来了金钱损失，管理者也应负有一定的责任。这对于以后预订部员工明晰岗位职责、做好本职工作具有重要作用。

（4）对于途牛公司而言，需要加强员工培训，要让员工充分了解自己的职责范围，同时应该加强各个部门的工作人员的分工合作能力，对于员工推诿职责等行为应加大惩罚力度。

实习指导教师分析：

一般情况下，实习生对待工作比较认真、谨慎，对客人热情度较高，会出现好心但不一定能带来好报的现象。该案例中的实习生小王，能够急客人之所急，但却没有按照流程规则办事，反倒受到了罚款处罚。这与实习生的工作经验较少，处理问题不够谨慎和灵活有关。在工作中，首先要按照流程规则办事，在流程规则允许的情况下尽全力为客人服务。这样，既能保证个人积极性不受挫伤，又能解客人燃眉之急。切忌案例中实习生小王的做法，想当然地怀着一腔热血，却没有按照规则行事，最后给公司和个人都带来了较大的损失。

（资料来源：江苏师范大学实习案例库）

5. 客人形形色色，考验实习生心理承受能力

在线旅行商的出现改变了人们的旅行方式，越来越多的人选择自助旅游，通过网络渠道进行产品预定和消费。在线旅行商的服务对象逐步覆盖了各个年龄段、各阶层、各种背景的游客，这对人际交往相对简单、对人与人之间关系抱有美好向往的实习生来说，是一个巨大的挑战。

【案例 4 - 18】

刁钻的客人，隐忍的我

某顾客抢了一个日本自助游的爆款产品，根据客服的话术程序要求，客服须在客人下单后 1 小时内给客人去电，确认客人的需求信息。但是这位女士下单后，客服多次去电均未联系上，而且当时的机票和酒店资源比较紧张，所以在接下来的几天里每天都给这位女士去电。第三天电话终于接通了，客服准备跟她核对出游人的基本信息时，却被她狠狠地指责了一顿，说我们不停地给她打电话，骚扰了她的生活。我跟她解释说，只有联系上她确定需求

信息之后，才好确定机票和酒店等，但又被她指责说流程太麻烦，完全不考虑顾客的心理，应该一通电话就全部搞定。当然，最令我生气的是这位女士说话的态度太刻薄，甚至骂脏话。我本来就是才上岗没多久，这种情况遇到得挺少，我当时就要哭了，但是电话也不能挂，于是我就强忍着，一直到那位客人挂了电话。事后，同事安慰了我，我自己也想明白了，客服作为直接跟客人沟通的人肯定也是最先受到客人指责的人，而且有些客人有放纵自己的心理，认为他们肆意发脾气也不会影响他们在人际圈中的形象。所以，我们要有自我调适的能力，对于客人有理的指责能够妥善地处理，对于没有道理的指责就不要往心里去，自行消化掉，在工作中不管遇到什么情况都要冷静地处理。

实习学生分析：

售前客服这份工作虽然不是直接面客的岗位，但是在途牛旅游网的预定过程中，却是最一线的岗位。客人的所有信息和需求都是通过客服获得和传达的，所以这个岗位要求我们细致耐心、热情有理，并且了解客户的心理。对于蛮不讲理的顾客，我们要有忍耐能力，同时要学会沟通，如果实在处理不了，可以交由上级处理。因为各种类型的客人都有，我们初次进入这一领域，不能完全应对也很正常，但也一定要付出自己最大的努力和真心去对待客人。

实习指导教师分析：

客人千千万万，因此各种习性、品质、修养的人都可能成为在线企业的客户。可以说，与不同类型的顾客打交道，还能做到以礼相待、以理服人，是对在线服务企业的最大挑战之一。尤其是对于刚刚进入社会的实习生来说，一个难缠的客人就会让实习生打起退堂鼓，而一个温暖友善的客人，则会让实习生精神饱满，充满希望地去工作。这些现象都源于年轻人对社会的美好憧憬。其实，对于任何一个客人，对待任何一份工作，实习生应做到在规则内办事，尽量为客人着想，但碰到实在难缠的客人，可以交给上级具有更多处理经验的人来应对。实习生自己则应尽量保持对工作的热情，不能因为部分难缠而又尖锐的客人存在就丧失了对工作的兴趣，甚至造成心理上的创伤。

（资料来源：江苏师范大学实习案例库）

第五章　景区顶岗实习

通过本章学习，要求学生能够：

1. 了解景区类型划分；

2. 了解景区接待服务、商业服务和综合服务的主要业务流程及要求；

3. 掌握景区实习常见问题及解决方案。

旅游景区在旅游业中占有重要地位，它是指以风景旅游资源为基础，以开发旅游活动为主要功能，并能提供综合旅游服务的地域系统单元。旅游景区顶岗实习，要求学生通过实践联系理论，使自己拥有良好的口才，了解服务行业知识和导游讲解技巧，了解景区的运营模式和管理方式，在实习中学有所得。

第一节　景区类型及业务概况

旅游景区类型多种多样，分类方法也很多，如按资源类型、经营类型、旅游功能等划分。将旅游景点分类归纳是很有意义的，划分景区的类型主要是为了确定景区的发展方向。

一、旅游景区类型

旅游景区根据景观资源特色、功能、所处区位的不同，可分为不同的类型。

（一）按照旅游景区景观资源的特征进行分类

根据旅游景区景观资源特征对旅游景区进行分类是比较常见的旅游景区分类方法，一般可分为自然型旅游景区、人文型旅游景区、主题公园、复合型旅游景区和社会型旅游景区。

1. 自然型旅游景区

自然型旅游景区，是指由多个自然景点构成，以自然景观和自然资源为主要吸引物的旅游景区。我国历史悠久，文物古迹众多，典型的自然景观旅游景区有黄山、九寨沟、青海湖、张家界等。根据自然景观的类型，自然型旅游景区又可分为山地森林型旅游景区、江河湖泉型旅游景区、瀑布型旅游景区、洞穴型旅游景区、草原狂野型旅游景区、生物风景型旅游景区等多种类型。

2. 人文型旅游景区

人文型旅游景区，是指由多处人文景点构成，以人文景观和人文资源为主要吸引物，并辅以一定的自然景观的相对独立的旅游景区。在人文型旅游景区中，主体的吸引物是人文景观，而非自然景观。典型的人文型旅游景区有北京故宫、八达岭长城、圆明园、颐和园、埃及金字塔、意大利庞贝古城、巴黎凡尔赛宫等。根据人文景观资源的不同，人文型旅游景区又可分为历史文化名城、古典园林、古代工程建筑、宗教文化、博物馆等多种类型。

3. 主题公园

旅游主题公园，是为了满足旅游者多样化休闲娱乐需求和选择而建造的、具有创意性和策划性的现代旅游目的地形态。人为创造或移植一个当地不存在的自然或人文景观，或将反映一定主题的现代化游乐设施集中在公园里，再现特别的环境和气氛，让旅游者参观、感受和参与，达到增长见识和娱乐的目的。

主题公园是根据特定的主题，在景区内部结构上注重与生态环境的和谐与匹配，其构景手法与景观内容多以微缩景观、移植景观和仿古景观为主，采用现代化的科学技术，为游客设计的融诸多娱乐休闲活动为一体的活动空间，如深圳的"锦绣中华""中华民俗村""世界之窗"、北京的"世界公园"、无锡的"唐城"、大连的"老虎滩海洋极地馆"、美国的"迪士尼乐园"等。

4. 复合型旅游景区

复合型旅游景区，是指有多处自然景观和人文景观，二者相互映衬、相互依托的旅游景区。复合型旅游景区中的自然景观和人文景观的旅游价值都较高，二者复合在一起，形成复合型的旅游吸引物。典型的复合型旅游景区有泰山、峨眉山、普陀山、西湖等。它们不仅风光秀丽，且有大量珍贵的历史文化遗迹，每年都吸引大量的旅游者前往观光旅游。

5. 社会型旅游景区

社会型旅游景区，是以社会资源为核心吸引力形成的一种景区形态。它突破了传统意义上人们对旅游景区概念的思维定式，是一种新的旅游景区类型。典型的社会型旅游景区有利用工业企业或工业园区为吸引物的工业旅游示范区，以及利用生态农业资源开发出来的农业旅游观光区。工业旅游示范区是指以工业生产过程、工厂风貌、工人工作生活场景为主要旅游吸引物的旅游点。农业旅游观光区是指以农业生产过程、农村风貌、农民劳动生活场景为主要旅游吸引物的旅游点。

（二）按照旅游景区的主导功能进行分类

按照旅游景区的主导功能进行分类，旅游景区可分为观光游览类旅游景区、休闲度假类旅游景区、科考类旅游景区、游乐类旅游景区和民俗风情类旅游景区。

1. 观光游览类旅游景区

观光游览类旅游景区，指以观光游览为主要内容的旅游景区。该类旅游景区风景品位突出，景色优美，历史悠久，有一定的文化积淀，以自然景观为主，也包含一定的人文景观的风景旅游区，具有较高的审美价值，可供旅游者参观、游览。这类风景旅游区构成了我国旅游景区的主体，如桂林山水、泰山、庐山、长江三峡、黄果树瀑布、滇池、西双版纳等。它们都具有以山岳、湖泊、江河、海滨、瀑布、山林、天象变化为构景的主要特色，其自然景观独特，人文景观也颇具特色，具有很高的美学价值。

2. 休闲度假类旅游景区

休闲度假类旅游景区，指拥有高等级的环境质量和服务设施，区位条件优越，拥有怡人的气候、喜人的阳光等，为旅游者提供度假康体休闲等服务的独立景区。它是现代人追求最佳休闲生活方式的去处。在我国，著名的度假胜地有海南三亚、广西北海、云南西双版纳、丽江玉龙雪山等。

3. 科考类旅游景区

科考类旅游景区，指以科学考察和普及科教知识为主，以具有较高科学研究价值和科学教育价值的景观资源为旅游吸引物的景区。其提供的旅游景区管理设施主要是以满足游客求知为目的。这类景区具有较高的科学研究价值和观赏性，为旅游者提供科学求知的过程，如各种地质公园、天文馆等。

4.游乐类旅游景区

游乐类旅游景区，指那些以现代游乐设施为基础，为旅游者提供娱乐体验的景区。旅游景区吸引物主要是现代化的游览设施。深圳的欢乐谷、上海迪尼斯乐园、北京的"世界公园"等，加之遍及全国的大大小小的游乐场、动物园等，都属于这类旅游景区。

5.民俗风情类旅游景区

民俗风情类旅游景区侧重于在民族、饮食、服饰、民风、民俗、节日庆典等方面做文章，结合当地的自然环境，形成独特的人文景观。我国少数民族聚居地，如云南大理（白族），呼伦贝尔草原（蒙古族），西双版纳（傣族）、海南（黎族）等，既有有形的建筑、服饰、饮食等要素，也有无形的思想、文化、民风、民俗和社会环境，营造出一种具有浓郁特色的旅游氛围，使旅游者参与其中，体验异国、异乡的民族风情。

（三）按照旅游景区管理主体进行分类

该类旅游景区分类是我国特有的一种分类方式。我国旅游景区管理是多主体的，以景区的管理部门作为分类依据形成了景区管理主体分类系统，如表5-1。

表5-1　旅游景区管理主体分类系统表

编号	景区类型	景区主管部门
1	自然保护区	环境保护部
2	风景名胜区	住房与城乡建设部
3	地质公园	国土资源部
4	森林公园	国家林业局
5	水利风景区	水利部
6	文物保护单位	国家文物局
7	旅游度假区	国家旅游局

资料来源：根据陈才、龙江智编著《旅游景区管理》，中国旅游出版社2008年版；《风景名胜区管理条例》（2006），《中华人民共和国自然保护区条例》（2011）等资料整理。

（四）按照旅游景区的等级进行分类

根据中华人民共和国国家标准《旅游景区质量等级的划分与评定》（GB/T 17775—2003）的规定，旅游景区质量等级可划分为5级，从高到低依次为 AAAAA、AAAA、AAA、AA、A级旅游景区。从旅游交通（145分）、旅游安全（80分）、游览（210分）、卫生（140分）、邮电服务

（30 分）、旅游购物（50 分）、综合管理（190 分）、资源与环境保护（155 分）八个方面，对旅游景区进行评定。

AAA 级、AA 级、A 级旅游景区由全国旅游景区质量等级评定委员会委托各省级旅游景区质量等级评定委员会负责评定。省级旅游景区质量等级评定委员会可以向条件成熟的地市级旅游景区质量等级评定机构再行委托。AAAA 级旅游景区由省级旅游景区质量等级评定委员会推荐，全国旅游景区质量等级评定委员会组织评定。AAAAA 级旅游景区从 AAAA 级景区中产生。被公告为 AAAA 级旅游景区一年以上的，方可申报 AAAAA 级旅游景区。AAAAA 级旅游景区由省级旅游景区质量等级评定委员会推荐，全国旅游景区质量等级评定委员会组织评定。

（五）根据旅游景区的目标和管理方式来划分

这种划分方式主要分为两大类：经济开发型景区、资源保护型景区。

经济开发型景区：主要包括主题公园、旅游度假区。其完全以盈利为目的，基本上采用了现代管理模式，正在朝"产权清晰、责任明确、政企分开、管理科学"的现代企业制度发展。

资源保护型景区：主要包括风景名胜区、森林公园、自然保护区、历史文物保护单位等。它是以保护为目的的旅游景区，坚持以保护为主、开发利用为辅的原则。

二、旅游景区业务概况

旅游景区是一个独特的包含自然、社会、经济、文化等诸多要素的地域空间载体。它通过向旅游观光者提供内容丰富、形式各异的旅游产品服务，满足人们在观光游览过程中鉴赏、猎奇、探险、购物、休闲等心理需要，在旅游行业中占据举足轻重的地位。旅游景区业务主要涉及景区接待服务、景区商业服务、综合服务等。

（一）景区接待服务

旅游景区接待服务包括票务服务、排队服务、咨询服务、投诉处理服务和讲解服务五个部分。

1. 票务服务

订票工作是旅游景区实现收入的预先环节。近年来，随着旅游客源的丰富，以及我国特有的自然气候和小长假旅游旺季的存在，预订景区门票已经被各地纳入票务服务管理的范围之内。景区票务服务是游客接触景区的第一个环节，做好票务工作对提升景区形象、增加景区吸引力有非常重要的作用。票务服务包括：散客票务服务与团队票务服务。

订票服务主要有以下几种途径：售票处订票服务、网络订票服务、电话订票服务、旅行社订票服务。

2. 排队服务

景区的排队服务对景区形象的塑造至关重要。排队服务的提供旨在扩大景区客容量，合理分流游客，避免景区超载。

3. 咨询服务

景区内专门设置了为游客提供咨询服务的服务中心。咨询服务分为电话咨询和当面咨询两类。

4. 投诉受理服务

景区投诉受理服务旨在维护景区利益不受侵害，满足游客求尊重、求平衡、求补偿的心理，提高游客重游率。

5. 讲解服务

景区需要提供良好的讲解服务，目的是让游客在最短的时间内认识景区，引导和管理游客的行为，使游客对景区产生好感，从而实现景区效益，树立景区口碑。

（二）景区商业服务

景区商业服务是景区经营收入的重要组成部分。在景区商业服务过程中，旅游商品销售人员要善于运用营销技巧推介旅游商品，抓住游客购买旅游商品的求实心理、求美心理、求名心理、求新心理、求廉心理、求尊重心理；要善于接触游客；要全面展示商品的特征，激发游客购买兴趣；要热情介绍商品，增加客人信任度。

（三）综合服务

1. 旅游景区设施管理

旅游景区的设施包括基础设施、接待服务设施和娱乐游憩设施三类。旅游设施的管理分前期与后期两个阶段。前期管理的中心工作是根据景区目标、市场定位、特色形象、资源风格进行规划与实施；后期管理是当设施设备购置、施工与安装完工并进行经营性服务后，即开始进入维护与保养阶段。后期管理是十分重要的，它决定了设施设备的使用寿命和游客对景区的满意程度。景区要建立完善的管理人员系统，并执行维护管理制度，定期维修与改造，确保旅游景区取得最佳服务质量和经济效益。

2. 景区卫生安全服务

景区卫生安全服务包括检查和监管景区酒店消防设施设备是否正常、

灭火器是否在有效期内、消防通道是否被占用、消防应急指示灯是否正常、应急值班制度是否落实、旅游危险地段是否设置安全警示标志、环境卫生治理情况、松动的岩石是否被处理、索道是否存在超载现象等隐患问题。景区卫生安全服务旨在为游客提供舒适、干净、整洁的服务，为游客营造一个干净、整洁、安全的游览环境。

第二节　景区主要业务流程及要求

通过本节学习，学生将对旅游景区的接待服务、商业服务、综合服务等基本服务的内容及流程有一定的了解和掌握，从而明确旅游景区服务与管理实习的重点和对策。

一、接待服务

景区接待服务的范围十分广泛，从游客购票进入景区开始到游客游玩结束离开景区为止，接待服务贯穿于整个景区服务体系之中，包括购票、验票、导入、咨询和处理投诉等相关内容。景区接待服务的对象是来自不同层次的游客，他们的年龄、性别、职业等各不相同，正所谓"众口难调"，这也使得景区的接待服务工作十分复杂。接待服务的好坏会直接影响游客对景区整体印象的好坏，所以，景区应该重视接待服务。

（一）景区接待服务应遵循的原则

1. 热情服务原则

景区的接待人员应做到"游客至上"。接待游客时，应热情友好，面带微笑，和蔼可亲。把游客的需求放在首位，及时解决游客提出的问题，主动地向游客问好，积极地向游客提供服务，满足游客合理的要求，避免出现冷淡、粗暴、自大、不理睬游客等现象。

2. 周到服务原则

游客来自不同地区、不同阶层，景区接待人员应对所有游客一视同仁，提供热情周到的服务。对于身体不适或残疾的游客，更应该在服务时考虑他们的感受，对他们提供一些力所能及的帮助，使他们在景区获得妥帖细致的服务。接待服务事无大小，接待人员对于每一件事都应尽职尽责，认真对待。

3. 耐心服务原则

对于游客在景区游览中遇到的问题，景区接待人员应耐心地为游客一一解答。尤其是在游客对景区一些服务存在不满、出现投诉现象时，景区接待人员更要耐心地向游客解释，寻求谅解，不能因为怕麻烦就推脱责任，忽视游客的投诉。

（二）景区接待服务具体要求

1. 售票服务

售票工作是景区实现收入的直接环节，虽然相对比较单调，但职责重大，因此，售票人员必须有很强的工作责任心和良好的职业道德。

售票前准备：售票员应准时上下班，按规定要求签到（签退），着工装，佩戴工牌，仪容得体，遵守景区纪律；检查门窗、保险柜、电脑、验钞机是否正常；搞好票房内及售票窗口清洁卫生；开园前挂出当日门票的价格牌，若当日由于特殊原因票价有变，应及时挂出价格牌及变动原因。领班根据前日票房门票的结余数量及当日游客的预测量填写《门票申领表》，到财务部票库领取当日所需各种门票，票种、数量清点无误后领出门票，并分发给各售票员；根据需要到财务部兑换所需的零钞。

售票工作流程要求：当有游客走近售票窗口时，售票员应面带微笑向游客问好，并主动询问游客需要购买的票种和票数；售票员应根据景区门票价格和优惠政策向游客出售门票，并主动向游客解释优惠票价的享受条件；售票时，售票员应做到热情礼貌、唱收唱付，例如"您好，收您100元，每张20元，购3张共60元，找您40元，请您收好"；售票结束时，售票员应向游客说"谢谢""欢迎下次光临"等用语；向闭园前1小时内购票的游客提醒景区的闭园时间及景区内仍有的主要活动；游客因购错票或多购票在售票处办理退票手续时，售票员应根据实际情况办理，并填退票通知单，以便清点时核对；根据游客需求，实事求是地为游客开具发票；交接班时认真核对票款数量，核对门票编号；售票过程中，如票、款出现差错的，售票员应及时向上一级领导反映，长款上交，短款自补；售票员应热情待客，耐心回答游客提出的各种问题，当出现游客冲动或失礼时，应保持克制态度；如遇到外国游客购票，售票员应能够使用简单的英语为外国游客服务。

交款及统计：做好每日每月盘点工作，保证账、票、款相符，做到准确无误，并认真填写相应的《售票日报表》，并将钱款交景区财务部门；搞好票房卫生，关闭门窗、保险箱等，切断电源后方可下班。

2. 验票和导入服务

虽然随着科技的进步，越来越多的景区使用电子检票系统，但是仍有很多景区在使用人工检票。景区的人工验票员同时还肩负着门口接待和导入职责。

验票服务要求：验票员应在景区开园前5分钟到岗，着工装，佩戴工牌，仪容得体，面带微笑；验票员应用标准普通话回答游客问询，并熟练掌握景区票价、景区内部景点位置等景区相关资料；游客入闸时，验票员要求游客人手一票，并认真查验票面，帮助游客通过电子验票系统，而在人工检票闸口，验票员应熟悉本景区门票价格及优惠政策，熟悉免票、优惠票的条件并按要求查验；验票员应该在验票的同时向游客问候，要使用"欢迎光临"等礼貌用语；熟悉旅行团导游、领队带团进入景区的验票方法及相应的免票进入景区的规定；对漏票、持无效证件的游客，要礼貌地耐心解释，说明无效的原因，说服游客重新购票；快捷、热情地为持有效票进入景区的游客检票、撕票；集中保管门票副券，当天副券投入副券箱，每月月底由主管开启销毁。

3. 咨询服务

向游客提供咨询服务应该是景区每一个员工应尽的职责，但主要由游客中心来完成。游客中心又称游人中心，或访客中心，一般位于景区的入口处，是景区对外形象展示的主要窗口。

咨询服务工作要求：游客中心工作人员应准时上岗，着工装，佩戴工牌，仪容得体；做好咨询台及周边的卫生工作，查看前一天工作日志；当有游客走近时，应面带笑容，主动问好；接受游客咨询，注意应该平视对方，认真倾听，并以"嗯"等形式给出反应，以表示对游客的尊重；对于游客咨询要做到有问必答，用词准确，简洁明了，而对于不清楚的问题，应该向旁边的工作人员求助或通过电话等形式来解答游客提出的问题；咨询游客较多时，应根据次序先问先答，其他等候的游客抱怨时，应耐心安抚其情绪；对于所有的咨询游客一视同仁，不可以貌取人；当游客咨询结束准备离开时，应主动道别，可以说"再见，祝您玩得愉快！"等礼貌用语。

4. 投诉处理服务

景区经营范围广泛，服务游客众多，难免会出现投诉现象。游客对景区投诉和抱怨其实包含着对景区的信赖和期待，景区接待人员应该重视游客投诉，积极改进不足之处，提高游客满意度。

掌握游客的投诉心理，有助于快速正确地处理游客投诉。一般来说，驱使游客投诉的主要有以下三个心理需求。

（1）求尊重的心理

游客求尊重的心理每时每刻都是存在的。当游客受到怠慢时就可能引起投诉，投诉的目的就是找回尊严。游客在投诉时，都希望别人认为他（她）的投诉是对的，是有道理的。他们希望得到同情、尊重，希望有关人员、有关部门高度重视他们的意见，向他们表示歉意，并立即采取相应的处理措施。

（2）求平衡的心理

游客在碰到令他们感到烦恼的事之后，觉到心理不平衡、窝火，认为自己受了不公正的待遇，因此，他们可能就会找到景区有关部门，通过投诉的方式把心里的怨气发泄出来，以求得心理上的平衡。俗话说："水不平则流，人不平则语。"这是正常人寻求心理平衡、保持心理健康的正常方式。游客的求平衡心理，还源于游客对人的主体性和社会角色的认知。旅客花钱是为了寻求愉快美好的经历，如果他得到的是不平、烦恼，这种强烈的反差就会促使他通过投诉来找回他作为旅客的权利。

（3）求补偿的心理

在景区服务过程中，如果由于景区工作人员的职务性行为或景区未能履行与游客签订的合同，给游客造成物质上的损失或精神上的伤害，他们就可能通过投诉的方式来要求有关部门给予他们物质上的补偿。这也是一种正常的、普遍的心理现象，因为对于因职务性行为所带来的某些精神伤害，从法律上来说，旅游者有权利要求物质赔偿。

投诉处理工作要求：

第一，认真倾听。一般来说，来投诉的游客大多怒气冲冲，想要发泄他们不满的情绪。这个时候工作人员应该先保持沉默，耐心倾听，保持目光交流，搞清楚游客投诉的原因。

第二，诚恳道歉。不论是什么样的原因，既然游客前来投诉，必然有他的理由。接待人员应发自内心地向游客道歉，并对游客遭遇表示同情和理解。对投诉的客人做出一些同情和理解的表示，是抚慰其已经受伤的心的最好办法，也是把他的注意力引向解决问题而不是拘泥于令人烦恼的细节和令人沮丧的情绪的最佳办法。

第三，真诚地与游客交流。投诉的游客不仅需要你理解他，更需要你解决他的问题。若想要让游客得到满意的答案，处理投诉的人员就必须了解问题的来龙去脉。但是，心烦意乱的游客很少能以一个平静的语气讲述完他们经历的事情，因此，接待人员必须把游客所反映的问题做一个总结，用自己的话叙述给游客，力求与游客的表达相符。接待人员还可以通过适当提问，收集游客所要表达问题的重要信息。

第四，给出一个解决方案。经过和客人协商，接待人员可以给出一个双方都能接受的解决方案，方案通常包括：打折、送赠品（包括礼物、商品或服务）等。

第五，跟踪服务。接待人员可通过电话、电子邮件、信函等方式进行跟踪服务，向投诉的游客了解景区的解决方案是否有用、是否还有其他问题。

第六，将此次投诉事件写成报告并存档，服务人员应对典型问题产生的原因和相应措施进行分析总结，并定期进行统计，不断提高服务水平。

5. 讲解服务

俗话说，看景不如听景。而旅游活动则是看与听的结合。这个"听景"就需要景区为游客提供讲解服务。景区的景物大多是静态的，如果缺少讲解服务，游客会难以领略到景物的独特之处，而好的讲解服务则可以起到情景交融、画龙点睛的效果，让游客流连忘返。

（1）讲解服务分类

目前，景区的讲解服务主要分为自助式讲解和人工导游讲解两种类型。

自助式讲解主要包括标识牌解说、印刷品解说、电子音像解说三种方式。旅游景区的标识牌是一种载有旅游目的地相关内容（包括图标、符号、文字）的，具有标记、解说、向导、装饰等功能的牌子，是景区必不可少的基本构件。印刷品解说包括导游图、交通图、导游手册、景区服务指南、风光图片、书籍、画册等，以及有关新开发的旅游产品、专项旅游活动的宣传品、广告、招贴画以及旅游纪念品等，是一种将信息印刷在纸上传播的方式。电子音像解说主要包括电子导游、电子滚动屏幕、广播及背景音乐、影像放映厅等形式，是景区产品高科技化的主要表现，是景区导游服务的重要组成部分。

人工导游讲解也称现场讲解，是景区服务的核心部分。导游人员应通过其讲解，使游客对景区的全貌和各个景点的知识有较为深刻的了解。

（2）导游的基本职业要求

导游员应着工装，佩戴工号牌，发型朴实大方，仪容整洁得体；熟练掌握普通话，口齿伶俐，头脑灵活，反应快，语言表达能力强；熟悉导游讲解业务，熟记景区景点的导游词；精神饱满，乐观，热爱本职，热心助人，服务游客；形体动作自然大方，站有站相，坐有坐相。

（3）导游讲解服务要求

导游人员在运用语言进行讲解时，要遵循"正确、清楚、生动、灵活"四个原则。

正确，即导游语言的规范性。这是导游语言科学性的具体体现，是导游人员在导游讲解时必须遵守的基本原则。通过导游活动，导游人员向游客传播文明，传递审美信息。在这一活动中，"正确性"起着至关重要的作用。"一伪灭千真"，如果导游人员信口开河、杜撰史实、张冠李戴，游客一旦发现受了导游人员的蒙蔽，必定产生极大的反感，会怀疑导游讲解内容的真实性，甚至会否定一切。所以，导游人员在宣传、讲解和回答游客的问题时必须做到准确无误。而且，导游语言的科学性越强，越能吸引游客的注意，越能满足他们的求知欲，导游人员也会受到更多的尊重。

清楚，即简洁明了，确切达意。导游人员应将景物成因背景交代清楚，使用通俗易懂的语言。清楚是导游语言科学性的又一体现，导游人员在导游讲解时应注意措辞恰当、层次分明、逻辑性强。文物古迹的历史背景、艺术价值，自然景观的成因及特征必须交代清楚。导游人员应使用通俗易懂的语言，忌用生僻的词汇、冗长的书面语，不要满口空话、套话；在遇到中国专用的政治词汇时，要向外国游客做适当解释。

生动形象是导游语言美之所在，是导游语言的艺术性和趣味性的具体体现。要想使语言生动，不仅要考虑讲话的内容，还要考虑表达方式，要力求与神态表情、手势动作以及声调等和谐一致。导游人员的语言表达如果是平淡的、背书式的单调、呆板，甚至是生硬的，必然使听者兴味索然，甚至会使对方在心理上产生不耐烦或厌恶的情绪。生动形象、饶有趣味、发人深省的导游讲解才能起到引人入胜的作用。所以，导游人员在导游讲解时应力争做到使用形象化的语言，以创造美的意境。导游人员在充分掌握导游资料的情况下注意语言的趣味性，努力使情景与语言交融，给人以美的享受，激发起旅游者的浓浓游兴。导游人员在进行讲解时应学会恰当比喻，以熟喻生使导游讲解更易理解，生动的比喻往往会让人感到亲切。在导游讲解时，导游人员的神态表情、手势动作以及声音语调若能与讲解的内容、当时的气氛有机配合、和谐一致，定会产生极佳的效果。

灵活，即根据不同的对象和时空条件进行导游讲解，注意因人而异、因地制宜。根据这一原则，在讲解中，导游人员要灵活使用导游语言，使特定景点的讲解适应不同游客的文化修养和审美情趣，满足不同层次的审美要求。如对专家、学者，导游人员在讲解时要注意语言的品位，要谨慎、规范；对初访者，导游人员要热情洋溢；对年老体弱的游客，讲解时力求简洁从容；对青年，导游讲解应活泼流畅；对大众游客，导游语言要力求通俗化。这就要求导游人员在较高的语言修养的基础上灵活地安排讲解内容，使其深浅恰当、雅俗共赏，努力使每个游客都能获得美的享受。此外，导游词要与游客目光所及的景象融为一体，要使游客的注意力集中于导游讲解之中，这是衡量导游讲解成功与否的标准之一。

（4）导游讲解服务技巧

第一，分段讲解法。所谓分段讲解法，就是将一处大景点分为前后衔接的若干部分来分段讲解。根据景区景点的特点，将游览活动粗略地分为游览前、游览中和游览后三个阶段，导游人员可以采用分段讲解法来提高导游讲解的质量。导游员在进入景区景点前（通常在入口处的示意图、导游图前）介绍景区景点（包括景区概况、历史沿革、发展历程、欣赏价值、主体景观等），使旅游者对即将游览的景区有个初步印象，达到"见树先见林"的效果，使之产生"一睹为快"的渴求，然后到现场依次游览。

第二，突出重点法。所谓突出重点法，就是导游在讲解时避免面面俱到，而是突出某一方面的讲解方法。一处景点，要讲解的内容很多，导游人员必须根据不同的时空条件和对象区别对待，有的放矢地做到轻重搭配、重点突出、详略得当、疏密有致。导游讲解时一般要突出下述四个方面：突出大景点中具有代表性的景观，突出景点的特征及与众不同之处，突出游客感兴趣的内容，突出"……之最"。

第三，触景生情法。触景生情法就是见物生情、借题发挥的导游讲解方法。利用所见景物制造意境，引人入胜，使旅游者产生联想，从而领略其中妙趣。触景生情法要求导游讲解的内容要以客观实际为依托，与所见景物和谐统一，使其情景交融，让旅游者感到景中有情、情中有景。触景生情法贵在发挥，要自然、正确、切题地发挥。导游人员要通过生动形象的讲解、风趣感人的语言赋予景观以生命和情感，引导旅游者进入审美对象的特写意境，从而使他们获得更多的知识和美的享受。

第四，虚实结合法。虚实结合法就是导游在讲解中将典故、传说与景物介绍有机结合，即编织情节的导游手法。如果将景观和相关的传说、故事结合起来，可使导游讲解情景交融、引人入胜。"虚""实"结合法中的"实"是指景观的实体、实物、史实、艺术价值等，而"虚"则指与景观有关的民间传说、神话故事、典故、趣闻逸事等。"虚""实"必须有机结合，但应以"实"为主，以"虚"为辅，"虚"为"实"服务，以"虚"烘托情节，以"虚"加深"实"的存在，努力将无情的景物变成有情的导游讲解。所以，在对一个景点进行讲解时，先讲什么，后讲什么，中间插入什么典故、传说，导游人员要心中有数，如果再加上语言形象风趣、语调起伏变化，那么导游讲解定会产生强烈的艺术吸引力。

第五，问答法。问答法就是在讲解时，导游人员向旅游者提出问题或启发旅游者提问题的导游方法。使用问答法的目的是活跃游览气氛，促进旅游者与导游人员之间的思想交流，使旅游者参与其中，避免导游人员唱独角戏式的、单向灌输式的讲解状态，让旅游者获得参与成功、自我满足的快乐，加深旅游者对所游览景点的印象。

第六，制造悬念法。制造悬念法指导游人员在导游讲解时提出令人感兴趣的话题，但故意引而不发，制造悬念，激起旅游者急于知道答案的欲望的方法。这是一种"先藏后露、欲扬先抑、引而不发"的手法，一旦"发（讲）"出来，会给旅游者留下特别深刻的印象，而且导游人员可以始终处于主导地位，成为旅游者的关注焦点。问答法、引而不发法、引人入胜法等，都可能激起旅游者对景观景物的兴趣，引起联想，从而制造出悬念。导游人员运用制造悬念法，巧妙安排、环环相扣，可以活跃气氛、创造意境，提高旅游者游兴，增强导游讲解效果。

第七，类比法。所谓类比法就是用旅游者熟悉的事物与眼前景观景点比较，便于旅游者理解，以达到触类旁通效果的导游手法。类比法，以熟喻生，使旅游者感到亲切，从而达到事半功倍的导游效果。类比法还可分为同类相似类比和同类相异类比两种，不仅可在物与物之间进行比较，还可在时间上进行比较。同类相似类比是将相似的两物进行比较，便于旅游者理解，并使其产生亲切感。同类相异类比则是将两物比较出质量、水平、价值等方面的不同。除此之外，导游人员还可以运用时间类比法，将同一国家或地区的不同时代的状况，或不同国家或地区的相同时代的状况进行比较，加深旅游者对景观景点的印象。

第八，画龙点睛法。画龙点睛法就是用凝练的词句概括所游览景点的独特之处，给旅游者留下突出印象的导游手法。旅游者边听导游讲解边观赏景物，既看到了"林"，又欣赏到了"树"，在旅游者内心都会留下对旅游景区的印象与评价。此时，导游人员适时对景区特征做出提炼、总结，会给旅游者留下深刻的印象。在运用此法时，导游人员要注意语言简练，应能用较少的几个字点出景物精华之所在，帮助游客进一步领略其中奥妙，获得更多更好的精神享受。

二、商业服务

景区的商业服务是景区收入的重要组成部分，是满足游客食、住、购、娱等方面的场所。景区商业服务主要包括购物服务、餐饮服务和住宿服务。

（一）购物服务基本要求

由于游客对景区了解甚少，在购物时，景区工作人员需要把握游客心理，协助游客购物。

1. 善于接触游客

商业服务中心的员工，必须善于察言观色。一般来说，当游客刚一进店时，员工不可太早同客人打招呼，免得游客产生戒心，但是也不能太迟打招呼，否则会让游客觉得缺少热情。员工应该善于通过游客的衣着打扮和言行举止，判断游客的心理状态，准确选择接触客人的最佳时机。

2. 推荐商品

商品服务中心的员工应根据游客心理和需求，有针对性地推荐商品；按游客的需要取拿商品，并展示给游客，便于游客挑选比较；同时，介绍商品性能、特点、质量、价格和使用方法等。

3. 帮助游客决策

游客在景区购物过程中，对景区商品了解有限，常常会在购物时犹豫不决。这时，服务人员应通过对商品详细介绍并结合对游客心理需求的把握，帮助游客做出购买决策。

4. 包装成交

游客付款后，服务人员应先请游客检验所包装的商品是否为其所购买的商品，然后再包装。商品包装要牢固、美观大方、方便携带。收款过程中，要认真细致，做到唱收唱付。

5. 送别客人

购物结束之后，服务人员应向游客表示感谢；客人离去时，应用礼貌用语告别。

（二）餐饮服务基本要求

在景区内，餐饮服务的优劣不仅影响到游客对餐饮点印象的好坏，更影响到游客对整个景区评价的高低。景区内的餐饮是整个旅游景区服务的重要组成部分，是景区向游客提供优质服务的基础和保障。

景区餐饮质量包括餐饮卫生质量、餐饮环境质量和餐饮服务质量三个方面。餐饮卫生质量要求餐厅使用的原材料新鲜；客人使用的餐具要由专人洗涤保管并严格消毒；餐厅的环境整洁雅静、空气清新，客人可以在安全、舒适的环境中品尝美味佳肴。餐饮环境质量要求餐厅从内部装潢到外部设计都要体现景区文化主题和内涵，餐具摆设和灯饰小品设计都要营造出一种轻松舒适的就餐氛围。餐饮服务质量则要求景区餐厅服务人员严格遵守景区规章制度，热情为游客服务。

景区餐饮服务具体要求：

第一，餐前准备工作。服务人员应准时开门营业，搞好餐厅卫生；准备营业所需物品，包括餐酒用品、服务用品、酒水等，并按照相关要求摆台；提前了解当天景区客源情况以及团队预订用餐情况；了解当日所供菜品和价格，将优惠活动和特色菜品在餐厅门口标出。

第二，用餐过程服务。客人进入餐厅后，服务人员要及时安排好客人的座位并递上菜单，让客人点菜；主动向客人介绍菜单的内容，尤其需要根据客人喜好及餐厅特色，有针对性地介绍菜肴；快速上菜，在客人坐定后，先上茶水或其他免费的小吃以安顿客人，使他们在等待上菜的过程中不感到太无聊或觉得上菜太慢；闲时添加茶水和撤掉空盘。

第三，餐后工作。客人用餐结束后，及时送上账单结账；提醒客人不要遗忘物品，并向客人表示感谢，欢迎客人再次光临；收拾餐桌，重新摆台。

（三）住宿服务基本要求

随着旅游业的蓬勃发展，旅游景区功能逐渐向"食、住、行、游、购、娱"一体化发展，游客不再仅仅满足于走马观花式的游览，而是希望能在景区停留过夜，充分感受景区氛围。于是，越来越多的景区开始提供住宿服务。住宿服务基本要求有：

第一，整洁。客房清洁卫生是客人普遍的要求。作为客房服务人员，其主要工作职责之一就是整理客房，保持客房内外清洁整齐。整洁的住宿环境可以使客人产生美好、舒适的住宿心情。清洁卫生是反映客房服务质量的一项重要内容，是宾馆档次、等级的一个重要标志。

第二，安全。安全感是愉悦感、舒适感和满足感的基石，客人是把自己出外旅游期间的安全放在首位的。安全感不仅表现在卫生方面，还表现在防火、防盗和防人身意外伤害等方面。客人在住宿期间，希望自己的人身与财产得到安全保障，能够放心地休息。因此，客房的安全设施要齐全可靠。服务人员没有得到召唤或允许，不能擅自进入客人房间，绝对不能去打扰客人。有事或清扫房间，服务人员要先敲门，在得到允许后才能进入，工作完成后即刻离开。日常清扫服务，绝对不允许服务人员随意乱动客人的物品，尤其在进入房间时不可东张西望，以免引起客人不安。

第三，安静。客房的主要功能是为客人提供休息场所，客房环境的安静是保证这一功能实现的重要因素。保持客房安静也就是要防止和消除噪音，这要从两方面入手。首先，必须做到硬件本身不产生噪音，宾馆选择设备的一个标准就是产生的噪音要小；另外，要有较好的隔音性，能阻隔噪音的传入和传导。其次，软件方面也不能产生噪音，员工须做到"三轻"——走路轻、说话轻、操作轻。"三轻"不仅能减少噪音，而且能使客人感到服务人员文雅和亲切。

景区的住宿服务与酒店住宿服务差别不大，此处以总台为例，介绍主要服务流程。

第一，营业前准备。服务人员应提前了解客房预订情况以及剩余客房数；与客房中心联系，确保客房干净整洁，配套设施完整；了解不同档次客房价格以及当天有无优惠活动。

第二，住宿办理过程要求。当客人走向柜台时，前台人员主动问好，介绍客房种类、位置、条件及房价，征求客人住宿意见；协助客人办理住宿手续，并填写住宿登记卡，确保实名登记；收取押金时，要按照规定给予客人押金收据并唱收；接待团队成员时，应请陪同人员协助将房间分好，并统一登记；夜间值班人员一定要注意游客或者团队叮嘱的叫醒时间。

第三，住宿结束之后工作。服务人员应及时为客人办理退房手续，根据房价和消费进行结算，并退还押金；根据客人需求，实事求是地开具发票；对已经退房的房间，通知楼层服务人员快速查房并打扫。

三、综合服务

旅游景区是一个综合体，除了游客可以直接感受到的接待服务、商业服务之外，还包括设施设备维修与管理、景区卫生安全等综合性服务。这些综合性服务是景区良好运作的保障。

（一）设施设备维修与管理

旅游景区设施是景区为游客提供游玩、休闲和观赏的硬件部分，指构成景区固定资产的各种物质设施。在景区的运营过程中，各种设施设备特别是娱乐设施经过一段时间运转都会产生一定的磨损，可能会有松动、变形等问题。这些变化会导致设施设备外观陈旧，运转安全性降低。这时，景区必须对设施设备进行维修与管理。

设施设备维修管理要求：维修人员应严格遵守景区制定的设施设备维护保养的规章制度；定期对设施设备进行彻底检查，查看设施设备运转状况；除了日常擦拭外，还应定期彻底清洗，保持良好外观；定期调整部件间隙，检查部件的强度，发现问题，及时更换。设施设备操作人员要定期接受技术业务培训，尽量多地了解所操作的设施设备的有关资料；操作人员要学习并正确掌握基本的故障排除法，一旦出现故障，要及时报修，禁止带病工作；每天营业前，一定要检查设施设备安全情况；在游客使用前，向游客介绍设施设备使用方法并示范操作，同时还应提醒安全注意事项；交班人员要将设备运转情况、未完成事宜以及需下班接着做的工作，做好记录与交接。

（二）景区卫生服务要求

旅游景区卫生环境是景区环境质量最重要的外在表现。它不仅影响游客的旅游全过程，还将影响到游客的评价。良好的景区卫生环境会给游客提供美的享受，增加游客的游览乐趣。因此，景区应致力于为游客提供一个干净、整洁、舒适的旅游卫生环境，提高旅游者的旅游质量，吸引更多的游客前来参观游览。

景区卫生服务要求：景区工作人员应保持良好的个人卫生，避免出现随地丢弃纸屑、随地吐痰等不文明现象；员工要以实际行动教育游客爱护环境，当看到游客随意丢弃的垃圾时应及时捡起来；建立卫生管理责任制，责任到人，赏罚分明；景区每日营业前必须做到地面打扫完毕，设施设备清扫完毕；定期绿化美化景区工作环境，定期修剪景区内草地树木，保持美观；制定相关环境标语，并在园区各个绿化景点标识出来；给游客发放色彩鲜明、生动有趣、具有感染力的环境卫生宣传手册，引导游客文明游览；合理设置垃圾箱的位置，垃圾箱应美观、整洁，与环境相协调；景区内的垃圾箱应保持外观整洁，及时清理；景区厕所应设置在隐蔽但易于寻找、方便到达，并适于通风排污的地方。

（三）景区安全管理

景区的日常安全管理应该贯彻"安全第一，预防为主"的方针，努力消除各种安全隐患。因为景区安全事故不仅会给游客的生命安全带来严重威胁，给景区经济发展造成巨大损失，而且还会给景区形象带来严重的负面影响。为了确保游客、员工和景区的安全，消除安全隐患，确保景区秩序井然，保持良好的运营状态，景区应重视安全管理工作。

景区安全管理要求：景区应建立健全相关安全组织和制度，并严格遵守规章制度；加强对设施设备的检查工作，定期进行维修，消除安全隐患；景区应在出入口、景点、停车场以及其他存在安全隐患的敏感位置安装摄像头或监视器，保护景区和游客的财产安全；在景区的危险地带，必须采用安全防护栏等安全设施进行隔离；根据景区需求，选择合适的消防设施设备，一般来说景区应配备干粉灭火器、二氧化碳灭火器、消防栓等灭火设备；景区还应配备相应的医疗服务团队和设施，以备不时之需；景区应配备专业安保团队，每日采取巡逻的方式对景区进行安全检查，看到不法行为应立即制止；日常服务中，应时刻注意烟火等易燃危险物品、电器设备等，发现问题及时处理，并做好记录；在景区的游客集散地、主要通道、危险地带等区域，要按照国家规范设置安全标志牌，用以提醒游客注意安全；游客的人身、财产安全受到意外损害时，景区管理者应当迅速采取补救措施，及时向公安机关、相关行政管理部门或者有关部门报告。

第三节　景区实习常见问题及其分析

一、门票销售缺乏预警机制

【案例 5 - 1】

到了下班时间，游客却坚持排队，怎么办？

某景区的工作时间是从早上 8：40 到下午 5：10。正常情况下，下午 5：00准时结束娱乐设备运行，留有最后 10 分钟检查设备和打扫卫生。某天中午，天空突然下起了大雨，按照相关规定，景区停止了娱乐设备的运行，游客也就不能再继续使用娱乐设备。下午 4：00，天气突然转好，于是景区的娱乐设备又对游客重新开放，有很多游客过来排队等待游玩。一个小时很快过去了，眼看景区已经到了下班时间，但仍然有很多排队的游客还没有来得及游玩。景区工作人员只好提前15分钟告诉游客，娱乐设备将在5：00结束运营，所以后面的游客就不要再继续排队等候了。但是，排队的游客仍然不走，继续等待，5：00景区工作人员根据正常的下班时间停止了娱乐设备的运行，请走游客。但是，游客坚决不走，坚持要玩，并且认为既然自己买了票就必须要玩。因为下班之后，景区规定工作人员不能随便运行设备，所以工作人员只能按时停止设备运行，结果排队的游客集体到景区接待部投诉。为了不让事件扩大化，景区工作人员只能重新开启娱乐设备，让排队的游客全部都游玩后才下班。

存在问题：

（1）景区工作人员没能向游客解释清楚，是因为突下大雨这种不可抗力造成景区娱乐设备不能按照正常时间运行。

（2）景区工作人员没有提前在入口处告知游客下班时间，造成大量游客滞留。

（3）出现问题时，景区工作人员没有及时向有关部门领导报告，请求支援。

（4）景区工作人员在下班时间强行关闭设施，没能与游客好好沟通，造成投诉。

案例解析：

（1）景区工作人员在日常工作中要切记"以游客满意为中心"的原则，耐心细致地为游客服务。对于游客的需求，不存在是否合理、是否可能的问题，只要游客提出来，工作人员就应该在合理而又可能的条件下尽量满足游客的要求，不能因为游客提出了不合理的要求就在与游客说话时带有情绪，更不能忽视游客的需求。在本案例中，因为有大量游客在排队等候，所以即使到了下班时间，景区工作人员也不能在没有与游客进行沟通和商量的情况下自行停止娱乐设备运行。

（2）遇到此类突发事件时，景区工作人员一定要向游客解释清楚，告知游客是因为突下大雨这种不可抗力才造成娱乐设备停用，而且景区的做法也是严格遵守国家安监局的相关规定的，景区要对游客的安全负责。景区工作人员还应该在下班前30分钟，在入口处拦截游客，告知准确的下班时间，不要让游客进入等候区排队，以免造成大量游客滞留的现象。

（3）在遇到自己解决不了的问题时，景区工作人员一定要及时告知有关领导，让领导到现场处理；同时也要和搭档配合，努力安抚游客躁动的情绪。

景区工作人员不能只考虑自己的感受，对游客的投诉视而不见，这样只会更加激发游客不满的情绪。

（4）景区工作人员应该学会以"换位思考"的方式去理解投诉游客的心情和处境。试想，如果自己是游客，遇到这种情况肯定也会对景区存在不满，所以景区工作人员应满怀诚意地帮助游客解决问题，只有这样，才能赢得游客的信任，从而有助于解决问题。

二、导游知识储备不甚丰富

【案例 5-2】

一问三不知的导游员

小张是杭州岳王庙景区的一个实习导游员。他整天捧着导游词死背，对自己的工作充满了信心。有一天，他接待了一个来自北京的教师旅游团。他在介绍岳王庙历史时说："岳王庙始建于北宋，原为智果观音院的旧址……"话音未落，有一位教师提出疑问："岳飞是南宋的抗金名将，为什么埋葬岳飞的岳王庙却是在北宋建的？"小王听后，一时语塞。

在正殿，小王讲解道："这天花板上绘的是松鹤图，共有 372 只仙鹤，在苍松翠柏之间飞舞，寓意岳飞精忠报国精神万古长青。"游客听后问道："为什么是 372 只仙鹤，而不是 371 只或是 373 只？这有什么讲究吗？"小王倒是很爽快，回答说："对不起！这个我也不清楚，应该没什么讲究吧！"

来到碑廊区，小王指着墙上"尽忠报国"四个字说："这是明代书法家洪珠所写。"团中一位年轻人不解地问小王："为什么前面正殿墙上写的是'精忠报国'，而这儿却写成'尽忠报国'呢？"小王考虑了一会儿，支支吾吾道："这两个字没什么区别，反正它们都是赞扬岳飞的。"那游客还想说些什么，小王却喊道："走了，走了，我们去看看岳飞墓。"

到了墓区，小王指着墓道旁的石翁仲讲解说："这三对石人代表了岳飞生前的仪卫。"游客们没有听懂，要求小王解释一下"仪卫"是什么，小王犯难地说："仪卫嘛，就是为岳飞守陵的人。"游客反问道："放几个石人在这儿守陵有什么用呢？"小王说："这个，对不起！我不知道。"结果，游客看着一问三不知的小王，便开始摇头散去，小王颇感尴尬。

存在问题：

（1）小王对景点知识掌握不够精准。

（2）小王对部分历史知识、名词没有深入学习和了解，无法回答游客提出的问题，导致游客不满意。

案例解析：

导游员是做什么的？能带路、能讲解，远远不够。导游员应是游客的老师、游客的朋友、游客的楷模……导游工作是与人打交道的工作，中国人、外国人、老年人、年轻人、男人、女人，各种各样的人会提出各种各样的问题。一问三不知，何谓导游员？有人说："导游要上知天文，下知地理，无所不晓。"可见对导游员知识面的要求有多高。知识是景点导游讲解的素材，是景点导游服务的原料，是景点导游人员的看家本领。当然，导游员不可能做到行行通，成为一个全能人物。但具备广博的知识，却是导游工作对导游员的一项特殊要求。愿我们的导游员不要做本案例中的小王。

如何才能避免一问三不知的尴尬局面呢？首先，导游员应该是个"杂家"，他要掌握的知识包罗万象。头脑中有了丰富的知识，加上良好的口头表达能力，讲解时才能游刃有余。作为一名导游员，必须注重平时的学习，不断丰富自我。

其次，做好接团前的知识储备，也能最大限度地避免此类"张冠李戴"或一问三不知的情况的发生。导游员所讲的内容，应是"有据"的，不能胡编乱造、信口雌黄，尤其是有关历史事件、朝代、人物、年份等，切不可搞错。本案例中，导游员小王把岳王庙的建造年代"南宋"错讲成了"北宋"，说明他的中国历史知识相当欠缺。游客发觉后即指出来，这场面当然会很尴尬。更为不利的是，这样一来，游客还会对小王失去信心。应该说，本案例中的小王还是一个没有经验的导游员。智者千虑，必有一失，谁都有讲错或不知道的事情，但有经验的导游员往往能巧妙地应付过去。当然，如果确实是自己错了，导游员还是应该虚心地接受游客的指正，并对游客表示谢意；带团结束后，则应做认真的总结，及时弥补知识的不足，以免以后再发生类似的错误。

三、商业服务变退货为换货

【案例 5 - 3】

换　货　风　波

某日，无锡某景区助理小王接到柜台员工电话称，昨天有位顾客在玉器柜台购买了一只价格 6000 元左右的玉镯，因尺寸不对想来换货。小王当即和顾客进行了沟通，了解到当时是男顾客为妻子购买的，但回去试戴后发现尺寸不对，于是今天和妻子一起来换个合适的。

　　在确认了顾客的换货意向后，小王联系了办公室主任，亲自开车去门口将两位顾客接到玉器柜台协助换货。几经挑选，并没有找到尺寸和价格都合适的玉镯，于是顾客就提出了想要退货。小王根据公司规定解释，高价位的玉器珠宝类商品离柜后一概不能退货。在知晓不能退货后，顾客的情绪比较低落。小王就提议到其他门店去看看有没有合适尺寸的手镯。一番周折后还是没有找到合适的，这时顾客的情绪比较激动，声称要投诉。综合考虑之后，小王又提出了另一个解决方案，能否挑选其他商品来代替玉镯，比如玉坠等。顾客同意了小王的建议。

　　小王了解到顾客是想求财。回到玉器柜台后，小王主动进行介绍，发现顾客对一块弥勒佛挂件比较感兴趣。于是，她"主动出击"，告知顾客这块弥勒佛肚子上的一条带状黄翡就是寓意腰缠万贯，有招财之意，而且这块玉料也是上等的。柜台员工立即拿出挂件让其试戴，试戴过后，女顾客对这块黄翡弥勒佛挂件很满意，随后就补了3000多元差价购买了这块黄翡弥勒佛。最终，商品得到销售，顾客购买到满意的玉器，获得两全其美的结果。

存在问题：

如何处理游客换货或退货问题？小王处理得对吗？

案例解析：

日常销售中难免会遇到退换货纠纷，我们可以在以往的工作经验中寻找到小窍门处理好类似的事情。从上述的案例中，我们可以借鉴以下几点：

（1）告知顾客规定原则：公司规定黄金、玉器等高价位商品离柜后不予退货。

（2）处理问题时不能慌乱，寻找出双方都能接受的方法将事情解决。

（3）和顾客主动交谈，投其所好，从顾客的切实需求着手寻找突破口。

处理此类事件，我们希望能达到双赢的效果，因此在今后的工作中还要不断地学习提升自己的业务能力。这样不仅能够保证公司的利益，也能得到顾客的认可。

四、安全管理职责模糊不清

【案例5-4】

谁　之　过？

　　2015年的清明假期，天津某主题公园正在举办风筝节活动，景区内挂满了各式各样的风筝。从呼和浩特请来的专业放风筝表演队伍，在声呐广场放着各式各样的风筝，吸引了众多游客观看。4月5日是清明假期的第二天，景区游客特别多，尤其是小朋友也很多。小朋友们很少能够安分地站在一处观看工作人员放风筝，大多都是随意跑动。也正因为如此，意外事故发生了。发生事故的声呐广场就在海边，当时海风特别大，风筝线又特别多。放风筝队伍中有一个人不小心松开了手中的风筝线，风筝被海风吹走，把一个小朋友也拉走了。当时，这个小朋友正走在爸爸妈妈的前面，突然脚被风筝线缠住了并且怎样都解不开，风筝在海风的吹动下就把他拉走了。小朋友被风筝拉走的瞬间，他的母亲立刻抓住了他，但是妈妈却连同孩子一起被风筝拉走。广场上的游客看到后纷纷过来帮忙才把风筝拉住。出事的瞬间，也吓坏了很多游客。所幸小朋友被救下后没事，但是他的妈妈却流血受伤，几乎不能站起来。此次事故让游客的家人十分生气。景区的领导和工作人员及时赶到事故发生地，向游客及家人真诚道歉，快速地把受伤的孩子母亲送去医院治疗，退还了景区门票费用并做出相应的赔偿。

存在问题：

（1）景区在举行风筝节活动时，没有设立安全警戒线，造成安全隐患。

（2）景区在举行节庆活动时，游客众多，缺少安保人员。

（3）游客在游玩时没有照看好自己的孩子。

案例解析：

在我国，不少景区在举行节庆活动时，缺乏相关的安全意识，这就造成了一定的安全隐患。景区在进行表演活动时，因为游客众多，在游客和表演区之间一定要设立安全防护栏或者安全警戒线进行隔离，使游客在安全地带有序地观赏景区表演。景区管理人员不能存在侥幸心理，认为表演活动不会发生什么意外，从而对安全问题不够重视。在此案例中，正是因为景区没有设立安全警戒线，才使得小朋友可以在放风筝的地区随意走动发生了意外事故。

在举行大规模表演活动时，景区管理人员应该提前做好相关安全措施，特别在遇上节假日时，更应增派安保人员在现场进行安全检查。景区管理者不能为了节省开支而减少安保人员，或者为应付相关部门检查而组建一个可有可无的安全管理机构。在此案例中，在活动表演现场，只有部分工作人员在维持秩序，并没有见到专职安保人员。为了确保此类事情不再发生，景区应建立起完善的安全管理体系，确保景区活动安全有序进行。

父母一定要照看好孩子，不能因为忙着欣赏景区表演而忽略了孩子的活动。特别是在节假日人多的时候，父母更应该时刻关注孩子的行动。小朋友因为有爱玩的天性，容易被新鲜热闹的事物所吸引，缺乏自我保护意识，所以这个时候父母不能因为是在旅游就对孩子的活动缺乏警惕意识，而是更应该仔细照看，确保孩子安全。

第六章　顶岗实习考核

学习目标

通过本章学习，要求学生能够：

1. 了解顶岗实习考核的指导思想、考核方式与依据；
2. 掌握实习鉴定表的填写方法；
3. 了解优秀实习生评选标准与程序；
4. 掌握顶岗实习总结、案例的撰写方法。

第一节　考核办法

一、指导思想

顶岗实习考核与成绩评定是对旅游管理专业学生实习工作的客观评价。学校将依据顶岗实习要求与实习生在实习期间的具体表现，进行综合考核与成绩评定，并通过顶岗实习考核激发实习生实习热情，调动实习积极性。实习考核是评定实习成绩的前提。因此，实习考核必须做到公平、公正、全面、客观、合理、规范。实习生由旅游实习单位和指导教师考核，考核内容包括政治思想表现、劳动态度、组织纪律、任务完成情况及实习周记、实习总结、实习案例的撰写情况等。

二、考核方式

实习学生依据实习大纲和实习计划要求完成规定的任务，提交实习鉴定表、实习总结报告和实习案例，方可参加考核。实习成绩依据实习表现及计划任务的完成情况，实习总结报告、实习案例的撰写情况等评定。

旅游管理顶岗实习结束以后，学校将对学生的实习过程全面考核，实行百分制考核，考核项目包括：实习鉴定表（50%），由实习单位提供；学生自我鉴定（30%），由学生本人完成，包括实习总结和实习案例；指导教师评价（20%），由实习指导教师提供。

三、考核依据

顶岗实习成绩主要依据实习表现及计划任务的完成情况、实习鉴定、实习总结报告、实习案例等综合评定。实习成绩评定包括自我考评和他人考评两个模块。他人考评包括各实习单位考核与评价（占50%）和指导老师评价（占20%），自我考评即学生自我鉴定（占30%，由学生本人撰写实习心得、实习总结，填写实习报告，完成实习周记），根据以上结果评定最后的实习成绩。专业实习成绩按五级制予以评定：优秀、良好、中等、合格、不合格。

（1）优秀（90分及以上）

① 全面完成各项实习任务。

② 实习非常认真，实习时主动、好学。

③ 严格遵守实习单位的劳动纪律。

④ 实习周记质量高，能够理论联系实际，能够运用所学的理论对某些问题加以深入分析，或对某些问题有独到的见解或合理性建议。

⑤ 实习报告有丰富的实际材料，内容真实、具体、充实，论述正确，主题突出，收获大、体会深刻，对实习内容能进行完整的总结，在企业经济管理和运作方面有独创性见解。

（2）良好（80～89分）

① 较好地完成顶岗实习各项任务；顶岗实习较认真，遵守顶岗实习单位的劳动纪律；顶岗实习效果较好，动手能力中上。

② 实习周记认真。

③ 实习报告对实习内容总结得比较完整。

（3）中等（70～79分）

① 完成顶岗实习各项任务；顶岗实习认真，遵守顶岗实习单位的劳动纪律；顶岗实习单位反映好，动手能力中等。

② 顶岗实习报告内容较具体，数据可靠，论述较清楚，基本概念正确，收获较大，文理通顺。

（4）合格（60～69分）

① 实习期间表现尚好，基本完成顶岗实习任务，达到实习计划中规定的主要要求。

② 能完成实习报告、实习周记及作业，质量一般。

（5）不合格（59分及以下），有下列情况之一者，成绩均为不合格：

① 未能达到实习大纲及实习计划要求，实习总结报告有原则性错误或不交实习报告者，实习态度不端正。

② 实习中严重违反纪律或造成严重后果，被实习单位退回（除名、开除）。

③ 未经学院同意，撤离实习岗位或更改实习单位。

④ 实习期间请假缺勤时间达到实习时间三分之一。

第二节　考核项目

一、实习鉴定表

按学院统一发放的实习鉴定表要求，填写相关内容，由实习单位的相关部门做出实习鉴定并签（盖）章。

（一）自我鉴定

依据实习情况，撰写自我鉴定，语言概括、简明扼要，具有评语和结论性质。自我鉴定包括以下内容：

（1）工作部门情况介绍；

（2）实习岗位的工作情况，本人实习岗位的职责、工作流程和服务程序等；

（3）收获与体会，服务意识与职业道德、服务规范与服务技能等方面的训练与收获，以及在管理理念方面受到的启示等。

撰写自我鉴定要具有针对性，字迹工整，语句通顺，文字精练，实事求是，重点突出。

（二）实习部门鉴定

在实习过程中，旅游企业业务部门具体负责对实习生培训、指导等工作。业务部门的管理水平和作用如何，直接关系到旅游企业发展战略的实施和企业创新能力、核心竞争力的提升。旅游企业业务部门的经理、副经理、主管、领班等，对实习生的实习情况、技能、职业道德等方面进行考核和评价，是最具体、最全面和最具说服力的。

各业务部门负责人依据业务流程、技能要求、职业道德、工作能力、工作态度、顾客投诉与表扬等标准，对实习生进行全面评价，有利于提高实习生实际操作能力，对旅游企业培养知识技能型、技术技能型、复合技能型人才发挥重要的作用。

（三）实习单位人力资源部门评价

旅游企业人力资源部门负责人依据具体的工作岗位业务标准，结合实习生实际情况，从知识和技能两个方面进行客观、正确的评价。

评价方法主要有评分法，旅游企业人力资源部按照实习生工作评定标准对其进行打分。该方法比较客观，一方面依据旅游企业的实际情况，另一方面体现实习生的不同特点。

（四）优秀实习生评选

优秀实习生评选，一方面为了表彰实习期间表现优秀的实习生，另一方面为了树立学习的榜样。旅游企业人力资源部一般采用量化的评估标准，评价实习生对工作的态度，积极完成工作任务、遵守企业规章制度、人际沟通协调能力、反应能力、学习能力和接受能力等综合素质。

表 6-1　优秀实习生评价表

	有待改善 2分	尚可接受 4分	尚可进步 6分	表现理想 8分	非常出色 10分
工作业绩					
工作态度					
自律程度					
专业知识					
专业技能					
适应与学习能力					
组织与协作能力					
创新能力					
语言与文字表达能力					
人际沟通能力					

优秀实习生评选对象是全体实习生。相关人员依据上表各指标进行量化打分。候选人由各业务部门负责人提名推荐到旅游企业人力资源部门，经审核后给予表彰，并颁发证书与奖金。旅游企业依据自身生产经营情

况，可以评选月度优秀实习生、季度优秀实习生、实习期优秀实习生。优秀实习生数量一般占实习生总数的 20%～30%。

二、顶岗实习总结

顶岗实习结束后，旅游管理专业学生需要对顶岗实习期间的岗位业务、思想变化、生活状况等方面，进行全面的评价与总结。

（一）顶岗实习总结的作用

1. 正确评价自己，为以后工作提供借鉴

总结实习过程中的思想、工作、学习，展望未来行业就业情况，对自己进行正确评价，肯定成绩，剖析不足，为今后的工作提供借鉴。

2. 为学校进行实习评价和成绩评定提供依据

通过实习总结，实习指导教师、辅导员、班主任、学院领导能够更加深入地了解学生的实习情况，为实习成绩评定、优秀实习生评选以及入党等其他工作提供依据。

顶岗实习总结是实习成绩评定的一个重要依据，须放入个人档案。

（二）顶岗实习总结的格式

实习结束后，在开学第一周内提交 3000 字以上的实习总结，包括标题、正文部分。

1. 标题

顶岗实习的标题一般为"旅游管理专业顶岗实习总结"。

2. 正文

正文包括五个部分组成。

前言，概括全文，使用一段话对顶岗实习的整体情况进行高度概括，引出正文。

工作部门与岗位情况介绍，介绍实习部门基本情况，详细介绍实习岗位的职责、工作流程与服务技能要求。

收获与体会，从服务意识与职业道德、服务规范与服务技能、管理理念等方面，总结自己通过实习获得的成绩与启示。

存在不足，在顶岗实习过程中，存在的主要问题是什么，通过什么途径进行解决。

今后计划，结合自己的就业期望，概括今后的学习、工作计划。

3. 签字

在顶岗实习总结末尾右下方签署本人姓名和日期。

三、顶岗实习案例

顶岗实习案例应是实习生亲身经历的案例，包括理论与实务两部分，具体可按照案例背景、案例详情及处理结果、案例分析等模块进行写作。该案例作为实习总结附件，字数不少于 800 字。

附　录

附录1　江苏师范大学历史文化与旅游学院旅游管理专业介绍

江苏师范大学历史文化与旅游学院旅游管理专业设立于 2002 年。办学目标是培养具有扎实系统的理论基础知识，能够胜任旅游管理工作的复合型人才。本专业现已培养了 10 届 1300 多名毕业生；现有在校本科生 474 人，硕士研究生 21 人。

本专业现有教师 17 人，其中教授、副教授 5 人，博士 10 人；主持国家级项目 4 项，部省级项目 4 项，厅级项目 8 项；承担地方旅游规划 50 余项。

本专业拥有具备国家旅游规划乙级资质的校旅游研究所，模拟客房实训室、模拟餐厅实训室、模拟导游和形体训练实训室。本专业 2009 年被教育部工商管理学科教育指导委员会等授予"全国旅游及饭店业优秀人才培养基地"；2013 年获批江苏省首批旅游培训基地。

本专业已与 29 家高等级旅游企业签订了实习就业基地协议，并与泰国农业大学合作交换培养旅游人才；培养"丝绸之路与旅游文化"方向和"旅游公共管理"两个方向的研究生；多次负责江苏省旅行社中高级管理人员培训。

附录 2　江苏师范大学历史文化与旅游学院
旅游管理专业实习大纲

一、实习目的与要求

1. 实习目的

岗位实习即学生到旅游企业进行全面的顶岗实践，深入业务单位的工作一线，目的旨在进一步培养学生的服务技能，强化服务意识，端正工作态度、提升职业素质，使其熟悉社会、增强对服务行业的认同感与责任感，积累行业管理经验，初步培养实际的经营管理能力，提高分析问题和解决问题的实际能力，并适应社会的工作需要，为毕业后顺利走向工作岗位打下良好基础。

2. 实习要求

学生实习期间，除按规定完成岗位工作之外，实习生还需要做好以下工作：

（1）提交实习鉴定表。按学院统一发放的实习鉴定表要求，填写相关内容，由实习单位的相关部门做出实习鉴定，并盖章。

（2）提交实习总结。实习结束后，在开学第一周内提交 3000 字以上的实习总结。实习总结内容包括：①工作部门情况介绍；②在实习岗位的工作情况，包括本人实习岗位的职责、工作流程和服务程序等；③收获与体会，包括服务意识与职业道德、服务规范与服务技能等方面的训练与收获，以及在管理理念方面受到的启示等。

（3）编写一个案例分析。该案例必须是自己亲身经历的案例，包括理论、实务和分析，具体可按照案例背景、案例详情及处理结果、案例分析等部分进行写作。该案例作为实习总结/实习报告的附件，字数不少于800 字。

（4）实习结束后，按时返校，并将实习总结、实习鉴定表、实习案例等材料交给实习指导教师。

二、实习方式

该阶段实习由学院统一根据教学目标的需要集中安排，原则上不允许学生自主实习。实习单位一般是国内外知名的高星级品牌酒店、具有代表性的景区（点）、旅行社等。

考虑到不同类型的实习单位对实习生的需求以及实习内容的特殊性不同，因此在实习安排时，学院会根据实习单位的特点和实际情况统筹分配实习岗位比例，然后邀请实习单位（分批次）到学院与学生进行双向选择，直至确定所有实习生的实习岗位。

实习协议由学院统一与实习单位签订，安排实习指导老师送学生进点，并全程负责实习管理。

三、实习内容

该阶段实习应选择与旅游管理专业知识相关的部门进行，内容包括酒店管理、景区管理、旅行社管理等。实习基本任务主要包括：

1. 方向一：酒店实习

现代酒店是一种综合复杂的商业部门，包括前厅部、客房部、餐饮部等一线部门和人力资源部、财务部、营销公关部等后台部门。因此，学生要实习的内容是十分丰富的。学生应在掌握诸如前厅部、餐饮部、客房部各岗位服务标准和技能的基础上，了解饭店各部门的一般概况、经营管理水平、特点与创新，发现存在的问题，运用相关知识进行原因分析，能够理论联系实际提出相应的办法与策略等。

2. 方向二：旅游景区实习

实习生主要从事景区服务、导游讲解和景区管理工作，通过旅游景区实习，全面培养自身分析解决旅游景区的开发与管理等相关实际问题的能力。

3. 方向三：旅行社实习

在传统旅行社企业，实习生主要从事导游、计调、门市接待等工作，可提升旅行社经营与管理能力。

学生可在在线旅游网科技公司提供的预订、售前客服专员等岗位实习，解答旅游者的问询，协助处理旅途中遇到的问题。

四、实习时间安排及学分

1. 实习时间安排

岗位实习安排在第 6 学期，共计 6 个月。

2. 实习学分

本次实习共计 8 学分。

五、实习考核办法与内容

实习成绩包括自我考评和他人考评两个模块。

　　他人考评包括各实习单位分管部门打分（占 40%），指导老师过程监控结果（占 40%），自我考评占 20%（由学生本人撰写实习心得、实习总结，填写实习报告，完成实习日志），根据以上结果评定最后的实习成绩。

　　专业实习成绩按五级制予以评定：优秀、良好、中、合格、不合格；实习缺席 1/3 以上或不交实习报告者，不予考核，按不及格处理；实习结束后，由实习单位指导教师填写实习情况报告，交学院存档。对于不参加实习者、实习不合格者、实习中被实习单位退回（除名、开除）者、擅离实习岗位者，其实习成绩为零。

附录3　江苏师范大学就业实习实训基地协议书

甲方：　　　　　　　　　　　　　　　　（以下简称甲方）

乙方：　　　　　　　　　　　　　　　　（以下简称乙方）

为培养适应经济和社会发展需要的人才，双方经友好协商，本着互相协作、互利互惠、互补所需的原则，就建立就业实习实训基地事宜达成如下协议，并由双方共同遵守。

一、甲方的职责

第一条：甲方同意作为乙方校外就业实习实训基地，接纳乙方学生就业实习实训；

第二条：甲方可悬挂"江苏师范大学就业实习实训基地"牌匾；

第三条：甲方优先安排乙方学生进行实习实训，委派优秀员工担任指导教师，做好实习实训期间的教育管理和实习鉴定，协助安排学生实习实训期间的住宿；

第四条：在同等条件下，甲方优先接收乙方毕业生就业。

二、乙方的职责

第五条：乙方应充分做好实习生实习实训前思想教育和准备工作，要求学生遵守甲方规章制度及政策法规，不得损害甲方利益；

第六条：乙方优先为甲方提供当年优秀应届毕业生资源信息，邀请甲方免费参加乙方举办的毕业生供需见面会；

第七条：乙方聘请甲方领导和专家为乙方专业指导委员会成员或客座教授、兼职教授，参与组织教育教学活动；

第八条：乙方同意作为甲方人才培训中心，为甲方员工在继续教育、管理培训、技能考证等方面提供咨询和服务。

第九条：条件具备时，双方可就订单式培养、科研合作等其他事项签署另外的协议。

第十条：本协议有效期2年，从签字之日起有效。期满后若双方有继续合作意向，可协商后续签。

第十一条：本协议一式两份，双方各执一份，经双方签字盖章后生效。协议中未竟事宜，由双方协商解决。

甲方：   甲方代表签字：

　　（盖章）   年　　　月　　　日

所 在 地：_____
通讯地址：_____
电　　话：_____　　传真：_____
电子信箱：_____
联 系 人：_____　　电话：_____

乙方：   乙方代表签字：

　　（盖章）   年　　　月　　　日

所 在 地：_____
通讯地址：_____
电　　话：_____　　传真：_____
电子信箱：_____
联 系 人：_____　　电话：_____

附录4　告旅游管理专业实习学生家长书

尊敬的学生家长：

您好！

旅游管理专业实习是指学生到旅游企业进行顶岗实践，旨在提高学生的职业素养，积累工作经验，培养旅游管理复合型人才。学院将开展＿＿＿级学生的专业实习，实习时间从＿＿＿年＿＿＿月＿＿＿日至＿＿＿年＿＿＿月＿＿＿日。为保证实习质量，确保学生安全，现将有关事项通知您。

1. 实习方式

学院采取集中实习的方式，目前已经建立了11个就业实习实训基地，由学生与实习单位对实习岗位进行双向选择。其中，酒店实习集中在北京、上海、苏州、无锡、常州、徐州等城市，天津、杭州为景区实习，南京途牛网和南京德高旅行社为旅行社实习。学院原则上不允许分散实习。如果实习学生及家长在就业方面有特殊要求，能积极联系相应企事业单位参与顶岗实习，联络相关专业人员担当指导教师，并符合学院的专业培养和考核要求，学院允许进行分散自主实习。

2. 管理方法

学院会积极主动地进行各类安全教育，并施行由实习单位和学院带队教师在实习期间对学生进行专业指导和思想辅导的双重管理办法。也请家长配合学院的工作，嘱咐自己的孩子注意实习期间的生产安全、交通安全、饮食安全和住宿安全，并经常与孩子保持联系，必要时请与我院及时联系。

3. 安全责任

学生在往返家庭与学校、实习单位的途中，安全责任由学生家长和学生本人承担；在实习期间，对于学生遇到意外伤害等风险，按法律规定及相关保险的责任进行处理，学院将积极配合，但不承担任何费用以及责任。

4. 实习期间，学生只带日常用品和换洗衣物，食宿由实习单位提供。

5. 实习期间，学生应严格遵守实习管理规定，如未经学院同意擅自离职，学院将进行违纪处理，情节严重者缓发毕业证。

此致

学院（盖章）

年　　月　　日

附录5　家长回执

（一）

本人已收到《告旅游管理专业实习学生家长书》，经与子女协商，同意由学院统一安排实习。实习期间，知悉子女的工作情况，加强对他（她）的安全教育，出现相关安全问题，按实习协议及相关法律法规处理。

家长签名：

联系电话：

年　　月　　日

（二）

本人已收到《告旅游管理专业实习学生家长书》，经与子女协商，决定自行联系实习单位，不需要学院统一安排，一切安全责任由家长和学生本人承担。本人会督促孩子认真完成顶岗实习任务，按时返校。

家长签名：

联系电话：

年　　月　　日

附录6　江苏师范大学旅游管理专业
学生自主实习承诺书

　　我是_____班的_____（姓名），由于个人原因，不能参加学院统一组织的实习环节。为了锻炼自己，更好地适应社会，我通过自己、家人及亲戚朋友联系了实习单位，其详细信息见实习单位接收函。

　　我从_____年_____月_____日—_____年_____月_____日在自主联系的实习单位实习。在此，我郑重向学院承诺：

　　1. 开学后，即_____年_____月_____日返回学校报到注册，并将实习单位接收函交给辅导员。如未及时返校注册，可按学校有关规定处理，由我本人承担相应责任。

　　2. 保证所提交的自主实习承诺书、家长承诺书及实习单位接收涵等相关材料信息真实可靠。实习期间随时接受学院领导、老师的巡视督导，如发现实习情况与实习单位接收函不符或与个人上报的情况不符，实习成绩为零分，本人愿意承担相关责任。

　　3. 统一遵守学院实习的相关制度，认真完成实习任务，每周至少向辅导员汇报一次实习情况。实习期间，坚持写实习日志，撰写实习报告，做好实习总结。

　　4. 实习期间，如果调换工作单位，我会及时向学院、辅导员汇报；如果私自变换单位，由我承担相应责任。

　　5. 实习期间，个人的人身安全和财产安全由本人负责，如发生安全意外事故，由本人承担相关责任。

　　6. 保证遵纪守法，保持通讯畅通。如有变动，及时通知辅导员。如果因个人原因造成信息不畅，一切后果本人负责。

　　以上承诺，如有违背，我自愿接受相应的处理，承担相应的责任。

承诺人：_____　　　　学　　号：_____

手　机：_____　　　　家庭电话：_____

家庭详细地址、邮编：_____

本人签名：
年　　月　　日

备注：1. 自主实习学生需附家长承诺书。

2. 本表及所附材料一式两份，本人和学院各执一份。

3. 学院建议学生本人购买分散实习期间人身意外伤害保险。

附录7　江苏师范大学旅游管理专业
学生自主实习家长承诺书

　　我是＿＿＿＿＿＿班学生＿＿＿＿＿＿（姓名）的家长，经慎重考虑，我同意＿＿＿＿＿＿（姓名）自主联系单位实习。在此，我郑重向学院承诺：

　　1. 保证所提交的《学生自主实习承诺书》和《实习单位接收函》中所填写信息真实可靠，并保证在上述单位自主实习。如有不实，本人愿意承担一切后果。

　　2. 对孩子在自主实习期间的人身财产安全和一切行为及产生的后果负责。

　　3. 孩子在实习期间，保证其遵守学校的相关规定，并督促其坚持写实习日志，撰写实习报告，做好实习总结。

　　以上承诺，如有违背，我愿意承担相应的责任。

　　本承诺书一式两份，学生所在系及学生本人各执一份。

　　家长签名：＿＿＿＿＿＿＿＿＿＿＿
　　手　　机：＿＿＿＿＿＿＿＿＿　　家庭电话：＿＿＿＿＿＿＿＿＿＿
　　家庭详细地址、邮编：＿＿＿＿＿＿＿＿＿＿＿＿＿＿＿＿＿＿

　　　　　　　　　　　　　　　　　　　　家长签名：

　　　　　　　　　　　　　　　　　　年　　　月　　　日

附录8　江苏师范大学旅游管理专业
学生自主实习协议书

实践教学是旅游专业重要的教学环节，对于培养学生的服务意识、敬业精神，理论联系实际的能力，检验理论知识的学习水平，学习专业技能，了解我国旅游行业、旅游市场、旅游发展趋势，具有不可替代的重要作用和意义。

为了保证实践教学的顺利进行，保障学生在专业实习、社会实践和其他校外活动中的安全、健康和有关权益，现就有关事项达成如下协议：

1. 学生自行联系的实习单位，由学生自己和对方签订实习协议。学生对该协议承担责任。学生在签订协议前，应当核实能够证实对方合法身份、合法经营范围及业务的有效文件。学生签订协议应当谨慎，应当在协议中主张自己的合法权益。对于明显违反法律，不利于自己权益，甚至威胁到自己安全、身心健康的协议条款，应当拒绝。

2. 学生自行联系实习单位，并在校外实习，应当把实习协议的复印件和联系方式寄送旅游系备案存档。学生应当和系指定的指导老师保持联系，以便求得援助和指导。学生拒绝和学校保持联系，从而影响到学生利益的，后果自负。

3. 学生在校外参加社会实践、认识实习、专业实习等，应当遵守实习单位的劳动纪律、操作规程、规章制度和其他合法规定。如因违反上述规定而造成不良后果，由学生承担责任。

4. 实习单位违反实习协议，安排学生从事危及学生安全和身心健康的工作，学生可以拒绝，并通过系与实习单位协商，以合法、有效的途径解决。

5. 实习单位违反实习协议，造成学生伤害的，由实习单位承担责任。学生可以追究对方的法律责任。院系对学生提供法律援助。

6. 学生在校外应当遵纪守法。学生违反国家法律和法规所造成的一切后果，由学生本人承担。

7. 学生自己在校外、课外从事考察、调研、打工等社会实践活动，应当告知学校，征求意见。否则，一切后果自负。

8. 学生参加认识实习、专业实习等实践教学，必须遵守学校和院系关于实习的规定、安排和制度。如果违反，按照院系相关规定处理。

9. 鼓励和要求在校外参加实习、社会实践的学生自愿购买人身意外伤害保险。不自愿购买人身意外伤害保险的，一旦出现意外伤害，责任自负。

10. 本协议有效期为：自签订之日起至学生返回学校，并按规定办完手续之日止。

11. 本协议一式两份，学生本人、学院各执一份。

12. 本协议一经双方签订，立即生效。

学院负责人签名：　　　　　　　　　　　　学生签名：

　年　　月　　日　　　　　　　　　　　年　　月　　日

附录9　江苏师范大学旅游管理专业
自主实习学生单位接收函

姓　名		性　别		年　龄		政治面貌	
班　级			学　号			移动电话	
家庭地址						宅　电	
实习单位名称						联系电话	

实习单位意见：

　　　　　　　　　　　　　　　　　　　　　　　　　　单位签章

　　　　　　　　　　　　　　　　　　　_____年_____月_____日

附录 10　江苏师范大学专业实习鉴定表

**江苏师范大学
专业实习鉴定表**

学院：＿＿＿＿＿＿＿＿＿＿＿＿＿

专业：＿＿＿＿＿＿＿＿＿＿＿＿＿

班级：＿＿＿＿＿＿＿＿＿＿＿＿＿

姓名：＿＿＿＿＿＿＿＿＿＿＿＿＿

学号：＿＿＿＿＿＿＿＿＿＿＿＿＿

日期：＿＿＿＿＿＿＿＿＿＿＿＿＿

江苏师范大学教务处印制

实习单位	
实习时间	年　　月　　日　—　　年　　月　　日
实习主要内容	
个人实习小结	

| 主要收获、经验和存在问题 | |

实习单位部门意见	
	部门负责人签字： 年　　月　　日
实习单位意见	实习成绩：　　　　　　　　　　　　　　　　　实习单位盖章： 年　　月　　日
院系总评意见	综合成绩（等第）：　　　　　　　　　　　　　院系盖章： 年　　月　　日
备　注	

附录11　江苏师范大学旅游管理专业学生实习效果评价表

各位同学：

　　请依据您在旅游企业实习过程的真实经历，对实习效果的各项指标进行评价；本次调查不涉及个人隐私，调查结果仅用于改进实习管理与组织，提高实习水平。

	完全不同意	不同意	一　般	同　意	完全同意
增加专业知识水平					
提高英语能力					
锻炼岗位操作技能					
加强人际沟通能力					
提高团队协作能力					
增强组织协调能力					
增强服务意识					
提高观察应变能力					
提升语言表达能力					
提高学习能力					
提高创新能力					
培养坚强乐观心态					
培养吃苦耐劳精神					
培养忍屈耐挫能力					
增强体质					
培养敬业精神					
养成礼仪礼貌习惯					

（续表）

	完全不同意	不同意	一　般	同　意	完全同意
养成守法诚信行为					
提高专业了解程度					
提高专业热爱程度					
增强从事旅游行业的工作信心					
积累工作经验					
增加就业机会					
实习经验对个人未来没有帮助					

背景信息：

1. 您的性别：男（　　）　　　　女（　　）

2. 您的实习单位类型：

饭店（　　）　　　旅行社（　　）　　景区（　　）　　旅游交通（　　）

旅游商品（　　）　　旅游局（　　）　　其他（　　）

3. 您的实习时间：3 个月以内（　　）　　　4～6 个月（　　）

7 个月～1 年（　　）　　1 年以上（　　）

感谢您的参与，祝您学习愉快！

附录 12　江苏师范大学旅游管理专业学生实习满意度评价表

各位同学：

　　请依据您在旅游企业实习过程的真实经历，对实习满意度的各项指标进行评价；本次调查不涉及个人隐私，调查结果仅用于改进实习管理与组织，提高实习水平。

一、对实习企业的满意度评价

（请在适宜处打"√"）

		非常不满意	不满意	一　般	满　意	非常满意
工作本身	工作内容					
	岗位分工					
	工作量					
	能力的发挥					
	工作成就感					
	学历优势发挥					
工作条件	工作环境					
	工作时间					
	休假安排					
	工作设备					
	员工宿舍					
	员工餐					
	工作期间的人身安全					
	工作期间的财产安全					
工作报酬	实习津贴					
	加班费用					
	节假日福利					
人际关系	与直接领导的关系					
	与老员工的关系					
	与其他院校实习生的关系					

（续表）

		非常不满意	不满意	一　般	满　意	非常满意
管理水平	企业管理机制					
	管理者的管理能力					
	企业文化建设					
	对实习生的重视程度					
	对实习生的培训					
	对实习生的人文关怀					
	绩效考评制度					
	对优秀实习生的奖励					

二、对学校实习管理满意度评价

		非常不满意	不满意	一　般	满　意	非常满意
实习基地	实习单位类型					
	实习单位级别					
	实习单位所处城市					
实习时间	实习的学期安排					
	实习时间的长短					
	对实习与考研、考试、就业等特殊情况的协调					
组织指导	实习组织与管理					
	实习指导教师的沟通					
	院系领导的探望					

1. 对实习工作总体满意度评价：
   非常不满意（　）　不满意（　）　一般（　）　满意（　）　非常满意（　）
2. 对专业满意度评价：
   非常不满意（　）　不满意（　）　一般（　）　满意（　）　非常满意（　）

三、未来择业倾向

1. 毕业后愿意选择的就业方向：
   饭店（　）　　景区（　）　　旅行社（　）　　旅游局（　）
   事业单位（　）　　其他（　）

2.您认为旅游业发展前景：

很不好（　）　　不好（　）　　一般（　）　　好（　）　　很好（　）

3.实习对就业和未来发展的作用：

实习与就业无关（　）

实习很重要，影响就业（　）

实习是就业的必要准备（　）

四、背景信息：

1.您的性别：男（　）　　　女（　）

2.您的实习单位类型：

饭店（　）　　　旅行社（　）　　景区（　）　　旅游交通（　）

旅游商品（　）旅游局（　）　　其他（　）

3.您的实习时间：

3个月以内（　）　　　4～6个月（　）

7个月～1年（　）　　　1年以上（　）

感谢您的参与，祝您学习愉快！

参考文献

[1] 白美丽，张金辉，郎琦. 旅游管理专业学生顶岗实习中存在的问题及其解决[J]. 内蒙古师范大学学报（教育科学版），2013，26（11）：136 - 138.

[2] 包富华. 旅游管理专业学生酒店实习消极心理实证研究[J]. 曲阜师范大学学报，2012，38（4）：89 - 94.

[3] 毕剑. 旅游管理专业本科生酒店实习满意度及留职意愿调查研究[J]. 河南理工大学学报（社会科学版），2011，12（3）：300 - 305.

[4] 蔡晓梅，丁武军. 广州高等院校旅游管理专业实习的利益相关者分析[J]. 桂林旅游高等专科学校学报，2008，19（2）：300 - 303.

[5] 车慧，王潞. 旅游专业本科生酒店实习影响研究[J]. 四川烹饪高等专科学校学报，2009，（4）：61 - 64.

[6] 陈才，龙江智. 旅游景区管理[M]. 北京：中国旅游出版社，2008.

[7] 陈锋仪. 旅行社经营与管理案例分析[M]. 天津：南开大学出版社，2004.

[8] 邓育武，李玲玲，梁继芳. 普通本科院校旅游管理专业实习管理研究[J]. 高师理科学刊，2008，28（3）：108 - 111.

[9] 丁文义. 旅游类专业顶岗实习管理模式的实践[J]. 职业技术教育，2008，（11）：77 - 79.

[10] 董莎莎. 高校旅游专业实习指导教师工作方式研究[J]. 教育教学论坛，2016，（10）：26 - 27.

[11] 范运铭，支海成. 客房服务与管理[M]. 北京：高等教育出版社，2009.

[12] 方小燕. 景区服务[M]. 上海：复旦大学出版社，2011.

[13] 古璧慎，刘怡君，黄向. 台湾旅游专业大学生实习的期望与评估研究[J]. 旅游学刊，2006，人力资源与教育教学特刊：124 - 129.

[14] 郭一新. 酒店前厅客房服务与管理实务教程[M]. 武汉：华中科技大学出版社，2010.

[15] 韩卢敏，陆林．高校旅游管理专业实习管理的创新研究[J]．安徽师范大学学报（自然科学版），2009，32（3）：277－280.

[16] 何晓颖．前厅客房服务与管理实训手册 [M]．哈尔滨：哈尔滨工程大学出版社，2008.

[17] 侯国林．高校旅游管理专业实习模式反思与创新[J]．旅游学刊，2004，人力资源与教育教学特刊：143－146.

[18] 黄明超，双长明．高校旅游管理专业实习管理改革探索与研究[J]．桂林旅游高等专科学校学报，2000，11（4）：69－75.

[19] 黄薇薇，周海燕，沈非．利益相关者视角下的高校旅游管理专业酒店实习研究[J]．安徽师范大学学报（自然科学版），2011，34（1）：85－88.

[20] 黄薇薇，吴悦．旅游专业实习教学研究[J]．安徽工业大学学报（社会科学版），2011，28（1）：118－119.

[21] 蒋炳辉．旅游案例分析与启示[M]．北京：中国旅游出版社，2003.

[22] 蒋丁薪．饭店管理[M]．北京：高等教育出版社，2006.

[23] 蒋丁新．现代饭店前厅与客房管理[M]．大连：东北财经大学出版社，2002.

[24] 姜若愚．旅游景区服务与管理（第三版）[M]．大连：东北财经大学出版社，2011.

[25] 李培荣．旅游专业学生实习心理变化分析及对策[J]．山东师范大学学报（自然科学版），1999，14（1）：90－91.

[26] 李鹏，马莹．旅游管理（高职）专业实习不稳定因素分析及对策[J]．山东省经济管理干部学院学报，2008，（S1）：65－67.

[27] 李如友．本科院校旅游管理专业实习实效性评价体系构建与实施[J]．高教论坛，2015，（8）：85－91.

[28] 李思东，于洁．旅游管理专业本科教育实践教学模式研究[J]．黑龙江教育学院学报，2009，28（8）：147－150.

[29] 李鑫，朱斌．旅游管理专业实习教学的作用与模式创新[J]．大学教育，2013，（18）：33－34.

[30] 李星群，文军．影响高校旅游专业本科生实习效果的原因及解决途径[J]．高教论坛，2004，（5）：126－129.

[31] 李勇平．餐饮服务与管理[M]．大连：东北财经大学出版社，2012.

[32] 李友亮．高校旅游管理本科生专业实习面临的问题及对策[J]．农村经济与科技，2009，20（3）：99－100.

[33] 林丽．旅游管理本科生酒店实习存在的问题及对策研究[J]．贵州师

范学院学报，2013，29（9）：59-62.

［34］林智理，郭敏龙，林桢．旅游管理专业阶梯式实习模式的实践与研究［J］.台州学院学报，2006，28（2）：94-96.

［35］刘红梅．旅游管理专业女大学生在实习过程中遭遇性骚扰行为的分析研究［J］.甘肃政法成人教育学院学报，2008，（1）：41-42.

［36］刘铁红．旅游院校顶岗实习安全风险的法律缺失及风险化解对策［J］.黄山学院学报，2013，15（6）：35-37.

［37］刘伟．前厅管理［M］.北京：高等教育出版社，2012.

［38］刘伟．客房管理［M］.北京：高等教育出版社，2012.

［39］刘颖．前厅客房服务［M］.北京：高等教育出版社，2010.

［40］娄丽芝，李纯，李小明．旅游管理专业酒店实习中三方利益诉求差异方差分析及融合［J］.湘南学院学报，2014，35（6）：18-24.

［41］陆林，杨钊，黄剑锋．旅游管理本科专业酒店实习教学研究［J］.安徽师范大学学报（人文社会科学版），2009，37（4）：483-486.

［42］罗富元．浅论旅游专业酒店实习中的价值悖论［J］.旅游市场，2011，（7）：71-72.

［43］马发旺，陈珂，董凤丽等．高等学校旅游管理专业实习模式探析［J］.沈阳农业大学学报（社会科学版），2014，16（5）：595-598.

［44］毛江海，前厅服务与管理［M］.南京：东南大学出版社，2007.

［45］潘雅芳，单文君．基于实证分析的旅游管理专业实习改革探索［J］.浙江树人大学学报，2011，11（1）：47-51.

［46］彭分文．浅议高校旅游管理专业学生顶岗实习［J］.湖南人文科技学院学报，2007，（6）：156-159.

［47］彭惠军，田亚平．高校旅游管理专业"三赢"实习模式探讨［J］.商业经济，2007，（12）：116-118.

［48］祁颖．旅游管理专业校外实习基地建设的新思路和基本模式［J］.长春师范学院学报（自然科学版），2009，28（5）：90-93.

［49］汝勇健．客房服务与管理［M］.南京：东南大学出版社，2007.

［50］苏小燕．高校旅游管理专业实习的问题及对策［J］.郑州航空工业管理学院学报（社会科学版），2009，28（5）：143-145.

［51］闪媛媛．旅游专业学生酒店实习状况对其在酒店择业意向的影响分析［J］.旅游论坛，2010，3（1）：121-126.

［52］尚伟，董宁函．高校旅游管理专业实践实习教学环节的研究［J］.吉林省经济管理干部学院学报，2010，24（6）：110-114.

[53] 沈宏洁，严艳，吴冰等．企业视角下的旅游管理专业实习市场满意度研究[J].旅游论坛，2012，5（2）：111－116.

[54] 沈建龙．餐饮服务与管理实务[M].北京：中国人民大学出版社，2012.

[55] 陶卫平．高校学生毕业实习模式的有益探索[J].黄山学院学报，2005，7（5）：59－61.

[56] 王翠平．长治学院旅游管理专业学生实习意向调查研究[J].长治学院学报，2014，31（6）：84－88.

[57] 王焕宇．餐厅服务[M].北京：高等教育出版社，2015.

[58] 王昆欣．旅游景区服务与管理[M].北京：旅游教育出版社，2004.

[59] 王金超．旅游管理专业学生酒店实习中存在的问题及其对策[J].长春师范大学学报（自然科学版），2014，33（5）：131－133.

[60] 王伟．客房服务与管理创新[M].北京：旅游教育出版社，2008.

[61] 王维胜，程玉萍，王翠平．旅游管理专业学生实习动机研究[J].长治学院学报，2014，31（1）：109－112.

[62] 王雅丽，周丽君．旅游景区服务与管理[M].长春：东北师范大学出版社，2008.

[63] 王涌涛．酒店实习对旅游管理专业大学生就业的影响[J].郑州航空工业管理学院学报（社会科学版），2010，29（1）：205－206.

[64] 王瑜．旅游景区服务与管理[M].大连：东北财经大学出版社，2015.

[65] 魏凤云．旅游专业学生酒店实习心理问题初探[J].长春师范学院学报（自然科学版），2013，32（1）：151－154.

[66] 魏洁文．客房服务与管理实训教程[M].北京：科学出版社，2008.

[67] 吴芙蓉，詹琪．高校旅游管理专业的实习教学探讨[J].学理论，2011，（9）：208－210.

[68] 武瑾．旅游管理专业实习环节的改革[J].长春教育学院学报，2014，30（14）：143－145.

[69] 武永成，吴玲，郑思亭等．浅议旅游酒店管理专业顶岗实习的本源与心态[J].宿州学院学报，2010，25（12）：117－119.

[70] 肖敏．构建旅游管理专业实习评价指标体系的国内研究综述[J].管理观察，2015，（28）：97－99.

[71] 谢苏．酒店管理专业综合实训教程[M].重庆：重庆大学出版社，2009.

[72] 谢苏．旅游服务与管理专业综合实习[M]．北京：高等教育出版社，2002．

[73] 徐昌贵，王丽丽．旅游管理专业学生酒店实习满意度影响因素研究[J]．通化师范学院学报，2012，33（3）：100-103．

[74] 徐静．旅游景区服务与管理[M]．天津：南开大学出版社，2013．

[75] 徐子琳，严伟，冯年华等．旅游管理专业校外实习成效调查研究[J]．湖州师范学院学报，2011，33（1）：131-135．

[76] 闫宏毅．酒店管理实务[M]．北京：电子工业出版社，2009．

[77] 杨富荣．旅游饭店服务教学案例分析[M]．北京：高等教育出版社，2010．

[78] 杨香花．旅游管理专业酒店顶岗实习不同阶段学生心理变化及对策分析[J]．长沙民政职业技术学院学报，2011，18（1）：95-98．

[79] 杨效忠，汪淑敏，叶舒娟等．酒店实习对旅游管理专业本科生就业倾向的影响[J]．高等农业教育，2008，（11）：82-87．

[80] 杨亚芹．旅游管理本科生酒店实习满意度调查研究[J]．衡水学院学报，2015，17（4）：115-118．

[81] 杨钊，梁燕，陆林．饭店实习对旅游管理本科生择业感知影响及教学启示[J]．安徽师范大学学报（自然科学版），2012，35（3）：276-279．

[82] 姚小云，田金霞．旅游类本科专业实习效果评价体系构建与实证研究[J]．旅游论坛，2010，3（6）：810-814．

[83] 冀东怡．高校旅游管理专业酒店实习创新模式的实践与探讨[J]．广西大学学报（哲学社会科学版），2008，30（S2）：80-81．

[84] 叶新才，黄远水．旅游景区生产实习管理研究[J]．旅游学刊，2005，人力资源与教育教学特刊：154-157．

[85] 尹立军，亚吉．旅游教育校外实习评价指标体系之构建[J]．内蒙古师范大学学报（教育科学版），2014，27（11）：151-152．

[86] 于涛．旅游管理专业酒店实习存在的问题及对策[J]．河南职业技术学院学报（职业教育版），2009，（5）：129-130．

[87] 于小曼．旅游管理专业学生实习管理现状及问题分析[J]．河南科技学院学报，2012，（12）：117-119．

[88] 邹统钎．旅游景区开发与管理[M]．北京：清华大学出版社，2011．

[89] 詹雅青．旅游专业学生实习的心理变化特点及对策措施[J]．世纪桥，2008，（6）：65-66．

[90] 张变华，吴攀升，李玫．旅游管理专业学生在酒店实习中的问题及

对策[J].忻州师范学院学报,2012,28 (2):93-95.

[91] 张宏丽.旅游专业学生实习中存在的问题及应对措施[J].农村经济与科技,2011,22 (3):101-103.

[92] 张红霞,陶玉国,孙天胜.高校旅游管理专业学生实习前后专业认同的对比研究[J].四川旅游学院学报,2015,(3):74-77.

[93] 张红霞.我国高校旅游管理专业学生专业满意度调查研究——以江苏师范大学旅游管理专业为例[C].高校教学的理论探索多维实践,2014.

[94] 张丽娟,廖珍杰.多位优化原则下旅游管理专业实习基地建设探索[J].长春师范学院学报(自然科学版),2011,30 (6):124-127.

[95] 张明川,李勤梅,李利.旅游管理本科生酒店顶岗实习改善策略研究[J].高教学刊,2015,(16):161-164.

[96] 张瑞梅.广西高校旅游管理专业本科学生专业实习问题的思考[J].广西教育学院学报,2010,(4):152-156.

[97] 张懿玮,夏林根.旅游管理专业实习效果评价指标体系构建及实证分析[J].职业技术教育,2014,35 (23):5-9.

[98] 张颖.旅行社计调业务[M].广州:广东高等教育出版社,2013.

[99] 赵丽娟.旅游管理专业学生实习考核模式的研究[J].理论观察,2015,(6):94-95.

[100] 赵霞,黄艳峰.高校旅游管理专业学生实习心态的现状与对策[J].宜宾学院学报,2011,11 (9):88-90.

[101] 赵晓峰.旅游管理专业学生校外实习质量监控对策研究[J].中国管理信息化,2014,17 (9):108-109.

[102] 支海成.客房部运行与管理[M].北京:旅游教育出版社,2003.

[103] 郑向敏.现代饭店经营管理[M].北京:清华大学出版社,2007.

[104] 郑宇飞,孙赟.基于往届生视角的旅游专业实习成效调查[J].三峡大学学报(人文社会科学版),2013,35 (S2):97-101.

[105] 钟永德,陈晓馨.旅游景区管理[M].武汉:武汉大学出版社,2009.

[106] 周彩屏.学生顶岗实习组织与管理运行模式[J].职教论坛,2009,(5):15-18.

[107] 周海燕,邱竹青.改善旅游类专业顶岗实习管理工作的思考[J].重庆科技学院学报(社会科学版),2013,(3):196-204.

[108] 周兴,彭晟磊,王亚力等.基于合作博弈的高校旅游管理专业酒店实习管理研究[J].时代农机,2015,42 (7):77-85.

［109］周艺 . 论独立学院旅游管理专业实习中存在的问题及对策研究——以旅行社实习中常见问题为例［J］. 旅游纵览，2011，（4）：99－100.

［110］朱国兴，胡善风，汪小飞 . 旅游管理专业"顶岗式"实习模式分析［J］. 池州学院学报，2010，24（6）：137－139.

［111］朱伟 . 论我国高校旅游专业实践教学满意度及对策［J］. 新乡学院学报（社会科学版），2012，26（1）：189－191.

图书在版编目（CIP）数据

旅游管理专业顶岗实习教程/李海建等编著 . —合肥：合肥工业大学出版社，2016.11

ISBN 978 - 7 - 5650 - 3102 - 1

Ⅰ.①旅…　Ⅱ.①李…　Ⅲ.①旅游经济—经济管理—实习—高等学校—教学参考资料　Ⅳ.①F590 - 45

中国版本图书馆 CIP 数据核字（2016）第 280134 号

旅游管理专业顶岗实习教程

李海建　等 编著　　　　责任编辑　章　建　张　燕

出　　版	合肥工业大学出版社	版　次	2016 年 11 月第 1 版
地　　址	合肥市屯溪路 193 号	印　次	2017 年 2 月第 1 次印刷
邮　　编	230009	开　本	710 毫米×1010 毫米　1/16
电　　话	总 编 室：0551 - 62903038	印　张	13.75　　彩　插　0.5 印张
	市场营销部：0551 - 62903198	字　数	232 千字
网　　址	www.hfutpress.com.cn	印　刷	安徽联众印刷有限公司
E-mail	hfutpress@163.com	发　行	全国新华书店

ISBN 978 - 7 - 5650 - 3102 - 1　　　　定价：42.00 元

如果有影响阅读的印装质量问题，请与出版社市场营销部联系调换。